引路人
——高中语文特级教师炼成记

刘磊　杨琴

编著

四川大学出版社

图书在版编目（CIP）数据

引路人：高中语文特级教师炼成记 / 刘磊，杨琴编著. -- 成都：四川大学出版社，2024.7. -- ISBN 978-7-5690-6937-2

Ⅰ．G633.302

中国国家版本馆CIP数据核字第20245BM508号

书　　名：引路人——高中语文特级教师炼成记
　　　　　Yinluren——Gaozhong Yuwen Teji Jiaoshi Liancheng Ji
编　　著：刘　磊　杨　琴

选题策划：侯宏虹　梁　平
责任编辑：梁　平
责任校对：李　梅
装帧设计：裴菊红
责任印制：王　炜

出版发行：四川大学出版社有限责任公司
　　　　　地址：成都市一环路南一段24号（610065）
　　　　　电话：（028）85408311（发行部）、85400276（总编室）
　　　　　电子邮箱：scupress@vip.163.com
　　　　　网址：https://press.scu.edu.cn
印前制作：四川胜翔数码印务设计有限公司
印刷装订：成都金龙印务有限责任公司

成品尺寸：170 mm×240 mm
印　　张：15.75
字　　数：299千字

版　　次：2024年9月 第1版
印　　次：2024年9月 第1次印刷
定　　价：68.00元

本社图书如有印装质量问题，请联系发行部调换

版权所有　◆　侵权必究

扫码获取数字资源

四川大学出版社
微信公众号

本书课题组成员

曾玉萍　　全凤鸣　　曾德强　　张春来　　李艳章
代敬涛　　曾晴婕　　李永红　　陈小梅　　李识宇
陈　默　　唐玉婷　　李　瑶　　仲　岚　　谢　莉
黄子会　　唐　军　　唐友强　　李长江　　解超建
易小燕　　刘群英

高中语文特级教师的成长轨迹（代序）

刘永康

刘磊、杨琴编著的《引路人——高中语文特级教师炼成记》一书即将出版，可喜可贺！

本书研究的是高中语文特级教师群体，从中我们可以窥见他们的成长轨迹。这些特级教师是时代的馈赠，经岁月的洗礼，熠熠生辉。他们先进的教育理念和系统的教育思想、有效的教学实践和独特的教育艺术、刻苦的钻研精神和奉献的高尚情操令人仰慕追随。他们的教育思想是一座座"巍峨壮观的大山"，激励我们去勇敢攀登；是一个个"蕴藏丰硕的宝库"，任我们去纵情地掏挖。本书研究高中语文特级教师，其意义就在于为语文教师的专业修养指明努力的方向，开辟前进的道路，助大家去攀援成功的巅峰。

作为名师组成部分的高中语文特级教师是怎么炼成的？本书答之以五字：德、仁、慧、究、道。这概括确实有高度、有深度、有温度、有力度，言简意赅，凝练厚重，发人深思，催人奋进。

何谓德？德者，道德、品德也。

早在远古时代，德就是个政治概念，涉及统治者推行德政的各项举措。但德又是个伦理概念，孔子就把"德"定位于内在的人格世界里。而我们在这里讲的德，自然是教师的职业道德。

教师的职业道德是什么？这要从孔子的安贫乐道说起。《论语·学而》中记载:"子贡曰:'贫而无谄,富而无骄,何如?'子曰:'可也。未若贫而乐,富而好礼者也。'"[1] 这就是安贫乐道的来源。孔子夸奖他的得意门生颜回具有安贫乐道的精神:"贤哉回也!一箪食,一瓢饮,在陋巷。人不堪其忧,回也不改其乐。贤哉,回也!"[2] 从孔子对颜回的夸奖可以看出,所谓安贫乐道,其意为即便穷困潦倒,也乐于坚守信仰。可见安贫乐道中蕴含了一种为求道而甘愿忍受贫穷的自我牺牲精神,也就是奉献精神。由于儒家提倡安贫乐道,几千年来,安贫乐道也就成了教师的职业操守。孔子安贫乐道的思想涵养了师德的奉献精神。今天,人们把教师喻为"春蚕""蜡烛",作为当今的师德风范,这和安贫乐道的奉献精神是一脉相承的。教师的全部工作就是为学生的思想照射阳光,无私奉献,这应该是教师永远要遵循的道德准则。从教师品质高尚的角度看,春蚕、蜡烛的比喻是肯定和歌颂了教师无私奉献的精神,提升了教师的职业形象;但按照现在新的教师成长观,我们不难发现这个隐喻背后所潜藏的问题与危机。这个隐喻实际上是小觑和曲解了教师的职业价值。儒家的安贫乐道既有无私奉献的合理性,亦有重义轻利的历史局限性。因此,我们今天由讲安贫乐道转到讲爱岗敬业。对于教师职业来说,贫穷当然不会是一件愉快的事,但不为贫穷而忧愁,内心强大,安心静气,不改初心,这确实是一种修养、一种境界,从这个意义上讲,今天的爱岗敬业继承了儒家安贫乐道讲奉献的合理性,又克服了儒家重义轻利的局限性。

本书记载了许多语文特级教师德行高卓、爱岗敬业、无私奉献的动人故事。

走出大山又回到家乡任教的四川省冕宁中学陈绍燕老师,发自肺腑地关爱来自大小凉山腹地的民族学生。学生没钱吃饭,她立即掏钱塞到学生手里;学生想读书考大学,遇到家庭阻力,她二话不说把学生领回家,用有限的工资帮学生交清了费用;学生对未来没有信心,她想尽各种方法激励……在学生们眼里,她就像妈妈一样亲切。

四川省遂宁中学欧阳军老师总喜欢去做一些富有挑战性的事情。别人说难的事,他偏要去尝试;别人不愿意带的班,他就要去带,还要带出好成绩!他工作接手的第一个班由村小成绩最差的学生混编而成,此前的教师都不愿教,

---

[1] [宋]朱熹集注:《四书集注》,陈成国标点,岳麓书社,2004年,第60页。
[2] [宋]朱熹集注:《四书集注》,陈成国标点,岳麓书社,2004年,第99页。

他费了九牛二虎之力，硬是使这个班的学科综合成绩从最初的倒数第一考到了全区正数第一。

羌山汶水写大爱的汶川中学龙绍明老师更是无私奉献的典型。他具有修己度人情怀，不为民办学校开出的高年薪所动，不接受优质名校抛出的"橄榄枝"，心甘情愿坚持在民族地区条件艰苦的学校干一辈子。特别是在"5·12"汶川特大地震中，作为校领导的龙绍明，带领所有教师，首先想到的就是班上的学生，首先护住的就是身边的孩子。关键时刻，没有一个"逃兵"，没有人为自己打算。尽管那时，教师们的家人也生死未卜。可以说，人性的闪光点就在那一刻完全展露了出来，充分体现了以龙绍明为代表的教师群体那种可贵的无畏与担当。

以上这些动人的事迹无不说明：在现代化建设的进程中，尤其是在市场经济的背景下，教师的奉献精神又有了新的内涵，就是在与学生合作的教育活动中，教师要尽心尽力，也就是要奉献心与身，奉献时间与空间，奉献精力，甚至财力，任劳任怨、无怨无悔，这是现代教师的天职，也是福分，是爱心。

何谓仁？仁者，爱人也。

孔子的学生樊迟向孔子请教什么是"仁"时，孔子回答说："爱人。"[1] 孟子也说："仁者爱人。"[2] 可见，仁就是爱。教师对学生的爱属于人际爱的范畴，它是由教师的职业劳动要求所决定的，也是教师职业道德的一种规范。它区别于一般的人际爱的明显特征是：温和性、无偿性、无选择性和精神性。所谓温和性，就是孔子说的："子温而厉，威而不猛，恭而安。"[3] 就是对学生要温和而严厉，威仪但不凶暴，恭谦礼让却又自然安详。所谓无赏性，就是教师对学生的爱除了看到学生的进步会给自己带来心理上的满足外，没有任何索取对方或占用对方的意图。如果一个教师因为某个学生给自己带来某种利益而给予更多的爱，这就不是教师道德所能容许的。所谓无选择性，就是如马卡连柯所说："教师的心应该充满对每一个他要与之打交道的具体的孩子的爱，尽管

---

[1] ［宋］朱熹集注：《四书集注》，陈戍国标点，岳麓书社，2004年，第158页。
[2] ［宋］朱熹集注：《四书集注》，陈戍国标点，岳麓书社，2004年，第331页。
[3] ［宋］朱熹集注：《四书集注》，陈戍国标点，岳麓书社，2004年，第116页。

这个孩子的品质已非常败坏,尽管他可能会给教师带来许多不愉快的事情。"①对教师来说,手心手背都是肉,既要爱"白天鹅",也要爱"丑小鸭"。这是一种博爱,是面向全体,一个也不能少。所谓精神性,就是教师对学生给予知识的传授、思想的引导和情趣的感染,即以培养学生某种意识为目的,而不是追求具体物质上的给予或交换,不只是"为举家谋柴米油盐",才去"替诸生改之乎者也"②。这就是教师对学生爱的精神性。本书中的高中语文特级教师,在"仁"方面都可以奉为楷模。

四川省安岳中学的陈家武老师,他爱生的事迹十分动人。班上一名学生骨折,行动不便,他就叫学生来家吃饭,并背学生爬楼梯、上厕所,持续一个多月。面对落榜学生的求助,他爽快地纳入班中,一点都不歧视他,鼓励他、引导他成功考上了大学。为缓解学生小琴住院期间的孤寂、失落,他特意召开主题班会,带领同学们为小琴大声朗诵诗歌《只要明天还在》《坚强》《希望》……听得电话那头的小琴热泪盈眶。

古蔺县蔺阳中学的王光佑老师,每年端午节都会把学生邀请到家里包粽子,每个学生都能吃上一个鸡蛋、两个粽子;陪精神压力大的学生爬山,对着山谷大吼;一视同仁对待贫困生,公平公正发放奖助金……这一幕幕,让学生们终生铭记:"王老师就像我的父亲、兄长般亲切!"

四川省康定中学的黄志兵老师,不仅教孤儿达瓦学习拍微电影,还鼓励他考上了传媒大学,又拿出3000元给学生,并想办法帮他筹集学费、申请助学贷款。对另一名和家人闹僵的复读女孩,他二话没说也伸出援手,最终助女孩圆梦大学。

把阳光撒播在学生心中的四川省宜宾市南溪一中吴宇飞老师,经常慷慨解囊、资助许多贫困生。她经常照顾生病的学生,有一次,把生病住院才10岁的女儿交给公婆照看,却去别的医院陪护生病输液的学生。

……

心理学上的皮格马利翁效应说,年轻国王皮格马利翁的象牙少女雕像之所以能活起来,是因为这位国王长期含情脉脉地迷恋着"她";《红楼梦》中灵河

---

① [苏]契尔那葛卓娃、契尔那葛卓夫:《教师道德》,严缘华、盛宗范译,华东师范大学出版社,1982年,第120页。

② 顾易、张中之:《字说对联》,广东人民出版社,2018年,第473页。

岸上三生石畔的那棵绛珠仙草之所以能够脱掉草木之胎，幻化人形，修成女体（即林黛玉），是因为赤霞宫里的神瑛侍者（即下世为人的贾宝玉）长期用爱心抚育，以甘露灌溉之结果。以上两个神话给人们一个启示：事物的发展都是由量变到质变，量的积累才会引起质的飞跃，学生的质变不能只靠一时一事的爱。本书中的语文特级教师都能像皮格马利翁倾心于象牙少女雕像、神瑛侍者钟情于绛珠仙草那样全副身心长期地厚爱学生，这种爱会产生一种移情效应、动力效应和智力效应。

何谓慧？慧者，聪明，有才智也。

慧，本是佛教名词，称为般若，被视为一种能洞见一切事物本性、认识万物真相的最高智慧。教师的智慧是教育智慧。它表现为不墨守成规，而要锐意进取；不整齐划一，而要张扬个性；不填鸭硬灌，而要润物无声；要引导学生，而不要削学生的足适老师的履；要质疑激思，开启学生思维的门扉，而不要压制学生的思维，阻塞学生的言路；要给学生留下思维的空间、想象的余地，而不要向学生硬塞结论，不要代替学生下结论。教师的智慧是一种教育机智，即有良好的教育心态，有敏锐的判断力、灵活的思维力以及在课堂上面对突发事件时表现出来的变通力。本书中的高中语文特级教师，就充满这种教育的大智慧，在他们的教书育人中，充分体现出以上特点。

成都市石室中学的赵清芳老师，按照高考试题类型，将学生分成字词、文言文、诗歌、阅读、作文等若干学习小组，轮流上台讲课文、组织默写、布置作业、出题、评卷……调动起每个学生的能动性，让学生做学习的主人。实验下来，她的班级语文平均分比同类班高出了3分多。

成都天府中学的袁学民老师，在成都市树德中学任教期间，特别注重对学生进行宽口径的人文教育，将央视《先生》《开讲啦》等系列人文栏目植入课程，打造"人文之夜"，为学生装上思想的"望远镜"，帮助他们看到脚下真切的世界。

李晓玲老师在雅安市天全中学任教时，特别注重教学生学习方法，培养他们自我学习能力，直到小组内、小组间都无法解决问题时，她才出面。她出面也不是直接告诉答案，而是帮学生搭建一个"脚手架"，引导他们从最简单的问题入手，一步步解决大的问题。

如何让学生爱上语文？攀枝花市第七中学的韩先才老师有许多教学小招数，比如让学生写周记、搞成语知识竞赛、开展读书交流会、课前5分钟演讲等。"必须紧紧抓住课堂，让学生通过语句、文本的学习，进行大量联想和想象训练，习得更丰富、更广阔的人文素养。"他说，语文老师的智慧与功力，很大程度上就体现在对文本独到、深刻的解读上。

何谓究？究者，推求，研究也。

语文是一幅绚丽多姿的画卷，挥动科研的"巨笔"，才能在语文画卷上涂抹出师生生命的精彩。中小学教育科研不是真理知识的发现积累，而是教师情感意识的深度"唤醒"；不是对教育规律的求证和确认，而是对教育生活和教育意义的深刻体验和理解。教学研究最重要的价值在于促进教师因事而思，在多元的教育现实中寻找理论思辨的视觉，最终更好地解析教育的本质，提升自己作为教师的技能与素养。语文教学科研，联结着语文教育的幸福和教师职业生命的精彩，这一"精彩"主要体现在研究中的沉思与行动上。"思则睿，睿则圣。"[①] 当语文教师在语文教学科研中成为"自己"的时候，语文教学的生命就会在"思考"和"行动"中熠熠生辉。

成都市第七中学黄明勇老师的"玩语文"源自他对高中语文选修课教学困惑的思考。他提出了高中语文选修课"三四式"教学范式，组织形式上打破了传统课堂时空观念，更加开放灵活，"这为'玩语文'提供了试验场"。他认为，"玩语文"的"玩"不是娱乐，而是学习语文的一种态度、方法和价值观，是开放的语文教学观的实践，是对功利教育的扬弃，"'玩语文'是实现语文成绩提升、语文素养积淀和个人生命成长的重要途径"。

四川省绵阳南山中学姜维平老师，在教学之余，笔耕不辍，相继完成并发表了40多篇教研论文、教学札记、课例分析、试题点评以及课题研究报告等，其教研内容涉及了语文教学的方方面面，仅高考作文这一话题，就在不同年份、从不同角度进行了深入评析。

四川省绵阳中学黄礼先老师说，课题是教研组发展的根本，也是教师个人发展的契机，"我把课题研究中的感悟和思维火花记录下来，有的升华形成文

---

① ［宋］周敦颐：《周敦颐集》，陈克明点标，中华书局，2009年，第22页。

章；反过来，又把这些思想感悟运用于实践，班级成绩自然就上来了。教师和学生都变得优秀，得到了成长"。

"教育是一门科学，科学就该探究它的规律。"四川省宣汉中学任本德老师也说，对学校而言，教学与教研是鸟之双翼，不可偏废。教研可反哺教学，给学校发展带来持续动力，促进学校内涵、深层发展。

何谓道？道者，道德，道义，正义之意也。

"道"这一概念的内涵十分丰富。我们这里说的"道"，就是教会学生做人之道，是提高人格修养之道，是教书育人之道。中国有句古话："作经师易，作人师难。"就是说传授学生知识比较容易，给学生以人格影响却比较难。虽然难，可是儒家却始终把作人师视为教师的首要任务。孔子从"为政以德"的政治观点出发，把教书与育人结合起来，并把德育放在首位。他说："志于道，据于德，依于仁，游于艺。"[1] 所谓"志于道"，就是要有远大的理想抱负；"据于德"，就是要执守高尚的道德情操；"依于仁"，就是应具备博大的人道精神；"游于艺"，就是指应掌握礼、乐、射、御、书、数六种技艺。"道""德""仁"是培养学生的思想道德素质，是育人；"艺"是培养学生的专业知识与技能素质，是教书。前三项讲"德"，后一项讲"才"。孟子把"得天下英才而教育之"[2] 作为人生的三大乐事之一。教什么？他说"教人以善"[3] "教者以正"[4]。这里的善与正，也就是仁义道德。今天讲教书育人，就是要教会学生如何做人。所谓"做人"，就是要学生有一个健全的人格。所谓健全人格，是指真、善、美的统一，是理性、意志、情感的统一，是指人的个性朝着健康方面充分发展，从而形成良好的个性品质。健全人格是理想的人格，就是健康的自我。《国家中长期教育改革和发展规划纲要（2010—2020年）》也强调"坚持德育为先。立德树人，把社会主义核心价值体系融入国民教育全过程"。要教书育人，教师就必须以德立身、以德立学、以德施教、以德育德，争做有理想信念、有道德情操、有扎实学识、有仁爱之心的"四有"好老师，做学生锤

---

[1] [宋]朱熹集注：《四书集注》，陈成国标点，岳麓书社，2004年，第107页。
[2] [宋]朱熹集注：《四书集注》，陈成国标点，岳麓书社，2004年，第390页。
[3] [宋]朱熹集注：《四书集注》，陈成国标点，岳麓书社，2004年，第290页。
[4] [宋]朱熹集注：《四书集注》，陈成国标点，岳麓书社，2004年，第317页。

炼品格、学习知识、创新思维、奉献祖国的引路人。

本书所呈现的高中语文特级教师，他们的教育活动就体现了以上思想。

四川省隆昌市第一中学的王典馥老师，自幼爱好写作，58岁时还重新拾起"文学梦"，学习创作旧体诗词。求学路上的好老师，深刻影响了他的从教之路，他也把好老师的精神印记传承给了后面的学生、青年教师。他说，语文教师应该有职业情怀，即人性的温度、人格的高度、人文的厚度，"作为教育人，不一定要多么高尚，但绝不能太功利和短视"。

成都市郫都区第一中学蒲儒刿老师，他带领团队开启"以老庄为基点的思维教育应用研究"，并结集成课程教材《至美与大道——〈道德经〉〈庄子〉精粹选读》。该书抽绎出"认识自己""真人真知""争与不争"等10个话题，对照以孔孟为代表的儒家思想和西方先哲相关思想，最终与当下人们的精神困境以及思想思维出路建立交集或坐标，让学生通过儒、道文本比较阅读与思考，更深刻体察到道家的思想、思维特色，为个体成长提供强大的思想资源。

四川省乐山市第一中学王慧明老师遵照工具性与人文性统一的原则，引导学生从语言文字的理解入手挖掘其隐含的人文性因素，对学生进行思想教育。比如，不少教师在讲史铁生《我与地坛》一文时，大多围绕"母爱"主题展开。王慧明却认为，此文绝不仅仅是传递母爱的崇高，"地坛"是一个象征，是人类母亲、大地母亲、文化母亲的象征，人不仅要接受生物母亲的养育，还要接受人类母亲、文化母亲的哺育，才能成长为一个完整的人。可见，王老师很善于扣住对文本语言文字的深入理解，从中发掘其情感意绪，从而对学生的人格教育施加积极影响，这充分体现了教书与育人的结合。

············

我一口气读完刘磊、杨琴编著的《引路人——高中语文特级教师炼成记》这本书，一点也不觉得累，因为编著者用大量生动活泼的故事来诠释每一位语文特级教师的成长轨迹、闪光的教育思想、令人瞩目的教书育人业绩。我读这本书，就像步入了一座高中语文特级教师的人物画廊，欣赏到数十位栩栩如生无比鲜活的语文特级教师的光辉形象，了解了各自发展的传奇人生，把握了各自独特的教育思想，领略了各自高超的教学艺术。我好比是以最便捷的"旅游"方式饱览了语文教育姹紫嫣红的绮丽风光。就在这琳琅满目、美不胜收之际，我寻找到通往语文特级教师的光明之路。我希望，在这条路上，作为人才素质教育的奠基工程——语文教育，不在怨声里左右徘徊，而在凯歌中向前奋进！

（刘永康，四川师范大学文学院原党委书记、二级教授，四川省学术技术带头人，四川省师德标兵，四川省劳动模范，著名语文教育学家，教育部特聘全国教师教育专家委员会委员，教育部"国培计划"专家库成员，全国语文学科教学论国家级精品课程负责人，国家级学术团队教师教育系列课程教学团队副组长，全国名师工作室联盟语文专业委员会顾问兼学术指导，教育部"基础教育新课程骨干培训者国家级培训"主持人，全国语文学习科学专业委员会学术委员会主任，全国语文教师教育研究中心副理事长，全国语文创新教育研究中心常务副理事长，四川省教育学会中学语文教学专业委员会名誉理事长）

目录 Contents

第一篇　德·行为世范

柔肩担重任　激扬巾帼志
　　——记特级教师、正高级教师陈绍燕　/3
　　1. 立志改命　大山女孩考上部属师范大学　/3
　　2. 回乡任教　下决心不负学生期待　/5
　　3. "拼命三娘"　托起彝乡学子希望　/6
　　4. 专业精进　无愧于师的责任担当　/7
　　5. 良师益友　像妈妈般温暖关爱学生　/8
　　6. 勇挑重担　辐射引领民族地区教育发展　/9

人生就像冲浪，必须迎头向上
　　——记特级教师、正高级教师欧阳军　/12
　　1. "阴差阳错"入读师范　/12
　　2. 敢于挑战　新手扬名　/13
　　3. 名家引路　自学成才　/15
　　4. "伯乐"赏识　坚定方向　/16
　　5. 毛遂自荐　传奇展示　/17
　　6. "拼命三郎"　证明自己　/19
　　7. 爱学生一视同仁　教语文创新有方　/20
　　8. "巴心巴肝"提携后辈　持之以恒反思写作　/22

羌山汶水写大爱
——记特级教师、正高级教师龙绍明 /24
1. 求学：语文老师打开文学之门 /24
2. 选择：重走长征路后的洗礼 /25
3. 教书："龙哥"语文课堂的魅力 /27
4. 育人：宽严相济　自律为上 /28
5. 担当：临危受命　凝聚人心 /29
6. 价值：帮助民族孩子走出雪山草地 /31

在成长道路上快意行走
——记特级教师、正高级教师吴宇飞 /33
1. 初登讲台　接受挑战 /33
2. 再上台阶　课堂激趣 /35
3. 豁达乐观　播洒阳光 /36
4. 学无止境　收之桑榆 /38
5. 躬耕不辍　比肩共进 /40

杏坛守初心　树人成栋梁
——记特级教师、正高级教师李现文 /42
1. 跳出"农门"　返乡任教 /42
2. 青春飞扬　心灵共振 /43
3. 阅读引路　快速成长 /44
4. 拒绝"躺平"　再创佳绩 /46
5. 保持初心　永远年轻 /47

第二篇　仁·乐教爱生

乐育桃李　丰盈人生
——记特级教师、正高级教师陈家武 /51
1. 幸遇善良好老师 /51
2. 砥砺奋进　一鸣惊人 /52
3. 赏识激励学生，善待每个孩子 /54
4. 越是困难时刻，越要咬牙挺住 /56

5. 从教研中找到快乐"摆渡"的秘诀　/57

　　6. 用班级文化浸润学生心灵　/58

　　7. 继续做快乐的教育"农夫"　/59

"从小到大，我都不想太普通"
——记特级教师、正高级教师王光佑　/61

　　1. 不屈少年　立志读书　/61

　　2. 发愤图强　跳出"农门"　/62

　　3. 初出茅庐　大放光彩　/64

　　4. 不屈不挠　自学成才　/65

　　5. 博采众长　爱生如子　/66

　　6. 淡定从容　渐入佳境　/68

　　7. 执着梦想　风雨兼程　/70

　　8. 勉励后学　光风霁月　/71

扎根高原无悔　一片丹心育才
——记特级教师、正高级教师黄志兵　/73

　　1. 与4位语文教师的"心灵相遇"　/73

　　2. 从个性、感性走向科学、理性　/75

　　3. 教高中华丽转身　下苦功证明自己　/76

　　4. 适应课改需要　建构特色课堂　/77

　　5. 勇于反思创新　打造"语文之夜"　/78

　　6. 弘扬"大语文"，培养本土影视人才　/79

　　7. 继续做一头奋蹄高原的"牛"　/81

蔓蔓日茂　芝成灵华
——记特级教师、正高级教师王茂　/83

　　1. 长大后我就成了你　/83

　　2. 赛课中磨砺成长　/84

　　3. 点亮学生心中的语文之光　/85

　　4. 真正的语文应来自生活　/86

　　5. 遇见丰盈美好的青春　/87

　　6. 真诚的"王阿姨"　/89

清风徐徐　温暖如虹
——记特级教师、正高级教师徐虹 /91
1. 儿时的熏陶与向往 /91
2. 挫折中学会反思 /92
3. "很想一直和你搭档" /93
4. 趣味活动中学语文 /95
5. 做一个温暖的人 /97

第三篇　慧·启智润心

传语文弦歌　开清芳满园
——记特级教师、正高级教师赵清芳 /101
1. 出类拔萃，从中师保送读大学 /101
2. 踏实勤勉，打下从教坚实基础 /102
3. 毛遂自荐，入职石室千年名校 /103
4. "学科小组"，让学生做学习的主人 /104
5. 给自己"找事"，开专题课程 /106
6. 既要育分，也要育人 /107
7. 始终让自己处在挑战区 /108

视教学为艺术　把学生当朋友
——记特级教师、正高级教师袁学民 /110
1. 耳濡目染中爱上教育 /110
2. "青毛头"崭露头角 /112
3. 收获"批量生产"清北学子的成就 /113
4. 将视频阅读植入课程 /114
5. "人文之夜"的魅力 /115
6. 追寻教育的"远方" /116

保持热爱　力争上游
——记特级教师、正高级教师李晓玲 /118
1. 求学之路：一定要像谢老师一样 /118
2. 教学进阶：从讲台"小白"成学校"王牌" /119

3. 再战高中：为不自信的学生搭建"脚手架" /121

4. 育人治班："师生关系好了，教育就成功了一半" /123

5. 转岗教研："教师需要唤醒，干部需要培训" /124

汉广难泳　寻渡有舟
——记特级教师、正高级教师韩先才 /127

1. 山村少年　沉醉阅读 /127

2. 耳濡目染　立志从教 /128

3. 福州之行　大开眼界 /129

4. 精益求精　超越自我 /130

5. 在学习和研究路上不断登攀 /132

6. "当老师，至少要做一个有想法的人" /133

"愿与学生同学习共成长"
——记特级教师、正高级教师邹大平 /135

1. 跳出"农"门　站上讲台 /135

2. 下苦功夫钻研　成长远超预期 /136

3. 因材施教　亦师亦友 /138

4. 紧扣教学做研究　课堂生动展才气 /139

5. 榜样激发成长无穷力量 /140

第四篇　究·善思笃行

追寻真而正的语文教育人生
——记特级教师、正高级教师黄明勇 /143

1. 家人给予爱的力量 /143

2. 多位好老师带来温暖 /144

3. 奠定扎实的语文专业根基 /145

4. 在低谷中振作攀越 /146

5. 多年坚持与努力得到认可 /147

6. 在"夹磨"中淬炼成长 /149

7. "玩语文"与"原初阅读" /150

8. 不仅要当教书匠，还要争当教育家 /151

9. 继续淡泊平和地走在语文大道上 /152

会见春风入杏坛
——记特级教师、正高级教师姜维平 /154
1. 在时代浪潮中与师范结缘 /154
2. 站上讲台　尽到本分 /155
3. 崭露头角　唤醒生命 /156
4. 博览群书　独立思考 /158
5. "想不想把事情做好"最重要 /159

碧海青天"语文人"
——记特级教师、正高级教师黄礼先 /161
1. 遇到好老师，梦想当老师 /161
2. 学生眼中的"知心大姐姐" /162
3. 勇于尝试，熟练驾驭各类课堂 /163
4. 站上新平台，接受新挑战 /164
5. 主研国家级课题，教学渐入佳境 /165
6. 课题成果反哺教学实践 /167
7. 特别适合当老师的"黄妈" /167

奏出师生相长的惬意乐章
——记特级教师、正高级教师任本德 /170
1. 求学之路 /170
2. 进取之路 /172
3. 教研之路 /173
4. 写作之路 /175
5. 育人之路 /176

艰难困苦　玉汝于成
——记特级教师、正高级教师高泽兰 /179
1. 辗转求学多磨难 /179
2. 初出茅庐遇"贵人" /180
3. 宵衣旰食创品牌 /182
4. "教书""科研"两不误 /183

5. 脚踏实地天酬勤 /184

第五篇 道·以文化人

典则俊雅　兰薰桂馥
　　——记特级教师、正高级教师王典馥 /189
　1. 苦难磨灭不了梦想 /189
　2. "草根教研" /190
　3. 师道传承 /192
　4. 诗意化的教学 /194
　5. 永远的"文学梦" /195

守住教书育人的"至美大道"
　　——记特级教师、正高级教师蒲儒刿 /196
　1. 读师范：无奈的选择 /196
　2. 意难平："攻苦食俭"终圆梦 /197
　3. 善教书：形成"扎实而灵活"的教学风格 /198
　4. 诗与思：构建想象力与思辨力融合的语文世界 /200
　5. 读元典：为人们精神困境及思想出路建立坐标 /201
　6. 谈育人：刚柔相济　学会等待 /203

一名语文教师的成长剪影
　　——记特级教师、正高级教师王慧明 /205
　1. "文学青年"的失落 /205
　2. 职业认同的洗礼 /206
　3. 专业发展的转折 /208
　4. 语文教学的沉思 /209
　5. 生命成长的回音 /210
　6. 职业生活的幸福 /211

无怨无悔的教育人生
　　——记特级教师、正高级教师龚志华 /213
　1. 耳濡目染：父亲是从教为人的榜样 /213
　2. 杏坛渡鹤：做学生生命中的贵人 /214

3. 教海拾贝：教学研究理应成为教师的本职工作 /216

4. 笔耕不辍：博客上安"窝"，让语文诗意栖居 /217

5. 金针度人："只要你想，就会有很多方法优秀" /218

山花烂漫　诗意繁华
——记特级教师、正高级教师刘秀荣 /220

1. "书籍成为我灵魂发芽的种子" /220

2. 腹有诗书气自华 /221

3. 享受诗意大语文 /222

4. 不为分数去教，着眼未来而研 /223

5. 一片冰心在玉壶 /224

后　　记 /226

第一篇

德 · 行为世范

德高身正为范。好老师首先应该是以德施教、以德立身的楷模。有大德的老师才能教出有大志、有大我的学生，才能在传道授业中引人以大道、启人以大智，实现立德树人的根本任务。

柔肩担重任　激扬巾帼志
——记特级教师、正高级教师陈绍燕

人物名片

> **陈绍燕**，女，四川省冕宁中学党委副书记、校长，正高级教师。中共十九大代表，全国先进工作者，全国中学语文优秀教师，四川省特级教师，四川省优秀共产党员，四川省劳动模范，四川省优秀教师，凉山州委州政府联系的高层次人才，凉山州拔尖人才，凉山州劳动模范，凉山州优秀教师和优秀人才示范岗，西昌市教学能手。大力推行实践"学本课堂"教学模式，践行"五个维度"。撰写了12篇教育教学论文，积极参加课题研究，组织编写校本教材，连续14年主持凉山州高考诊断语文学科命题。

1. 立志改命　大山女孩考上部属师范大学

陈绍燕出生在西昌市经久乡一个普通农民家庭。兄妹4人中，她排行老二，上有一个哥哥，下有两个弟弟。和他们一起生活的，除了父母，还有祖父母、曾祖父，以及小爸、姑姑，是一个典型的大家族。

因为"要吃饭"的人口众多，打记事起，陈绍燕就知道家里土地宽广，要干的农活很多。挑水、煮饭、找猪菜、砍猪草、割麦、插秧……她什么都干，"能顶半个劳动力"。

虽然年龄不大，但陈绍燕对未来人生已有了朦胧的思索。那时，村民们普遍不重视教育，小孩念书到了二三年级，能认得几个字、会简单算术，就被领回家干农活了。"一想到要窝在大山里，'脸朝黄土背朝天'地与土地打一辈子交道，我就很绝望！"她说。

"一定要读书，改变命运！"陈绍燕的父亲读完了初中，明白知识的重要性，他不希望孩子们再留在农村"遭罪"，一直鼓励他们多读书、走出大山。

那个年代，几乎找不到什么课外读物，陈绍燕的父亲就从乡政府、火车站工作人员那里，搜集一些别人翻过的《人民日报》《半月谈》《读者》《青年文摘》等拿回家，一家人一起看。陈绍燕便从中认识了许多字，并逐渐培养起对语言文字的浓厚兴趣。

从小学到初中，陈绍燕的成绩非常好，也遇到了许多好老师。"记得初中语文王老师，他此前在西安工作，快退休时回到家乡来任教。王老师知识渊博，给我们讲了很多外面的事情，让大山里的孩子感到特别新奇。我对他特别崇拜。"陈绍燕回忆。

当年，初中毕业最诱人的出路莫过于考上中师、中专，因为马上就会有一份稳定的工作，端上"铁饭碗"。陈绍燕也参加了考试，虽然考到了全乡的第一名，也超过了中专调档线1分，无奈竞争太激烈，她落榜了。

这时，她不得不面临一个选择：是就此回家当农民；还是继续去读高中，将来考大学。当年，选择第二条路的农村孩子很少，因为这不仅会给家庭增加一笔沉重的经济负担，而且三年高中下来，也未必能考上大学。

"我特别感谢爸爸妈妈，那时家里上有老、下有小，经济负担已经很重了，但他们仍支持我读书，鼓励我继续读高中、考大学。"1987年9月，陈绍燕和哥哥以优异成绩入读西昌市第五中学。

三年高中，陈绍燕学习非常刻苦，成绩常年名列前茅。高考后，她预估自己的分数能上重点本科，"可能是受当年看的电影、电视剧影响，我那时特别崇拜检察官、法官，一心想学法律，填报的志愿都是政法大学"。

校长特别关心兄妹俩，把两人填报的志愿拿过去看了，语重心长地说："你们是农村走出来的孩子，能考上大学很不容易，考虑到你们家里的实际情况，建议读师范院校比较好。"当年，学生读师范院校，国家每个月会补贴生活费，可大大减轻家庭负担。

两人听从了校长的建议。最终，陈绍燕被西南师范大学（今西南大学）中文系录取，哥哥则被南充师范学院（今西华师范大学）录取。

收到录取通知书那天，陈绍燕家彻底"风光"了一把。"一个家庭同时出了两个大学生"，这在村子里是破天荒的第一次。那天，学校和乡政府领导一起到家中看望兄妹俩，慰问他们的父母，第二天的《凉山日报》也刊发了他们的事迹和照片。

2. 回乡任教 下决心不负学生期待

大学四年，陈绍燕一如既往地勤奋刻苦，经常"泡"图书馆，如饥似渴地阅读古今中外的小说、名著，遨游在知识的海洋里，写满了40多本厚厚的笔记本。她成绩非常优秀，每年都能拿到一等奖学金，还评上了优秀大学生。

毕业时，西南师范大学的学生非常抢手，全国各地的教育单位都来学校招人，陈绍燕与北京市海淀区的一所中学达成了初步意向。"北京可是首都、祖国的心脏啊，我要是能去那里上班该多好！"和大多数意气风发的年轻人一样，她也有一个去大城市发展的梦想。

不料，就在签约的头天晚上，陈绍燕接到海淀学校电话，称因为她是大凉山民族地区走出来的学生，要到外地工作，需要生源地教育主管部门开一个"同意放行"的函件才行。

这可让陈绍燕犯了难："凉山也正需要老师啊，怎么可能给我出具这个函呢？"

1994年6月30日，陈绍燕带着满满一大袋书本，非常沮丧地离开了大学，不得不回到凉山州教育局报到。开学前，她被派遣到凉山州民族中学工作，开启了近30年的教育生涯。

这是当年凉山州委州政府唯一直属的高级中学，创办招生还不到5年，正处于创业发展时期，大部分教师是从州内其他中学"挖"来的，已有一定的教学经验。陈绍燕是当年新进的三个大学毕业生之一。

因为去北京大城市的梦想未能实现，刚入职的陈绍燕有些闷闷不乐。但很快，她就调整了心态，全身心投入教书育人的工作中去。促使她转变的有两个方面的原因。

一方面，学校和领导对新入职的年轻教师特别重视，经常嘘寒问暖，帮助解决生活上的困难。"学校很信任我，刚去就让我担任初中班主任，教语文。"能被学校重用、得到认可，陈绍燕心存感激，"我之所以能考上大学，也多亏了凉山前辈教师们的付出，要懂得感恩。再说，在凉山'首府'有一份稳定的工作，已经很好了，要知足"。

另一方面，学生们给了陈绍燕莫大的触动。凉山州民族中学是当地最大的寄宿制中学，学生来自全州17个县（市），彝族学生超过80%，且都来自偏远的山村，大多是建档立卡的贫困户。"这些孩子虽然家境贫寒，但特别朴实，求知欲很强，他们从大山深处走出来读书，非常不容易。特别是彝族女孩，能教一个出来，改变的不仅是她个人，更是整个家庭。"陈绍燕自身奋斗的经历让她特别心疼这些孩子。

"学生最关键的成长，可能就要靠中学这三到六年的奠基。作为老师，我可不能负了他们啊！"她在心里暗下决心。

3."拼命三娘" 托起彝乡学子希望

陈绍燕先在初中部工作了4年，顺风顺水，业绩也很好。随后，学校给她压担子，让她教高中。"高中的教学内容和难度加大，工作量也增加了不少，压力一下就来了。"陈绍燕从未教过高中，对高考也不了解，有些担忧。

好在学校推出"师带徒"模式，陈绍燕就拜当时的语文教研组长王崇义为"师傅"，虚心向他请教。只要有王老师的课，她就端着凳子去听；有时她的课和"师傅"的课时间重合，她就主动去教务处申请调课。每节课听下来，她都要对自己的教案进行修改、完善，并请王老师指导。她还经常邀请王老师现场听课，帮她"挑错"，提出建议。就这样三年下来，陈绍燕的教学越来越娴熟，带的第一届高中学生高考成绩就夺得全州第一名，从此声名鹊起。

2004年，在送完第二届高中学生后，因为陈绍燕对高中语文教材内容、教法、重难点、考纲考题等都把握得非常准，学生成绩也突出，学校就让她一直留在高三年级，专心教语文。直到2018年升任学校党委副书记，她一直陪伴学生在高中最关键的那一年里"摸爬滚打"、为人生的梦想冲刺。

可能有人会说，教了那么多年书，教材也非常熟悉，"闭着眼睛都知道书上讲什么"，有什么难的呢？其实不然。"每一届学生的情况都不一样，每一年的考题、趋势也在不断变化，要根据学生的特点进行研究、提出对策，稍有松懈，就会拉开差距。"陈绍燕说，她很感激当年的自己，"人年轻、身体好、有拼劲"。

有一年，她已经教了两个班，学校又组建了一个60人的"特尖班"，希望她再接过来。二话没说，她就答应了，真正接手后，才知道有多难。

加上早晚自习，陈绍燕每周要上42节课，三个班学生加起来230多人，仅作业本就够她批改大半天的。到了高三后期，模拟检测频次增多，经常会利用晚自习组织学生考试。陈绍燕有一个习惯，当天考完的试卷，无论多晚都要改出来，第二天上课时就给学生评讲，"因为这样的学习效果最好"。

记不清有多少次，陈绍燕晚上9点过下晚自习，匆匆忙忙将200多份试卷抱回家，来不及喘口气就开始批改。晚上9：30至凌晨12：30，差不多将作文以外的基础部分改完；接下来到凌晨3：30，将作文部分改完；然后再把所有学生成绩统计出来，并按选择题、阅读题等各种题型分类、排名。做完这些,时间已经来到凌晨4：30,陈绍燕赶紧倒头就睡；6：30,闹钟一响,立即起床、洗漱；6：40左右,她已经走进学校大门；6：50—7：10,她坐在办公室,用20分钟时间,把当天要讲的内容再在脑海里过一遍；7：10,她准时出现在教室里,组织学生早读,这比学校规定的早读课时间还提前了20分钟。早读课后,往往就是语文课,陈绍燕便开始评讲昨晚的试卷……

刚开始,身边的同事都很惊讶:"你是怎么做到一个晚上把这么多试卷改完的啊？""少睡一点呗!"陈绍燕微微一笑,当得知她晚上只睡两个小时后,大家纷纷对她竖起大拇指。陈绍燕也因此获得了一个"拼命三娘"的雅号。

正是凭着这股拼劲,陈绍燕在一线教书28年,获得了27次教学质量一等奖,唯一得二等奖的那年,也是因为女儿出生。产假本来有120天,但她的心却一直惦记着学生,一有时间就打电话了解情况。当得知学校师资不足、她的班没有教师上课后,只休息了70天的她毅然返校,气得她老公大喊:"陈绍燕,你不要命了!"

近30年来,陈绍燕教过的学生已有2000余名,针对很多学生都来自偏远山区、学习基础相对薄弱的情况,她结合多年教学经验,提出了重基础、重模式的"陈式"教学法:在不断巩固学生基础知识的同时,持续拓展知识的"外延",稳步提高学生的学习成绩。

在"陈式"教学法的帮助下,学生们的成绩不断提高,他们绝大部分都考上了满意的大学,其中,有10人考上了清华大学。

4. 专业精进 无愧于师的责任担当

在帮助学生成就梦想的同时,陈绍燕的专业发展也驶入了"快车道"。

她22岁参加工作,一年后转正,5年后就可以参评一级教师。28岁,陈绍燕就成为学校最年轻的"一级教师";33岁,又是"到点"就晋级,成为学校最年轻的"高级教师"。当年,教师专业成长的"天花板"就是"高级教师"了,这么年轻似乎就走到了专业发展的"尽头",一段时间里,陈绍燕也觉得人生失去了努力的方向。

这时,学校教科处主任熊昌进给她指了一条道路:"绍燕,你还有奋斗目标,可以争取去评四川省特级教师。""四川省特级教师"不是专业职称,是省政府颁发认定的教师荣誉称号,要求在师德上作表率、育人上当模范、教学上成专家。

陈绍燕一听,连连摆手:"这要求太高了,我还差得远呢……"熊主任任职期间,与担任教研组长的陈绍燕有过多次接触和交流,了解她的能力,就鼓励她,提前朝着目标做准备,除了教学保持优异成绩外,还要尝试着做一些课题、写一些研究文章,"相信自己,你一定行!"

陈绍燕听进去了,随后几年,在熊主任的指导下,她开始在教学研究上发力,很快便出了成果。37岁那年,陈绍燕脱颖而出,以第一名的成绩被推荐评选为凉山州最年轻的省特级教师。

2012年底,四川省在泸州、攀枝花两地试点正高级教师职称评聘的消息传来,熊主任又鼓励陈绍燕提前做准备。2017年,陈绍燕成为当年全省最年轻的正高级教师。那年,她才44岁。

不仅专业上获得了突飞猛进的发展,在师德践行、工作表率、职责担当等方面,陈绍燕也是学校当之无愧的先锋、楷模。2015年,她被评为全国先进工作者;2017年5月,被推荐为中共四川省第十一次代表大会的代表;同年11月,又光荣当选为党的十九大代表,成为全省近百万名专任教师中,唯一的基础教育界代表。

"做梦都没想到,组织上能把这么高的荣誉授予我。"从北京参会回来,陈绍燕体会到了前所未有的神圣使命感,"党代表既是一种光环,更是责任和担当,我将不忘教书育人的初心使命,继续扎根民族地区,帮助更多学生走出大山。"

5. 良师益友　像妈妈般温暖关爱学生

陈绍燕感激组织的认可和学校提供的高层次平台,而熟悉她的人,对她能取得这么高的成就一点都不惊讶,纷纷认为这是"实至名归"。

"特别朴实、敬业,干工作精益求精,只要是交给她做的事情,会特别放心。"凉山州民族中学原校长李正华这样评价陈绍燕。当年,他的女儿已经考到了西昌另一所中学,看到陈绍燕这么尽职尽责,就把女儿转回到了她班上。

"全校第一个进办公室、最后一个离开办公室的一定是她。"陈绍燕在同事眼中是出了名的"拼",被全校公认为最敬业的教师。工作近30年,她只因为"结婚"不得不请了一天假,就连那天她都不想耽误学生的课,正好,在成都教书的哥哥回来了,她便请哥哥替她上了一天课。

"如果一个教师把热爱事业和热爱学生结合起来,他就是一个完美的教师。"[①] 陈绍燕一直将托尔斯泰的这句话铭记在心,在为孩子们传授知识的同

[①] 转引自王正平:《高校教师伦理学》,上海交通大学出版社,1991年,第42页。

时，关心他们的成长，帮助家庭困难的学生完成学业。"陈老师不仅是良师、是益友，更是像妈妈一样的亲人。"这是学生们对陈绍燕发自内心的评价。

凉山州民族中学的学生，大多来自大小凉山腹地，家庭经济较为困难，对班上的贫困学生，陈绍燕总会倾其所能地提供帮助。

有一年刚开学，一天中午放学后，所有学生都去食堂吃饭了，只有俄木独自在教室里坐着。陈绍燕上前关切地询问，这个害羞的女孩讲述了她的故事。原来，小姑娘的父亲去世得早，母亲常年生病卧床，全家就靠哥哥在西昌一家汽修厂打工维持生活。她不去吃饭，是在等哥哥给她送生活费。

得知情况后，陈绍燕立即掏出200元，塞到俄木手中，让她先去吃饭。之后，她将这件事记挂在心，辗转联系到了俄木家乡的政府，为她争取到了每年3000元的助学金；同时，还通过"贫困母亲"项目，给她家申请到了4000元的贫困补助。

高中三年，陈绍燕经常邀请俄木到家中吃饭，关心她的学习，激发她战胜困难的勇气。对此，俄木不胜感激。每次来学校，俄木都会给老师背来一袋自家种的土豆，这也让陈绍燕感动不已。在陈绍燕的关心下，俄木的成绩越来越好，成功考上了西南石油大学，圆了大学梦。

另一名彝族女孩小伟，成绩很好，渴望读大学。但她初中毕业时，父母"打死也不同意"她继续读高中，想让她早早工作。高一入学，父母坚决不给她学杂费、生活费，得知这一情况后，也在供养自家孩子读书的陈绍燕，毫不犹豫地用自己有限的工资为小伟交清了所有费用。

小姑娘也很坚强、争气，在陈绍燕的关心和帮助下，她考上了电子科技大学光通信专业，大学毕业后又到上海交通大学硕博连读，后又争取到了赴德国公费留学的机会。

这些年来，陈绍燕资助过的学生还有很多。随着脱贫攻坚工作的推进，国家对贫困学生的帮扶政策和资金也越来越多，加上一些爱心企业的资助，如今凉山州每个困难家庭的学生，每月都能按政策领到生活补助，不会再有学生因家庭困难而辍学了。

"物质贫困不可怕，可怕的是精神贫困。"陈绍燕说，能看到这些孩子们一批批走出大山、走进大学校园，是她最开心的事。

6. 勇挑重担　辐射引领民族地区教育发展

一路走来，陈绍燕遇到过不少帮助她的"贵人"，当她逐渐成长为资深教师、骨干教师、全省名师后，也不吝将自己的方法、经验传授给年轻教师。

杨丽 2002 年大学毕业后来到学校担任语文教师。由于刚参加工作，缺乏教学经验，信心不足，教学质量达不到预期效果。陈绍燕看在眼里、急在心里，主动邀请她到自己班跟班听课，每堂课后，与杨丽一起探讨教育教学方法，总结教学经验，把自己整理好的教学心得和教案资料分享给她。不管自己多忙，杨丽的每次公开课、考核课、青优课前，她都会主动去询问准备情况，一起查找资料，设计教案，提前听她预讲，及时提出修改意见。尤其到了高三总复习的关键阶段，她更是在深夜与杨丽一起分析探讨学习板块和复习模式，帮助她尽快熟悉掌握考纲考点。在陈绍燕的帮助下，杨丽所教的班级语文成绩大幅度提升。

像杨丽这样得到陈绍燕帮助的青年教师还有很多，正是她无私的传、帮、带，用热情的鼓励、耐心的指导给予青年教师以信心和力量，这些青年教师才迅速成长为凉山州民族中学业务能力强、教学业绩突出、学生喜欢、家长放心、学校认可的骨干教师。

2020 年，陈绍燕入选了天府名师培养项目，获得 20 万元项目资金。她主动与凉山州师资培训部门对接，将这笔钱用于培训青年教师，辐射引领更多民族地区教师走向优秀、走向卓越。2021 年 7 月，陈绍燕天府名师工作室成立，除领衔人外，确定了 8 位导师，遴选了 25 名全州高中一线年轻语文教师加入。"我们计划围绕部编新版语文教材，分章节、任务群开发优质课件，免费发放给凉山州 17 个县（市）语文教师使用。"陈绍燕说，她希望汇集团队的智慧和力量，帮助民族地区整体提升教育教学质量。

2022 年 9 月，陈绍燕的教育生涯迎来新的挑战，她被凉山州委组织部委以重任，担任冕宁中学党委副书记、校长。

从一线教师到教育管理者，从学校干部副职到"掌舵者"，陈绍燕说自己要学习和研究的还有很多，"但我不怕困难和挑战，有信心将学校办好，因为有组织作坚强后盾，有前辈的指点和优秀的团队"。

到冕宁中学一年多，陈绍燕和班子成员通过充分调研，制定并推行了系列制度：恢复了停滞多年的行政管理例会，建立了值周制度、月考制度、教学常规"四查"制度，并召开教代会对绩效分配方案进行了修改和完善……"一方面，抓教师的培训，改进教学方法，激发大家的活力和干事创业的激情；另一方面，抓学生在校期间的日常管理，从细节入手、点滴做起。"陈绍燕展望道，通过对教师和学生双管齐下，力争用三到五年时间，让冕宁中学打一个翻身仗。

"为山者，基于一篑之土，以成千丈之峭；凿井者，起于三寸之坎，以就万仞之深。"① 从教近 30 年，陈绍燕以对教育的满腔炽热和"积跬步至千里"的执着追求，托起了彝乡孩子改变命运的希望，展现了一名优秀共产党员教师应有的责任与担当。

泸山下、邛海边，一阵风吹过，扬起陈绍燕头上的几缕银发，那是春风化雨浸润出的璀璨，更是怀揣初心绽放出的芳华。

---

① ［北齐］刘昼：《刘子·崇学》，［唐］袁孝政注，商务印书馆，1939 年，第 5 页。

人生就像冲浪，必须迎头向上
——记特级教师、正高级教师欧阳军

人物名片

> **欧阳军**，男，四川省遂宁中学正高级教师。中华人民共和国成立70周年纪念章荣获者，全国先进工作者，全国十佳班主任，四川省特级教师，首批四川省中小学教学名师，首批四川省中小学骨干教师，遂宁市名师，欧阳军劳模创新工作室负责人，遂宁市高级人才，遂宁市英才卡获得者，遂宁市学术技术带头人，遂宁市高中语文考试命题专家。首创"高中文言文原生态与创造性解读法"，践行智慧与思维创新教育。从事小学、初中、高中语文教学40年，做班主任37年。4项科研成果获市一、二等奖，3项成果获省一、二等奖，参编著作3部，发表文章400余篇。

1. "阴差阳错"入读师范

欧阳军最初的理想并不是当教师。

1978年，初中毕业的他正赶上恢复考试制度后的全省中专统一考试。

欧阳军的伯父、长兄喜欢看医书，还尝试着给村民抓药；他看在眼里，喜欢从医，希望考上医科学校，将来当一名治病救人的医生。

中考体检结束那天，在一个同学的"怂恿"下，他误打误撞地走进了一间面试屋，对考官们提的问题对答如流，既兴奋又感到有趣。

中考放榜，他收到了遂宁师范学校的录取通知书。原来，那天面试他的正是这所学校的老师；而他，也因为表现优秀，被提前"预定"了。

当医生的愿望落空了。但欧阳军并不感到沮丧。因为，在一个时年14岁的少年心目中，"管它学医、学文，只要能读书，我就很欢喜！"

况且，在那个年代，考上"中师"，就意味着端上了"铁饭碗"，是羡煞旁人的美事呢！

欧阳军背着行李，高高兴兴地到学校报到了。因为个子还不到1.4米，又长着一张娃娃脸，稚嫩的神情让周边村民惊呼："啧啧……奶腥味儿都还没褪去的娃娃就跑去读师范校了！"

欧阳军才不理会这些，他如饥似渴地学习各种理论、技能，阅读了大量教育教学书籍，广泛参加多种校内活动和校外实践。三年后，正式开启教师生涯。

欧阳军工作的第一站是遂宁市安居区拦江镇马河小学。那里从不赶集、非常偏远，街上连拖拉机都看不到一辆。

在师范校，老师们经常给同学们"打预防针"："你们将来工作的地方可能非常艰苦……"但直到走进马河小学，"艰苦"一词才终于在欧阳军心中具象起来：

校舍由一家祠堂改建而成，教室是土墙房，四周还得用石头、木桩撑住；四面透风，到了冬天，学生就从家里带来茅草遮风御寒；操场是一块泥地，坑坑洼洼，篮球拍下去到处跳，遇到下雨，更是泥泞不堪……

欧阳军清楚地记得，去学校报到那天，下着大雨，他打着赤脚，裤脚挽到大腿，泥水溅了一身。

恶劣的环境并没有吓退欧阳军，相反，他还有些兴奋，因为和读书一样，站讲台也是他非常喜欢做的事情。他的耳边响起了师范校老师说过的话："无论你将来工作的地方多么艰苦，无论你教什么样的学生，只要认真努力，总会收获好的果实。"

很快，他用实际行动证明了老师的话所言不虚。

2. 敢于挑战　新手扬名

学校安排欧阳军教一个五年级班的语文并担任班主任，同时兼另一个四年级班的数学老师。

其实，他内心是不太愿意教语文的。"因为从小学读到中师，我的语文是所有学科中学得最差的，常常位列班级最后几名。"欧阳军说，他学得最好的是理科，特别是数学，轻轻松松考全年级第一名，"一道数学题，别人顶多想出两三种解题法，我可以想出5种；学校黑板报上展示的'一题多解'，最后的落款一定是我。"

中师毕业时，他还暗自发誓：一定不教语文！但人生就是这样，怕什么来什么。他不仅被安排教语文，而且教的还是一个毕业班的语文（那时小学的学制为5年）。而这个班，又是全乡成绩最差的班。

欧阳军清楚地记得，这个班有36人，接手没多久，有学生偷偷告诉他："老师，您知道吗？您是我们的第13任班主任。"原来，这个班由周边村小成绩最差的学生混编而成，此前的老师不愿教，班主任已经走马灯似的换了12个。

得知实情后，欧阳军心里暗暗叫苦。但也决不服输："我就喜欢去做富有挑战的事！别人说难的事，我偏要去尝试。别人不愿意带的班，我就要去带，还要带出好成绩！"

一年后，他真的做到了。这个应届毕业班，学科综合成绩从最初的倒数第一考到了全区正数第一，36人全部考上了初中，其中10人考进了该片区最好中学的尖子班。

当年，马河小学还有一位老教师，每年都带毕业班，每年都考第一。欧阳军刚去，就终结了他的纪录。心里不服气的他找到欧阳军"请教"，当听完介绍后，这位年龄大了快一倍的老教师对眼前的年轻人肃然起敬。

欧阳军是如何做到的呢？无他，唯"认真"二字矣！

进入毕业年级，师生的主要任务是复习、巩固过去4年学过的知识。但欧阳军的手边，除了一本《现代汉语词典》，找不到任何一本参考资料。

他做的第一步就是把小学语文10册课本都找齐，然后从头至尾认真阅读、勾画、做笔记；第二步，对所有课文形成笼统印象后，按照字音、字形、词语、句子进行分类，把学生容易混淆、出错的知识点全部找出来；第三步，把这些知识点汇编成册，刻成蜡纸，再用油墨推印出来，人手一份。

"相当于我通过研读教材，重新梳理、分类整合，给学生提供了一套独一无二的语文复习资料。"欧阳军不无自豪地说。

为了检验学生的复习效果，他又根据复习资料设计编印出试题进行检测。那段时间，欧阳军像个连轴转的陀螺，午觉也不睡，学生上午做错的题，他中午变换一下刻印出来让学生下午再练；下午做错的题，晚上又变换一下刻印出来第二天继续做……就这样，编试题、刻钢板、印蜡纸，天天讲、天天练、天天评，学生们的学习状态和学业成绩一天一个样。而欧阳军也有意外的"收获"——推蜡纸让他沾满油墨的双手长达半年都洗不干净，刻钢板帮助他练就了一手漂亮的正楷字。

一学期后，欧阳军发现自己班上学生的数学考得不好，就跟校长申请，把本班数学"抢"过来教。数学本就是他的强项，再按照语文"讲、评、练"模式一弄，学生成绩又"蹭蹭蹭"突飞猛进。

这个过程中，欧阳军特别避免让学生陷入题海战术而厌学，他注重"短平快"，每次练习题目不多，10分钟左右学生就能完成，"题目精心设计，都是学生错误率高的知识点；学生做得快，成就感强，自然就不会感到疲倦"。

初出茅庐的欧阳军"一炮走红"。他被评为全区教育先进个人，还受邀到辖区学校巡回介绍经验。同事们的肯定和赞誉也激发起了欧阳军对教育的热爱。

多年后回头再看，欧阳军的教学方法和后来名噪全国的衡水中学等学校的做法何其相似。只不过，后者是全校整体推行，而他当年只在一个班级试验。

3. 名家引路　自学成才

欧阳军从此声名鹊起，立即被调去教初中语文。初中课文比小学更难了，他再次开启了自我钻研、琢磨的历程。

这段时期，他阅读了不少语文相关的书籍。买来哲学、修辞、逻辑方面的书抱着"啃"；持续订阅《作家》《散文》《诗歌》等杂志，还报名参加广汉秘书班、吉林作家进修学院的函授班，学习写作。"我不太喜欢读纯粹的小说，更偏爱富有哲理的散文。"他说。

教学方面，他订阅《语文教学参考》《语文教学通讯》《语文学习》《语文报》等报纸杂志。"特别是《语文报》，让我受益匪浅。"欧阳军回忆，当年每个月的工资除了生活必需外，他全部用来买书和杂志，有时钱不够，还跑回家去拿粮食、米面。

就是通过这些报纸杂志，欧阳军认识了全国首批特级教师于漪。欧阳军被于漪的语文教学艺术深深吸引，他把报纸杂志上能找到的于漪的文章，通通读了个遍，学习她是如何备课、上课、批改评讲作业的。于漪写出了一套初中语文教案，他全部买回来，一篇一章地仔细研究，再仿照她的教案，给学生试讲……

"虽然我至今从未与于漪谋面，但在我心目中，她就是我的老师，是我语文教学路上的引路人。"欧阳军不无感激地说，"我的语文教学的灵魂就是于漪教育思想，至今未变。"

另一位深刻影响欧阳军的教育名家是"全国优秀班主任"魏书生，其让学生自主管理班级的做法，给了他极大的震撼。

后来，欧阳军参加函授学习，一走就是20多天，他没有像其他老师一样找人代课，而是大胆践行魏书生的做法，让学生自己组织教学、管理：班长代行班主任之职，每个班委各司其职，每天都要写班级日志，如某某学生不遵守纪律，班委干部就要找他谈话，严重违规学生还要写检讨；学习上，他要求每个学生都要先预习、自学，不懂的地方就让小组长教，他提前把教学资料分发给各小组长，教小组长如何查资料、备课、教学……他回到学校后发现，班级秩序井然，教学进度也没落下。

4. "伯乐"赏识　坚定方向

1987年，欧阳军终于等到了一个专科函授名额，顺利考上了川北教育学院（今四川职业技术学院）汉语言文学专业。

很快，因为教学成绩突出，他调到了条件稍好的东禅镇初级中学教初一语文。刚到学校，校长对他不放心，一节课听下来却说：你还不错，去教初二吧。在初二上了两天课，校长又说，你教初三也"得行"。他又被安排去教初中毕业班。

仅仅两周后，同镇的东禅中学（高完中）缺一名高中语文教师，有人向校长推荐："欧阳军可以！"于是，他又站在了高中教室的讲台上。

尽管得到了教育同行的认可，但欧阳军心里直打鼓："我从未教过高中，而且还未拿到专科文凭，本质上还是一个中师毕业生，我教得下来吗？学生能听我的吗？"

人生的机遇和挑战往往并存，欧阳军遇到了一位好校长。

时任东禅中学校长杨椒伦，非常关心年轻人，经常不打招呼随堂听课。他安安静静地进教室，坐在后排，不注意根本发现不了他。有一次，他听了欧阳军的课后对他说："欧阳老师，你虽然不是科班出身，但是我发现，你有教语文的天赋。你一定要一鼓作气把本科文凭拿到，你完全有能力教好高中！"

这几句再普通不过的话却让欧阳军热血沸腾，特别是被称赞"有教语文的天赋"让他受宠若惊。"我当学生时语文学得不好，当老师后语文也教得战战兢兢，而现在居然能得到一位校长的高度认可，你说对我的鼓舞有多大！"欧阳军激动不已。

从此，他把从事高中语文教育作为一生奋斗的事业。虽然一年后欧阳军基于家庭原因离开了东禅中学，随后又历经两三所初中、高中和职业中学，最终入职遂宁中学，但他对语文教育的信念从未动摇过，杨椒伦校长激励的话语时常在他耳畔回响，给予他无穷的力量。

1993年，欧阳军顺利实现"专升本"，考入南充师范学院（今西华师范大学）。三年中，他不仅学历提高了一个档次，对语文教育教学的思考和研究也不可同日而语。班级测评，他次次考第一；毕业论文，他把于漪的语文教学思想作为研究对象，《语文教学的美》一文洋洋洒洒写了2.5万字，连文学院院长看了都直呼"深刻"，并动员他直接留校当老师。

但欧阳军婉拒了。他早已在心中坚定了人生方向：回到中学，做一名合格的高中语文教师，不辜负杨椒伦校长等"伯乐"对他的赏识和期望。

5. 毛遂自荐　传奇展示

拿到本科文凭后，欧阳军立马做了一个大胆的举动：毛遂自荐到遂宁中学教书。

当年，遂宁中学可是四川省高中界的"五朵金花"之一，与成都七中、绵阳南山中学等齐名，对教师的要求自然非常高，像欧阳军刚拿到本科文凭、只教了几年高中的情况，想进遂宁中学几乎不可能。

但他却成功了。怎么做到的？说起来真是一段传奇。

那天，欧阳军第一次踏进遂宁中学的校园，人生地不熟的他谁也不认识，甚至连校长长什么样也不知道。

他拦住一名教师，问到校长姓甚名谁和办公室位置后，鼓起勇气推开了门，并主动迎了上去："宋校长，您好！"

对方一脸诧异："请问，你找我什么事？"

欧阳军将早已准备好的一封自荐信递了上去。校长明白了，很快将信推了回来："我们学校不招函授本科文凭的老师。"

欧阳军预料到了这个答案。但他没有退缩，不卑不亢地说："我知道遂宁中学是一所百年名校。学生生源好，教师素质高。但是否每个科班出身的本科生教书都教得好？"

"也不全是。"校长如实回答。

"我虽然是一个函授本科生，但不能因此就说明我教书不行！"见校长口气有些松动，欧阳军赶紧又递上他在本科期间获得的优秀毕业生证书和学科成绩。

"你还可以嘛！"校长微微一笑，让他留下电话等通知。那时，欧阳军还没有手机，便留下了原学校单位的座机号码。

一个多月过去了，欧阳军没有等来电话。他不甘心，再次找到宋校长，"要不，让我来讲一堂课试试？"

校长拗不过他："明天上午你来试讲吧。"

第二天，欧阳军早早来到学校，当他得知试讲的内容是高三年级的课文

《群英会蒋干中计》时,脑袋"嗡"一下就大了。

原来,欧阳军虽然也教过几年高中,但却从未教过高三,对高三的课文,他甚至都没有阅读过。

怎么办?他在心里直呼:"坏了!坏了!今天我成'蒋干'了!"

但时间已不允许他多想,上课铃声响了,遂宁中学校长、副校长、特级教师、语文教研组长、备课组长等都在教室后排坐定,就等他上台展示了。

没办法,只好硬着头皮上。欧阳军佯装沉稳,腋下夹着书,走进了教室。开场白师生对话的那几秒钟里,他大脑高速运转,努力想接下来该说什么、怎么说……但越想脑子越混沌。

忽然,急中生智的他有了灵感:"同学们,你们此前都学了什么课文?有哪些内容?"

"我们上了阿Q正传……"有学生答道。欧阳军立刻明白,这是一个小说单元。

"那你们知道阿Q是一个什么样的人呢?"他顺着学生的回答往下问。

学生们开始七嘴八舌地说出自己的答案。

"同学们,在生活中,我们每个人都是阿Q,但又都不是阿Q……"欧阳军抛出了自己的观点。

看到学生们的眼光被吸引住了,他紧接着说:"高尔基的前辈别林斯基说过,我们小说中所描写的人物,每个都是熟悉的陌生人。"

学生们的眼睛瞪得更直了,这个老师还有点意思。

"就像今天,你们对于我来说,就是熟悉的陌生人。你们都是学生,但我却叫不出你们的名字;你们知道我是老师,但却不知道我姓甚名谁……"欧阳军一边说,一边在黑板上写下自己的名字。

学生们一看:"哇!这个老师的字写得太好了!"

短短几分钟,欧阳军就用他不俗的谈吐和书写抓住了学生们的心,讲台上的他越来越自信。

回到课文,他说:"作为高三学生,我们应该怎样阅读小说、鉴赏小说?"他启发学生思考,并大胆说出自己的答案。

"你们说得很好,总结一下,深度鉴赏小说可以有这几种方法……接下来,就请大家用这些方法来鉴赏这篇课文,并完成两项任务:一是找出文言文课文中不太明白的字词,二是找出蒋干中计的原因。"

皮球一下子就踢给了学生。欧阳军拿着书,佯装沉着、冷静地在教室里来回逡巡。"其实,那个时候我自己也不知道蒋干为什么会中计。"回想起那一幕，欧阳军哈哈大笑。

六分钟后，欧阳军让学生轮流发言，指出文中弄不明白的字词，但他不作答，而是让其他学生参与讨论、解答。他在一旁只就学生的回答对或错做出判断。

讨论第二个问题"蒋干为什么中计"时，欧阳军又想到一招，他让学生分成6个小组，展开讨论，从课文中找理由、找依据。学生们立刻分头行动起来，课堂气氛变得异常热烈。

时间一分一秒过去，不知不觉这堂课过去了三分之二。看着还有一点时间，欧阳军又给学生提出一个问题：这篇课文除了蒋干，还写了哪些人？你最喜欢谁，说说理由……

学生们继续踊跃发言，精彩纷呈……当大家讲得眉飞色舞时，下课铃声响了……欧阳军不得不打断说："同学们，你们对这篇课文的理解非常深刻，下来后还可以继续讨论，甚至还可以写成文章。"

说完，他气定神闲地走下讲台，心里明白：这堂课，成功了！

事后回头来看，这堂课，不正是一堂即兴生成、真正体现"学生为主体、教师为主导"的优质公开课吗？欧阳军全程语言不多，但很精炼，不断在启发、引导着学生思考、鉴赏。这与十几年后新课改所倡导的理念和要求如出一辙！

表面上看，欧阳军这堂课一点都没准备；但事实上，他为这堂课准备了十几年，因为他一直在学习、思考，践行于漪、魏书生等名家的教育教学思想，紧急关头下，此前的积淀就真实地迸发出来。

6."拼命三郎" 证明自己

三天后，欧阳军果然等来了电话。1997年，欧阳军正式调入遂宁中学。

但要站稳脚跟并不容易。那时的遂宁中学，有不少来自城市家庭的学生，其家长对教师的要求也颇高，"你要教不好，就会被家长轰下堂"。欧阳军的同事，大多是师范院校科班出身，不乏清华大学、北京大学毕业的"老三届"高才生。

欧阳军一开始便有"自知之明"，他虽然毛遂自荐进入了遂宁中学，但文凭不硬，同事们或许打心底"瞧不起"他。

恰是在质疑的眼光下，欧阳军骨子里那股不服输、勇于挑战的劲头被激发了出来。他给自己定下了一个几乎不可能完成的目标：在两三年内，将自己的教育教学成绩迅速提升到那些已经教了二三十年高三的教师同一个水平。

为此，他开启了一段"拼命三郎"式的工作历程——

白天，除了吃饭、上厕所，他把所有时间都用在备课、上课上。"除了试讲那堂课，我算即兴发挥，后面的每堂课我都按照优质公开课的标准去准备，时时以别人会来听我课的标准要求自己。"

晚上，回到宿舍，他又打开书本写教学反思。"没人要求我写，这是我自己的要求，因为把心得体会形成文字的过程，就是再一次厘清思路、巩固提升的过程。"那段时间，他晚上读很多书，记很多笔记，经常凌晨两三点才睡。

在高中，"刷题"往往成为学生提高成绩的不二选择。但欧阳军并不认可，为了提高学生练习的效果，他从不照搬照抄参考资料上的题目，而是结合学生和课本实际，经过深思熟虑后自主命题。

不仅自主命题，他还跟着学生一起做题。欧阳军透露，当年有些老师，如果没有参考答案，都不敢给学生布置作业。但他就敢，因为学生做的同时，他也一起做；学生遇到不懂的来问他，他都能答上。

因为经常熬夜，又缺乏锻炼，欧阳军在那几年里胖了50多斤，并由此埋下了病根。2005年，他被确诊患有糖尿病，从此每天都离不开药品，至今如是。

欧阳军的"拼命"也换来了可喜的成绩——

上课一两周后，学生就给家长反馈：新来的语文老师"很厉害"！

当时，学校有两个文科班。欧阳军被安排带一个"差班"（总平均分比另一个班差了五六十分，仅数学一门，平均分就比另一个班差20多分）。但仅仅过了两年，他的班级总平均分竟反超另一个班10多分；高考时，语文学科考到了全市第一名，考上大学的人数也比另一个班多。

紧接着，他又接手了两个高三班，其中一个班语文成绩全年级倒数第一，没想到最后高考，这个班语文成绩跃升为全市第一。

欧阳军从此成了遂宁教育界的名人，此前质疑的人也对他刮目相看。从此，学校对他委以重任——把高三年级最好的班交给他，而他也从未让学校失望，他所带的班级都非常优秀。

7. 爱学生一视同仁　教语文创新有方

2020年春天，突如其来的新冠疫情打乱了正常的教学秩序。和其他老师一样，欧阳军也化身"主播"，与学生在网络屏幕相见。

整天宅在家里，心理和情绪难免有波动。为了纾解学生的焦虑，从容应对即将到来的高考，欧阳军每天晚上都会用半小时，精心构思一段话，在零点左右发到班级群，第二天学生一起床，就能看到老师的鼓励，开启元气满满的一天。

"有思想、有方法""精力充沛、沉稳又不失活力""是个温暖的大家长"……这是学生们对欧阳军的评价。

从教以来，欧阳军有近40年的班主任经历，接触了各种各样的学生和家长。有的家庭条件非常富裕，有的家境异常贫寒；有城市工薪阶层，也有常年在外务工者；有普通老百姓，也有商贾高官……但无论学生家庭怎样，欧阳军都一视同仁，平等对待每个学生。

比如安排座位，他绝不会因为某个学生父母是大官，就特意安排到"C位"。他也不赞同一些老师按学生成绩高低安排座位："如果这样，成绩好的不就越来越好，成绩差的越来越差吗？"

他主张按每个学生的实际需求排座位。比如你眼睛近视，戴上眼镜看黑板都吃力，那肯定要坐前排；有的个子高，挡了后面学生的视线，那就说服他坐后排。"我给学生说，教室每个位置都是'C位'，就看你怎么学了！读书学习绝不是靠你坐的位置好。"欧阳军的班级，恰恰有坐最后一排却考上清华大学、北京大学的学生。

学习上，他更加强调"方法"。欧阳军虽然教语文，但他带的班级，其他学科成绩都很好。他要求学生，无论什么科目，无论你认为老师教得如何，都要认真听。越是你认为教得差的课，越要认真听；你要不听，吃亏的是自己。

文言文是学生学习路上普遍的"拦路虎"，他就琢磨：文言文究竟该如何学，如何教，有没有什么办法帮到学生？

他发现，从初中开始，文言文教学，一直都是老师讲、学生边听边做笔记，但如果拿到一篇陌生的文言文，学生还是读不懂。他广泛阅读了相关教学理论和方法，看来看去，都不尽如人意。怎么办？经过思考，他找到了原生态创造性解读文言文的方法。

何为原生态？就是不借助任何参考资料地阅读文言文。

欧阳军说，古人写的文言文，都是没有标点符号的，后人阅读时，首先就需要断句。那何不让学生也原汁原味地从断句开始呢？

从高一开始，欧阳军就把文言文的所有标点符号去掉，让学生边读边断句。刚开始，学生很吃力，啥也读不懂；没关系，师生们一起讨论，相互启发，实在找不到答案了，再去看课文、找注释。

"说不定学生断的句，比原文还断得好。"欧阳军说。这也就引出第二个问题：后人在解读前人写的文章时是否可以有新解？古人写文章时可能不会想到很多，但后人却可能从中读出不同的意味来，"这就是创造性解读"。

这个方法的灵感源自欧阳军打小就很好的数理思维。"很多数学题，很难找到参考资料，你会就能解，不会的话怎么折腾都不行，憋得你心慌。那为何语文不可以这样呢？"他说，有的教师给学生讲高考题，先查看了参考答案，又提前找了各种资料，再给学生讲，这个时候学生的感受一定是，"哇！老师怎么这么厉害，我怎么这么差……"同样，教师查阅各种资料去给学生讲文言文，学生当时是听懂了，但他没有去体验、理解，没能变成自己的知识，换一篇文言文，他依然读不懂。

"这就是'道'和'术'的关系。你只有真正掌握了'道'，才能游刃有余地解决各种难题。"实践证明，欧阳军的方法收到了非常好的效果。无论日常检测还是高考，学生看到文言文再也不怵了。"平常训练，学生都需要自己断句、打标点符号，而看到考试的文言文居然都有标点符号，你说简不简单！"

后来，这项成果还荣获四川省中小学教学名师"优秀教育科研成果"一等奖。

8. "巴心巴肝"提携后辈　持之以恒反思写作

"欧阳老师是一位对生活、工作充满激情的前辈，从他身上看得到老一辈文人的气质。"曾德强是2018年入职遂宁中学的年轻语文教师，谈及欧阳军对他的帮助，他用了"巴心巴肝"来形容。

"他让我们一定要先把讲台站稳、把课教好，同时要多写文章反思，提升教研能力。"曾德强说，年轻教师教学中遇到困惑，只要找到欧阳老师，他一定会毫无保留地传授自己的经验、贡献自己的资源，帮助他们站上更大的舞台。

在欧阳军看来，当下年轻教师普遍缺少一种钻研的精神。"很多人说，现在年轻人工作压力大，但他们面对更多的是来自校长、家长想要考出好成绩的压力，并不是自己提出的更高要求。"他认为，当年轻教师把关注点更多地放在如何提高自身能力上时，其他压力也就迎刃而解了。

语文教师要如何实现专业成长？欧阳军给出三点建议：

首先，要"走得进去"，就是要真正理解语文学科要教给学生什么核心素养，仅仅是应试、做题吗？当然不是，最重要的是教学生掌握"听说读写"的能力，做语文"三好学生"——讲好一张嘴，写好一手字，著好一篇文。

第二，要"走得出来"，就是要不断反思你的教学，跳出一篇课文、一道高考题的局限，看到整片森林。高考题每年都变，但万变不离其宗，教师只要教会学生怎么读书、如何思考，碰到什么题都不怕。

第三，对某个问题的反思，一定要形成文字。欧阳军曾经为思考某个问题坐一下午不挪身，晚上就写出一篇文章。"我写文章不是为了发表，而是真正有益于提高自身的语文素养和能力。"他说，写文章有很多好处：可以把肤浅的思考内容变得深刻，你思考时可能只想到某一点，下笔后就会越写越深刻、越往里面"钻"；可以把零散的思考内容，汇聚成一个整体，把无序的内容整合得条理清晰……

"你看哪个教育专家不会著书立说？教育专家和教学能手的区别就在于此，教育专家除了能上好课，也一定能写研究性文章。"欧阳军每天都坚持反思、写作，他鼓励年轻教师也养成这样的习惯，不一定每天都长篇大作，哪怕写一二十个字、五六十个字都行，只要是浓缩了你当天的思考，长期坚持下去，一定能起到提升思想的作用。

回顾从一名普通村小教师成长为省级名师的历程，欧阳军谈到了三个关键词：

"愉悦"——欧阳军从未觉得教育是一件苦差事，哪怕在条件那么艰苦的马河小学，他也从未退缩过；相反，他热爱教育，认为教书是天底下非常愉悦的事情，"可以这样讲，我每天都是唱着歌走进教室，再唱着歌回到家的"。

"自信"——欧阳军是一个非常自信的人，每当遇到困难，或别人质疑他时，他都敢于去挑战、去尝试在别人看来几乎不可能完成的事情，而这，正是源自他从小培养出的自信品格。

"冲浪"——欧阳军说他入职时，从未想过或规划过自己将来一定要成为什么名师、特级教师，只是专心认真地做好了本职工作。但人生就像冲浪一样，你被浪涛推到了一个浪尖，得到了身边人的认可，成了大家的榜样，你就想着不能辜负大家的期望，只有硬着头皮、顺着波涛一浪一浪地往上走。"我的成长，离不开身边同事、朋友、家人的鼓励和帮助！"他说。

羌山汶水写大爱
——记特级教师、正高级教师龙绍明

人物名片

龙绍明，男，正高级教师，四川省特级教师，四川省中小学名校长。历任四川省汶川中学语文教研组长、年级组长、德育处主任、副校长、校长、党委书记。担任十余届毕业班教学工作，所教学生高考语文平均成绩均居阿坝州之首。创建《羌族文学》并担任编辑，发起并创建"羌族文学"网站；曾担任汶川县中学语文教学专业委员会（以下简称中语会）理事长。《在若尔盖草原》《走过西羌》《谈谈粮食》《一个红军倒下的姿势》《阿坝歌诗》等100余首诗歌发表于《诗林》《诗歌报》《萌芽》《羌族文学》《草地》等各级刊物。《走过西羌》入选阿坝州建州50周年作品选。

1. 求学：语文老师打开文学之门

都说书籍是打开智慧之门的"钥匙"，而帮助龙绍明打开语文之门的则是初中语文老师递过来的一把图书室钥匙。

时间回到20世纪70年代，少年龙绍明在家乡泸县的太和公社念小学。他打小对阅读有着浓厚兴趣，上学路上都捧着书边走边看。那时的书籍少，他把家里有字的读物翻了个遍，最后实在没有书可读了，就把《毛泽东选集》翻来覆去地看，"虽然看不太懂，但通过书页下面的很多注解，连蒙带猜地了解到了新中国成立前后的党史故事和相关知识"。

初中是一所"半工半读"学校，上午开展挑煤、挖地等学工学农活动，下午上课，传授的知识很简单，学习很轻松，时间很宽裕。语文老师徐世钦见龙绍明小小年纪酷爱读书，就把学校图书室的钥匙给了他。

自此犹如打开了知识的"宝盒",龙绍明一有空就钻进图书室,如饥似渴地翻阅喜欢的书籍、报刊,徜徉在语言文字的海洋里。那个年代,《红楼梦》还属于学生禁书,龙绍明则利用这个便利,偷偷读完了这本古典名著。

"很庆幸在我初、高中阶段,遇到的语文老师,都是当年泸州市比较有名的好老师,他们特别注重对学生的阅读启蒙和写作指导,帮我奠定了坚实的语文基础。"龙绍明在泸县二中念高中期间,语文廖老师经常把他写的作文拿到全班念,还推荐给学校广播站播发、在泸州市《中学生作文》杂志上发表。"要知道,在 20 世纪七八十年代,自己的文章能变成铅字,那别提有多兴奋了!"

在老师们的激励下,龙绍明心中渐渐燃起了一个朦胧的文学梦,"想考厦门大学或四川大学的中文系,将来当作家或从事文字工作"。

然而命运总会不经意地跟你开玩笑。1984 年,龙绍明参加高考,考历史科目时,他早早地做完,信心满满,临近交卷,才发现试卷折叠的背后还有两面试题没做。他的脑袋"嗡"地就大了,心情瞬间掉入了冰窟;最后一科英语,六神无主的他想放弃,被老师好说歹说才进了考场。

结果可想而知,平常成绩排名班级前三的他,填志愿时只得放弃梦想的重点大学,沮丧地填报了南充师范学院(今西华师范大学)。即便这样,最后放榜,龙绍明的成绩仍超过了当年重点本科线 18 分,他也成为当年南充师范学院汉语言文学专业录取分数最高的学生。

2. 选择:重走长征路后的洗礼

"读了师范院校,未来大概率就要当老师了。"龙绍明很快调整了心态,专心投入学业中去。大学兼容并包的氛围、丰富多彩的活动,大大拓展了他的文学素养,提高了他的社会活动能力。

一进校,他就参加了文学社。"学中文的,你要不会写诗、写小说,简直格格不入。"在文学社,龙绍明如鱼得水,接触到了朦胧诗人北岛、顾城、舒婷,以及先锋诗派乌青等的作品,并与一群志同道合的朋友疯狂地学习、模仿、创作。他们以文会友、诗文唱和,好不惬意。

对书依旧痴迷,甚至到了废寝忘食的程度。龙绍明几乎天天"泡"图书馆,古今中外、文史政哲等各种书籍都看,并做了大量的笔记。"有时,一大早进馆,一本接一本地读,终于肚子饿了,想起该吃饭了,走出来,才发现别人晚饭都吃过了!"

不仅埋头啃书,他也积极参加并组织各种社会实践活动。因为文采出众、口才好、组织能力强，他很快就在学生群体中"冒"了出来。1985 年，龙绍明被推选为南充市人大代表，成为一名大学生人大代表。

当年，在学校支持下，他联合政治系学生会组织了南充师范学院首届马克思主义学术研讨会，被多家媒体报道，引发全校轰动。也正因此，他萌生了"重走红军长征路"的念头。

1985 年暑假，经学校批准，由龙绍明等带队，13 名大学生组成的南充师范学院重走红军长征路小分队出发了。他们沿中央红军长征路线一路跋涉，过云南、出遵义、渡赤水、进凉山、到阿坝、翻雪山、过草地，最后到达陕北延安，前后历时 3 个月。

这一路异常艰辛。龙绍明沿途见到了不少健在的老红军，听到了许多红军长征途中的动人故事，收集到了大量关于红军长征的第一手史料，也切身感受到了当年边远地区的贫穷落后，特别是四川民族地区的教育状况令他动容，"有的家庭，穷得只有一条裤子，一家人轮流穿，更遑论送孩子读书了"。

队伍行至阿坝州小金县那天晚上，刚放下行李，只听外面人声嘈杂，原来是隔壁学校起火了。一行人来不及多想，立即加入当地的救火队伍。所幸火势很快被控制住，没有人员伤亡。

大家默默离开了现场，还未洗净脸上的污渍，县长带着教育局局长、校长等人来登门感谢这群不留姓名的英雄。

得知他们是师范学校的大学生，校长十分激动，拉着他们的手不放："太感谢你们了！大学生是宝啊，我们民族地区就是太穷了，留不住老师，你们要是能来，娃娃们就有希望了……"

龙绍明听得一阵心酸，回想起这一路上见到的学校和孩子们，他在心底暗自做了一个决定：毕业后，到民族地区来教书。

1988 年，龙绍明大学毕业，分配去向时，因为优异的表现，他本有留省城工作的机会，但他放弃了，毅然决然地选择到阿坝州汶川县任教。老师和同学们不解，纷纷劝他："别人做梦都想留大城市，你倒好，哪里艰苦去哪里。你可要想好，千万别后悔哟！"

从小读革命、奋斗、奉献等书籍长大的龙绍明坚定地点了点头："正是见过那里的贫苦，我才更要去那里，尽我所学，为民族地区的教育出一分力、发一分热。"

奋斗的激情在他 24 岁的胸膛汹涌、燃烧。

3. 教书："龙哥"语文课堂的魅力

一块手表、一支钢笔、一套衣服，一根扁担挑着两麻袋书，龙绍明从南充出发了。那时交通不便，要先到成都转车，日夜兼程整整走上两天，才到达汶川县威州中学（汶川中学的前身）。

那已经是全县条件最好的学校，但校舍仍然显得十分破旧。围墙有一半是垮的，任何人都可以跨进跨出；找不到一块硬化的水泥地，风一吹，尘土飞扬，呛得人睁不开眼。

龙绍明住在用鹅卵石混合黄泥堆砌的低矮房子里，当地人称"干打垒"。每个房间很小，摆上一张床、一张桌子后就没什么空间了。煮饭的伙房在过道另一侧，上厕所要跑很远的地方。

山风瑟瑟，汶水滔滔。远离家乡数百公里的龙绍明在高山峡谷间开启了他的教育生涯。

挑到汶川的一堆书中，有厚厚的 16 本复印资料。那是大学最后一年，想着要当老师了，龙绍明专门到图书馆复印的教育教学资料。"都是全国语文名家的教法介绍、课例分析、教案设计等，这对我后来的教学帮助很大。"

当年的威州中学每个年级只有 4 个班，全校学生就几百人。教师却来自全国各地，大多是基于各种原因被分配来的老一辈大学生。

"老教师们多才多艺，吹拉弹唱，样样在行。他们对我这个年轻人也特别关照，两年后就推举我做了教研组长。"龙绍明虚心向前辈们请教，经常去听课、交流，教育教学工作很快便得心应手。

因为年轻有活力、教学方式新颖，他很快与学生打成一片，每个周末都带着学生去郊游、爬山。学生们非常喜欢他，都亲切地叫他"龙哥"。

"龙哥"上课既风趣活泼又严肃认真。每堂课，都要精心设计，开场白怎样吸引学生、中间如何衔接过渡、末尾怎样总结升华……遇到比较难理解的课文，他会提前设计几个"兴奋点"，当观察到学生眼神迷茫、注意力不集中时，就马上抛出来。

像当年中学老师教他一样，龙绍明也特别注重对学生阅读和写作的熏陶培养。

他给学生指定阅读书目，要求学生前两年就完成四大名著的阅读。得益于从小的积累，龙绍明几乎能将《红楼梦》里的诗词全部背下来，也能一字不差地背诵《水浒传》对每个人物的描写。他要求学生也努力做到，每个假期布置的语文作业就是阅读，并写读书笔记、读后感。

写作方面，他每周布置两篇作文，一篇是在课堂上完成的"大作文"，一篇是在课外完成的"小作文"。他特别看重"小作文"，"这是激发学生写作兴趣、展现学生创作激情的最好方式"。每篇作文，他都认真批改，并写上满满一大段批语，与学生交流对文学、人生、世界的看法，"我不是泛泛而谈，常常要想几句凝练的、带有诗意和哲理的话"。学生们拿到后，自然又惊又喜；不少学生毕业多年，还保存着这些批语。

他还独创了"作文写生"教学法，在春、秋季节，把学生带到户外，观察、体验后，回到教室马上动笔写作，"你看到的春天、秋天是什么样的"。当学校或班级发生一件事后，他也要求学生描写出来。不仅让学生写，他也一起写，同题创作，并把自己的文章展示给学生，相互切磋交流。

为了让更多学生爱上文学，龙绍明还干了一件开学校先河的事——利用周末办诗歌讲座。他把大学期间摘抄的笔记翻出来，精心备课、找资料、设计课程，甚至还制作了宣传海报，标题叫"写诗歌，并不是你想象中的那么难"。他给学生讲现代诗歌的流派，讲诗歌的写作手法，隐喻、借代、象征等，并通过办黑板报的方式把优秀诗人和作品介绍给全校师生……一时间，周末去听"龙哥"文学讲座成了全校时尚的事儿。

多年以来，龙绍明教出来的学生，不仅语文高考成绩名列前茅，参加工作后，也普遍因为具有相当好的写作能力而广受重用，成为各个行业系统的"笔杆子"。

4. 育人：宽严相济　自律为上

阿坝州山高路远、地广人稀、交通不便，家长把孩子送到学校后，教师就全权"接管"了他们。

龙绍明长期当班主任，在与学生朝夕相处中，渐渐摸清了民族地区孩子的习性，"他们淳朴、憨厚，不怕吃苦，耿直仗义。但也有不少缺点，比如自律性差，有的从小就沾染上了抽烟、喝酒的坏习惯"。

怎么教育这些孩子？一开始，他凭着教育内地孩子的经验，对他们要求非常严格，一旦违反班规校纪，就施以严厉的惩罚。但后来发现，效果并不明显，学生仍然会一而再再而三地犯错。

经过与老教师交流后，他慢慢悟到，这些孩子的坏习惯不是一两天养成的，纠正也不可能一蹴而就，需要给他们容错的空间、改错的时间。于是，他调整了教育策略，对学生的错误区分对待，只要不是原则性的问题，就给予一定的宽容，教给他们自律的方法，把对学习的影响降到最低。

比如学生冲动打架，放在内地学校，肯定停课反思、请家长，严重的还可能记过、留校察看，甚至开除；但在民族地区，学生家长远在数百里之外，停课让他回家反思，往返一趟，可能一周、半个多月时间就过去了，课程也耽误了，还不如让他在学校好好反省、干一点义务劳动，集中补习一下功课。"其实学生是懂感恩的，你对他的宽容和爱，一定能换来教育的回报。"

当然，也有出手严厉的时候。有个从某县来的男生，长期沉迷游戏，晚上偷偷翻出校门上网，早上睡到很晚都起不来，龙绍明苦口婆心教育他多次后仍屡教不改。有一天日上三竿还不见踪影，龙绍明到宿舍一看，男生正蒙头呼呼大睡呢。这可把龙绍明气坏了，拖下床朝着男生屁股一顿猛揍。打完，马上给家长打了电话。一周后，家长到校，对龙绍明的管教感激涕零。后来，这名学生痛改前非，成功考上了一所师范大学。报到那天，他专门给龙绍明写来一封书信，表达自己的感激之情。

"当然，这都发生在我教学初期。时代在变，如今，体罚教育学生的行为早已不被提倡，也不被允许。"龙绍明说，老师对学生进行适当的惩戒是必要的，但应该根据每个学生的实际情况，施以不同的、适合的、允许的惩戒方式，才能达到对应的效果。

2003年，龙绍明开始担任学校的德育主任。结合多年育人经验，他认为，学生的自律最重要，"再多的说教，都赶不上学生发自内心的进取力量"。

于是，《学生自律手册》应运而生。这是一本针对初一至高三不同年级学生，对应不同年龄和心理特征编制的自律手册。

学生每周对自己的表现作一次小结，包括"为之自豪、告诫自己、我看到的、家长意见、班主任评议"等多个小栏目。通过自律手册，家长也可以了解到孩子在校的学习、生活状况。

值得一提的是，龙绍明还精选了数十篇中外文学名家的佳作篇章，穿插在"每周小结"之间，让这本手册既可作为学生行为习惯的"镜鉴"，也可作为学生日积月累提高人文素养的"手账"。

5. 担当：临危受命　凝聚人心

2008年的汶川特大地震，对很多四川人来说，是一段刻骨铭心的记忆。龙绍明也不例外。

再回想起那天崩地裂的场景，龙绍明印象最深的，还是教师们的无畏与担当。"可以说，人性的闪光点在那一刻完全展露了出来，一片混乱中，所有老师首先想到的就是班上的学生，首先护住的就是身边的孩子。关键时刻，没有一个'逃兵',没有人为自己打算。尽管那时,老师们的家人也生死未卜。"

地震过后,威州中学除一座食堂外,其余建筑全部成了危房。幸运的是,当年3054名学生和184名教职员工,没有一人遇难。

龙绍明时任学校副校长,接下来的16个月时间里,他和校长周秀华一道,组织带领全校师生历经抢险自救、板房备考、千里大转移、异地安置复课、回迁办学等过程,个中坎坷艰辛、心酸苦涩无以言表,好在所有人都挺过来了。

在成都市龙泉驿区异地安置的一年多里,龙绍明最初很担心:经历这么大的灾难,学生们是否还能认真学习?教师们是否能如以往那么敬业?见过成都这么好的办学条件后,是否还愿意回到汶川那个伤心之地?

令他感动的是,师生们都展现出了不屈不挠的精神和意志,共同创造了学校高考成绩的新高。2009年9月,广东省援建的新校舍投用后,所有教师都回到了汶川。

龙绍明很快接任了校长。临危受命,摆在他面前的,是一个百废待兴的校园和三校合并的教师集体。原威州中学、桑坪中学、七盘沟中学合并成汶川县第一中学,并以威州中学为主要历史文化背景;2011年又更名为四川省汶川中学。

新学校房屋建好了,但桌椅板凳、教学设施设备、实验器材、师生床铺等一无所有。很长一段时间,教师们开会都只能席地而坐。龙绍明带领行政干部们多方奔走,陆续置办齐了这些设备,并重新梳理凝练办学理念、目标、文化,美化了校园环境。

更难的是人心的凝聚。

三校合并,教师们总会有这样那样的嫌隙。"我给大家讲,新汶川中学好比一个'重组家庭',地震让我们失去了另一半,现在重组在一起生活,就得把对过去的思念放在心底,面向未来更好地生活。"龙绍明把三所学校的教师全部打散分到不同年级、不同教研组和备课组,教师们彼此熟络后,心也渐渐融汇在一起。

随着生活回归平静,灾后心灵创伤或多或少地在师生、家长中表现了出来,对待工作、学习的态度,师生们的心态都发生了一些变化。地震后,很多家长把孩子送出去读书,学校生源质量急剧下滑;好教师也招不来、留不住。

从一线教师成长起来的龙绍明想了很多办法。

"首先,要真正了解老师们的疾苦,从关心他们的生活入手。作为管理者,不能仅仅把制度、要求挂在嘴边,却看不到员工的实际困难。"任校长期间,无论哪个教师、哪个家庭有了难处,他都会发动全校同事、调动各种社会资源来帮助，让教师们真切感受到在汶川中学工作就像家一样温暖。

专业成长能帮助教师树立职业信心、找到职业成就。一线教师任务重，"一个萝卜一个坑"，平常走出去培训的机会不多，龙绍明就与母校西华师范大学联系，在汶川中学办起了研究生进修班。

参加进修的教师需自主申报，通过层层考核方可"入学"；高校导师利用周末或节假日送课到校，不耽误教师的正常教学工作。两年时间下来，前后共有108位教师结业。后来，这些"土研究生"成了学校的中坚力量。

不仅向高校借智，龙绍明还经常把北京、成都等地优质学校的专家同行请进来，如中央民族大学附中、成都七中、树德中学、石室中学的特级教师、教研组长等，"在阿坝州，我们学校各类教研活动是开展得最多的"。

虽然和30多年前相比，汶川中学的教育教学环境已发生了很大变化，很多教师的到来，并非像龙绍明一样是因为一份理想和情怀，但在他看来，无论教师基于何种原因来到民族地区、来到汶川中学，都应尽快转变观念，树立对教育的"热爱"，"这是干好任何工作的前提，也是一名教师走向幸福成功的关键"。

6. 价值：帮助民族孩子走出雪山草地

一所学校，一辈子，这是龙绍明36年扎根汶川教育的真实写照。

数不清有多少次可以离开的机会：或是优质名校抛出"橄榄枝"，或是民办学校开出很高的年薪，抑或是重新换个"赛道"……但最终他都选择了留下，不仅留下，还为了给家长、教师做榜样，把自家孩子也留在汶川中学读书。

"不为别的，看到州内这些藏、羌民族孩子，通过教育一个个走出了雪山草地，改变了命运，阻断了家庭贫困代际传递，造福了社会，此前我所经历的一切苦难、付出的心血，都是值得的。"龙绍明说，修己渡人，这是教育人的最高修行。

这不是唱高调，而是他几十年如一日劝学、教学、助学的回报。

长期以来，民族地区的家长受地域环境和社会经济发展程度等因素的影响，送孩子读书的意愿不强；即便能送出来读书，中途辍学、流失的现象也比较严重。

改变家长的观念，谈何容易。通信不便的年代，龙绍明就靠一双腿去家访。离得近，他就利用晚上的时间去；离得远，就得花上周末两天时间，路上还需加快脚程；更远的家庭，就只能利用寒暑假家访。

一次在壤塘县家访，龙绍明发现有位家长对孩子的教育态度比较消极。深入交流后发现，原来是家里条件艰苦，女儿勤快懂事，上门说亲的人络绎不绝，父母就想让女儿早点结婚帮衬家里。

孩子成绩优秀，想读书，父母却不肯，龙绍明给家长做了很久的思想工作都没有效果，最后，他拍着胸脯对家长说："你们只管把孩子送到学校来，钱的事情不用愁。"

回到学校，龙绍明找了几位教师商量，决定共同资助这位学生上学。孩子很争气，最终考上了一所很好的师范学校。他又号召教师们凑了一笔钱，给孩子交了学费。

龙绍明当校长后，有一年开学，一位衣着破旧、憨厚朴实的牧区家长在校门口徘徊了快一周，他孩子成绩没上线，但特别想读书。最后，龙绍明叫人悄悄把孩子留了下来，并免除了学费。学生也没有让他失望，成绩一天一个样噌噌往上涨，三年下来，顺利考上了大学。

这样的故事还有许多。多年来，被龙绍明送出大山的孩子已遍布全国各地，有的留在了大城市发展，有的回到了家乡；有的考上了公务员，有的当了教师……一个个成为各行各业独当一面的精英骨干。

有一年，龙绍明到阿坝州最远的牧区走访，到了一户藏民家中，男主人盯着他使劲看，终于问出口："你是不是龙老师？"得到肯定答复后，他激动地抓住龙绍明的手，"哎呀，龙老师，见到您太高兴了，我们家娃娃就是你教出来的啊！他现在厦门大学读博士"，并马上拨通了孩子的电话，一家人是道不尽的感激。回到学校，龙绍明也找出这名学生当年的作文，拍照发了过去，学生不免又是一阵唏嘘感叹。

教育人的幸福就是这样，不会有立竿见影的成效，也难得有轰轰烈烈的功绩，但总会在平凡生活不经意的某个时候，收获连串惊喜，看到过去播下的种子，开出漫天花朵，结出丰硕的果实。

在成长道路上快意行走
——记特级教师、正高级教师吴宇飞

人物名片

> **吴宇飞**，女，四川省宜宾市南溪第一中学正高级教师，四川省特级教师，四川省中小学教学名师，宜宾市优秀教师、师德模范。主编多部教辅资料，在国家级、省级刊物发表论文20余篇；主研的国家级子课题和省级名师专项课题，获省级优秀奖、市级一等奖；教学成果获宜宾市高考突出贡献奖，多次获市教学质量一等奖；所带班级荣获四川省"先进班集体"称号。

衣着朴素，齐耳短发，笑容爽朗，这是吴宇飞留给笔者的第一印象。

当她坐下来开口说话，作为语文教师的鲜明特征又展露无遗：思路清晰、口才很好，配上较快的语速，让人不自觉地就进入她营造的语言环境和故事氛围中。

在一次谈"教师成长"的公开讲座上，吴宇飞将课件命名为"在成长道路上快意行走"，而回顾她求学、从教数十年的经历，真真当得起这"快意"二字！

1. 初登讲台　接受挑战

1987年的夏天，宜宾市南溪县（今南溪区）第二中学出现了一位熟悉的身影，曾经在这里完成了三年初中学业的吴宇飞，又回到母校当教师了。

那一年，吴宇飞20岁，刚从宜宾师范专科学校（今宜宾学院）毕业，对即将开启的教育生涯满怀憧憬。

南溪二中是一所高完中，既有初中部，也有高中班级。按惯例，专科毕业的吴宇飞是"没有资格"教高中的，她也从未想过刚入职就教高中。

没想到，南溪二中当年的老校长拿到吴宇飞的档案后，拊掌击节做了一个决定："你去教高中！"原来，大学期间，吴宇飞综合表现非常优秀，每学期都获得奖学金，每年都被评为三好学生和优秀学生干部，还光荣地加入了中国共产党。

听到这个消息，吴宇飞却吓得"两腿发抖"，接连几天吃不下饭、睡不着觉，"高中教材我一点都不熟悉，大学所学的教材教法也都是针对初中学科，就连实习期间也从未站过一天高中讲台"。

而且，当年农村学生读书普遍较晚，有的还复读了一两年，高一学生们的年龄普遍在十七八岁，大一点的甚至和吴宇飞同岁。

想着自己要面对年龄差不多的学生，教材还不熟悉，紧张、忐忑、焦虑等各种情绪交织在她心头。

好在校长给予了莫大的信任和鼓励，父母也非常支持，吴宇飞平复了心情，决定勇敢地接受这一挑战，并给自己的职业生涯作了初步规划：先用三年时间，完成高一到高三的教学轮回，成为一名合格的高中语文教师；再一步一步地朝着心中的最高目标——高级教师、省骨干教师迈进。

然而，现实往往并不完全遂人愿。当年，为了保证高考"出口质量"，中学普遍会安排经验丰富的资深教师教高三，年轻教师得先在高一、高二年级磨炼三四个轮回，才能教高三。

第一届，吴宇飞只教了一年，又回到原点接新的班级；第二届，吴宇飞教到了高二期末；第三届，学校已认可她的教学能力，准备安排她教高三，但彼时她已有身孕，且为了进修大学本科，不得不忍痛放弃了梦寐以求的教高三的机会；直到1995年，在她的第四届学生那里，才完成了整个高中三年的教学体验。

虽然比自己规划的成为"合格教师"的时间晚了近5年，但吴宇飞却非常感恩这段"磨砺"的时光。学校一开始就通过"师徒结对"，给她安排了一位优秀的"师傅"——后来也成为四川省特级教师的李泽沔老师。"我每天都去听他的课，揣摩他的教学方法和技巧，回到自己班上立即实践，同时还帮着批改学生作业、作文，很快就熟悉了学情。"吴宇飞回忆，那几年虽然辛苦，但每天都过得非常充实，感到有学不完的东西，浑身有使不完的劲儿。

尽管和学生们的年龄差距不大，但吴宇飞却不想因为自己是教学"新兵"而"误人子弟"，她给自己施加了很大的压力和严苛的要求，"我特别注重备课，别人备完课，可能是拿着教案照着念，而我要求自己一字不差地背下来，上课时丢掉教案给学生讲"。

那时，没有网络，也没有PPT，可参考借鉴的教学资源很少，吴宇飞身边就一本教参和订阅的《语文教学通讯》等杂志，教案全靠自己设计、手写。每星期，她都有好几个晚上写教案到凌晨一两点；每学期，她都要密密麻麻写完两三个备课本。到了高三，复习资料全靠一笔一画刻钢板蜡印，她手指关节很快磨起了厚厚的茧，手上的油污很久都洗不掉。"其他老师都是本科学历，且已经教了多年，我专科毕业，起点低，自己就该勤奋一些，才能站稳讲台。"她谦虚地说。

成功总会垂青努力勤奋的人。吴宇飞教的第一届高三学生，成绩突出，获得了全县高考教学质量二等奖，这是南溪二中语文学科此前未曾有过的好成绩。

2. 再上台阶　课堂激趣

正当吴宇飞工作有了起色，踌躇满志向着她规划的目标前进时，一场区域教育资源和布局调整，给她的人生增加了一道选项。

1997年，原南溪县职业中学并入南溪二中，在政府推动下，学校开始以职业教育为主转型发展，原高中学生全部转入南溪一中就读。

吴宇飞面临着选择：要么跟着教的学生一起到南溪一中，继续教普通高中学生；要么留下来教职业高中的学生。

权衡再三，她选择了后者。"一方面，那时我对重新适应新的环境还没做好准备；另一方面，我想着留在二中会'轻松一点'。"吴宇飞坦率地说。

然而，给职高学生上了三四年"普通话""应用写作"等课程后，吴宇飞却愈发觉得迷茫。"工作是轻松了不少，但教学的成就感、幸福感却降低了许多。"她开始怀念与学生共同拼搏奋斗的日子。

正好，南溪一中向她抛出了"橄榄枝"，吴宇飞动心了。2001年，她参加全县公招考试，以笔试、面试、考核三项第一名的成绩成功调入南溪一中。

这是吴宇飞的高中母校，也是当年的"国重"，教师藏龙卧虎。刚去时，一些同事对她不以为然，"你原来在二中教得好，来一中未必教得好"。但三年下来，吴宇飞用高考成绩让大家心服口服：她担任班主任的普通班，超额10余人完成了学生考大学的"指标"；而她教的另一个"尖子班"，语文平均成绩达到113.6分，还有学生考上清华大学、复旦大学等名牌大学。

吴宇飞是如何做到的呢？

"如果说在二中我更多的是靠自己的勤奋，'单打独斗'；到了一中，我的成功就得益于团队的力量。"吴宇飞介绍，到了南溪一中，学校安排她担任语文备课组长，带领组员先分别查找资料，完成第一次备课，再集中讨论，相互学习借鉴、启发，完成第二次备课。"大家有好的资源和想法，都毫无保留地分享出来，从不藏着掖着，因为大家的目标是一致的，为了学生好。"

也是在这期间，吴宇飞开始接触并尝试着做课题研究。当年，四川师范大学教授刘永康正主持"关于多元智能理论在语文教学实践中的应用"国家级课题，时任南溪一中党委书记的罗晓华牵头承担了其中一个子课题。吴宇飞便在他的带领下一起做科研，"最开始啥都不懂，开题报告也不会写"，渐渐地，她融入其中、享受其中，愈发体验到教研与教学相互促进的魅力。

不少教师认为，每天的教学任务这么重，哪有时间做课题研究，教研会占用教学的时间。吴宇飞却不这么看，"我们做的课题都是实实在在来源于教学实践中的问题，也是奔着解决这些问题而去的"。

得益于课题研究，吴宇飞的课堂更加受学生喜欢。她上课的特点是有激情，跟学生的互动很多。刚入职时，吴宇飞说话快语连珠，节奏很紧，学生直呼累、记笔记都来不及。后来，她把节奏降下来，注重轻重缓急、抑扬顿挫，并把"多元智能"理论运用其中，设计上环环相扣，遇到适合处，就让学生起身朗读，或上台表演，充分调动学生的参与性，培养学生听、说、读、写等多种技能。

高考语文考了128分的2004届学生周瑶在她的周记里写道："从小学到初中，语文课通常被定义为'睡觉课'，我一见课表上是语文课就发愁，但进入高中以来，我对语文课的兴趣却一下变得浓厚，语文课总是那么有活力。吴老师，您就像一盏明灯，直接把我们带入那一片深邃的作者心中。"

3. 豁达乐观　播洒阳光

吴宇飞出生在宜宾市南溪县（今南溪区）罗龙镇一个普通家庭。她排行老三，前面有姐姐和哥哥。

一岁多时，她不幸患上了脊髓灰质炎（小儿麻痹症），渐渐地，她的左腿就萎缩了，走路很不方便。

打记事起，吴宇飞就知道自己和别人"不一样"：别人能奔跑，她不行；别人能拎起重物，她不能；别人上下楼梯健步如飞，她需要一步一挪，慢慢来……

但她的童年又是快乐的。因为有爸爸妈妈和哥哥姐姐的宠爱，有老师和同学的关心、照顾。吴宇飞的学习成绩一直很好，每个学科的老师都特别喜欢她。11岁那年，她以全校第一的成绩考到了南溪二中读初中，离家30多里路，需要住校，爸爸妈妈很担心，怕她生活上无法自理。老师和同学们得知她的情况后，都非常照顾她，抢着帮她提水打饭、洗被子、晾晒衣物……

虽然肢体有残疾，但吴宇飞心态却很自信、阳光、乐观。生活上，她得到师生的帮助；学习上，她却从不让老师操心，经常是课堂上的"小明星"、同学身边的"小老师"。"偶尔，我也会因为一些别人能做而我不能做的事情感到些许气馁，但不是自卑。"吴宇飞说。

初中毕业，很多同学都选择报考中师、中专，因为一就业就能端上"铁饭碗"。但她没有，非常坚定地选择了继续读高中，"因为我想考大学"。那时，恢复高考仅三四年时间，吴宇飞很羡慕读大学的人，她哥哥考上了成都科技大学（今四川大学），她也不甘落后。

三年后，她如愿以偿，被宜宾师范专科学校录取。大学没有因为她身体残疾就将她拒之门外，让吴宇飞很庆幸，也很感恩，她如饥似渴学习各项师范知识技能，积极参加各种活动、实践，朝着"做一名优秀教师"的理想而努力。

工作后，"身体残疾"早已不成为吴宇飞与人交往、共事、生活的障碍，她从来没有以腿脚不便向学校提出任何照顾的要求，学校也从未把她与其他同事区别对待，而是一视同仁进行考核要求。反倒是她给自己提出了更严格的要求，"比如当班主任，别人能做到的，我也要做到；别人能做好的，我要做得更好"。

南溪二中在一个小山坡上，吴宇飞家距学校有一段距离，每天早上，她6点不到就起床，骑自行车赶到学校督促学生起床、早操，守着学生上完早自习，才能吃早饭；晚上也是如此，她守完学生自习，又挨个查寝，等回到家中，已接近晚上11点了。

有一天清晨，吴宇飞骑着车去学校，因天色未亮，不小心摔进了路边一个大坑。"我当时也不知哪里来的勇气，强忍着疼痛爬起来，又继续骑上车向学校奔去。到校门口下了车，刚一迈步，左腿因为疼痛无力，支撑不起身体的重量，结果又摔一跟斗。"她一看，才发现左腿膝盖处又青又肿。这时，几个学生围过来，硬要背她去医院，吴宇飞拒绝了，她叫学生扶她到办公室。办公室同事见她这副模样，都劝她别去上课，可想到教室里几十双眼睛在等着她，吴宇飞还是一步一停、一拐一瘸吃力地走进了教室。

好几天，吴宇飞摔伤的腿都没有康复，但她没有因此耽搁一节课，每天早中晚由丈夫推着自行车接送。学生们看到这一切很感动，每次上课前，早早在讲台前为她摆好一张凳子。看到凳子，吴宇飞心里就涌起一股暖流："还有什么比得上学生的理解和爱戴更幸福的呢?"

求学时期,吴宇飞得到了老师和同学们的无私关爱;当她成为教师后,就把这份真情传递倾注到了每个学生那里。她平时非常关心、爱护学生,经常嘘寒问暖,找他们个别谈心,了解学生的思想、学习、生活、家庭等情况,然后针对每个学生给予不同方式的帮助和教育。学习上遇到困难的,就给他们鼓干劲、树信心,介绍有效的学习方法;家庭经济贫困的,就慷慨解囊相助、赠送衣物和学习用品;学生生病了,就给他们买药,带去看医生,守候输液。

2004届学生中,有个女孩叫小莉(化名),上小学六年级时父亲就患病去世了,家里有70多岁的奶奶、体弱多病的母亲,以及弟弟和妹妹。弟弟正念初三,妹妹已辍学在家。家里没有了主要劳动力,全靠母亲做点农活养家糊口,供她和弟弟读书,家庭经济非常拮据。小莉很勤奋,也很懂事,生活极其俭朴,每周的生活费只有一二十元钱。吴宇飞知道这一情况后,立即带头为她捐款,又经常在学习上给她鼓励、在生活上给她资助。

高二暑假,小莉帮母亲下地干活,脚上长了毒疮,无钱治疗,拖了半个月,回学校读书时已化脓,脚肿得又大又亮,疼痛难忍。吴宇飞见此情形,心疼不已,立即带她去医院治疗,从门诊到住院部,从住院部到门诊,她扶上扶下,端水送药,守着学生输液,替她支付医药费。而就在那几天,吴宇飞10岁的女儿却躺在另一家医院的病床上,发着高烧,输着液,在一旁陪护的是孩子的爷爷和奶奶。

小莉感动得哭了。后来她母亲知道了,专程从家里背来10公斤大米感谢老师,并执意让吴宇飞收下。"当时,我觉得收下的不是10公斤米,而是家长的一片深情厚谊。"吴宇飞说。

法国著名思想家罗曼·罗兰说:"要撒播阳光到别人心中,总得自己心中有阳光。"[1] 教师要把阳光撒播到学生心中,就需要具有高尚的师德。吴宇飞用自身的言行和人格魅力,赢得了学生对她的尊重和敬佩。

4. 学无止境　收之桑榆

人们常说,要给学生一碗水,教师就该有一桶水。而注满"这桶水",则需要教师持之以恒不间断地学习,吴宇飞正是这样做的。从大学毕业走上讲台开始,她一直坚持读书、学习、进修、培训,不断提升自己的专业素养。

工作没几年,吴宇飞就决定进修本科。那时,她刚怀孕两个月,一路上乘

---

[1] 谢延龙:《西方教师教育思想　从苏格拉底到杜威》,福建教育出版社,2015年,第160页。

大巴车颠簸到三台县参加面授，当时妊娠反应严重，到了三台又患上重感冒，呕吐、咳嗽、发高烧、打喷嚏，但她没有放弃，靠着当地同学送来的电热杯煎服中药，坚持完成了半个多月的课程。快临产时，她又在公公婆婆的陪伴下前往成都市新都参加面授，学习结束回到家，不到20天就生产了。

同一班上也有女老师遇到这种情况，都选择了放弃或中断学业，只有她咬牙坚持了下来，并顺利取得了本科文凭。

后来，她担任学校教研组长以及市县教研骨干成员，潜心研究学生、研究教材、研究高考，并经常上公开课，通过上课、听课、磨课、议课、评课等活动提高课堂教学能力。

越研究越实践，吴宇飞愈发感到"本领恐慌"，急迫地想多参加培训"充电"。在后来的四川省中小学教学名师培训期间，她的这一感受更加强烈："每听一次专家的讲座，都会被触动，原来自己还缺这么多知识和技能，同时也热血澎湃，恨不得立马去读完专家推荐的教育著作，把知识灌进头脑里……"

凭着这股"钻劲儿"，吴宇飞最终在专业荣誉上获得了"四川省特级教师"称号，在职称上评上了"正高级教师"。但这个过程却有些颇费周折。

刚入职时，吴宇飞规划的职业理想是当一名"省骨干教师"。2009年，她各项条件都符合，准备申报时，却因为名额有限，就大度地让给了年龄比她大的同事。4年后，终于盼到评"省骨干教师"了，结果政策发生变化，规定女教师年龄须在40岁以下（吴宇飞时年42岁）。这个打击对她太大了："我的理想破灭了，我规划好的最高奋斗目标不能实现了，我还能追求什么呢？"吴宇飞一度陷入了迷茫中。

"失去了评'省骨干'的机会，你还有评省特级教师的机会啊。"后来，在丈夫和好友的劝慰下，吴宇飞又重拾信心。虽然她觉得这是一个很难、遥不可及的目标，但她决定去试试。没想到，很快她就成为四川省中小学教学名师培养对象，并在2014年成功评上"四川省特级教师"，4年后又顺利晋升为"正高级教师"。

"如果你因为错失太阳而垂泪，你亦将错过星辰。"[1] 印度诗人泰戈尔的这句名言让吴宇飞深有感悟："如果当时我就低迷、消沉下去，哪会有后来职业成长的更进一步呢？"

---

[1] ［印］拉宾德拉纳特·泰戈尔：《飞鸟集·吉檀迦利泰戈尔诗选新译》，黄华勇译，中国书籍出版社，2021年，第5页。

5. 躬耕不辍　比肩共进

成为骨干教师、教研员后,她也成为别人的"师傅",开始传帮带年轻教师。像此前李泽沨、罗晓华等名师引领她一样,给年轻教师示范上课,手把手帮他们磨课,带他们去参赛……她带过的很多"徒弟",后来都相继获得省市优质课大赛一等奖,并顺利成长为市级骨干教师、学术委员等。

"现在年轻人的机会比我们那时多得多,赛课每学期有两三次,论文评选每年至少有一次。"吴宇飞说,年轻教师只要稍微努把力,就能获得认可和成长。因为时代的不同,她也看到年轻人面临的诱惑和选择比自己当年多,容易浮躁、静不下心来。"每个人都有惰性,也都可能产生职业倦怠。"作为引路人,吴宇飞更多扮演着激励者、督促者的角色,"有时得给他们压力,赶着他们向前走"。

评上特级教师、正高级教师后,吴宇飞并没有停下成长的脚步,她带领青年教师继续完成了"高中群文阅读"等课题,并把这些成果无私地让给了年轻人,自己甘愿做幕后英雄。

"一名优秀教师的成长,唯有勤恳踏实钻研,没有其他捷径可走。"吴宇飞以自身经历,告诉后来的青年教师。第一,对待工作要有一颗敬业奉献的心;第二,要精心备课,她自己在备课上非常舍得下功夫,"我愿意花三四节课的时间去准备一节课的内容,这样课堂上我就能得心应手";第三,要做好对学生的课后辅导,"语文课后也要监督落实,比如默写、背诵,你布置了不去检查,学生往往落不到实处"。

即便临近退休,吴宇飞每天也早早到学校,上完课就俯身办公桌前忙碌不停。有年轻教师好奇也不解:"吴老师,您都是教学名师了,也教了一辈子书了,还用得着这么用心地备课吗?"

吴宇飞却觉得,只要你热爱教育事业,认真负责地对待这份工作,每天就会有做不完的事:"比如学生的作业,你是否做到了挨个批改?""我的备课本不是今年用了,明年又接着用。因为每一年、每一届学生的情况不一样。全部都要根据学情和自己新的理解进行补充完善。"翻看吴宇飞用过的教材,每一页空白处都写满了教学笔记。

从教 35 年,回顾自己的成长历程,吴宇飞总结了两个关键词:"动力"和"压力"。这一方面来自她本人,刚入职就给自己制定了清晰的目标。另一方面,她提到了身边的同事和好友。"我有一位教英语的好朋友,经常在一起交流。我遇到困难,她开导我;她遇到难处,我去帮她。"吴宇飞说,好朋友评省特级教师时叫上她，鼓励她一起申报；好友评上正高级教师后，又把经验、心得分享出来，"我们互相支持、鼓励，一同进步"。

亚里士多德说，"十全十美的友谊存在于具有共同美德的善良人之中……那些希望朋友走运的人是最真诚的朋友"[①]。真正的朋友，就是能够在你需要帮助的时候站在你身边的人。吴宇飞庆幸自己每个发展阶段都遇到了真诚帮助她的良师益友，"如果没有他们加油打气，'推'着我走，我也不可能实现教育理想"。

[①] 陆珊年、徐兰：《亚里士多德名言录》，中国少年儿童出版社，2003年，第90页。

杏坛守初心　树人成栋梁
——记特级教师、正高级教师李现文

人物名片

> **李现文**，男，四川省广元中学正高级教师，全国优秀教师，四川省特级教师，四川省教书育人名师，四川省优秀教师，四川省中小学骨干名师，广元市师德标兵、高考优秀学科教师、优秀班主任，广元市名师、科技拔尖人才、第十届教育科研优秀成果特等奖教师，广元市高中语文名师工作室领衔人。承担了3项省科研课题主研任务，3项成果分获省科研成果一、二等奖，发表论文30余篇，出版教辅资料5本。承担"国培2017—中西部项目"培训任务，多次到市、县、区学校献课、议课、开讲座。带领广元中学语文教研组成为"广元市优秀教研组""工人先锋号""全国作文教学先进单位"。

1. 跳出"农门"　返乡任教

李现文出生在苍溪县雍河乡白云村一组，那是当地最偏远、落后的地方，距离县城100多公里。

父母是地地道道的农民，"斗大的字不识一筐"。没有文化的他们把希望都寄托在几个孩子身上，希望他们通过读书跳出"农门"。

李现文在雍河乡中心校完成了小学和初中学业。他老实、听话，别人调皮玩耍，他则埋首攻书，是老师们眼中"坐得住、成绩好"的乖学生。

那个年代，除了课本，就找不到什么课外读物，试卷也由教师把蜡纸铺在钢板上刻印而成。每学期，李现文最盼望老师发试卷了，除了喜欢闻那股浓浓的油墨香，还因为可以读到许多课本上没有的内容，"我很快把试题做完，反复琢磨试卷上的内容，甚至想着能再来一套试卷该多好"。

在初中，李现文遇到了对他人生产生重要影响的好老师。校长王绍贵，也是他的政治老师，不仅注重学生文化知识的培养，还从小培养学生的劳动技能。"我们学校周边有五六亩梯田，全是师生们一锄头一镰刀开垦的，种有果树、菜蔬，每周学生都要参加劳作。"李现文回忆。

初中班主任周万华，教数学，"上课特别有激情，讲到情深处，竟然手舞足蹈"。李现文当年数学成绩好，经常找老师讨教一些难题，好多次都碰上老师在吃饭，"他一见我来，立马放下碗筷，耐心地给我讲解"。

当年，所有乡镇学校，都以培养中师、中专学生为最大的成绩，"数一数二的学生才能考上"。李现文的成绩一直拔尖，再加之被中学老师们的言行感染，早早就树立了考中师的理想。1983年，他以学校第一名成绩考入阆中师范学校。

中师学校实行全科培养，除了对学生开展各学科师范技能的培养培训，还要对其职业志向进行思想上的引领。"一入校，学校就教育我们将回到农村教书，成为农村教育的有生力量。"李现文说，当中师毕业，被分回雍河乡花坪村小时，他一点都不意外，背着一筐书，欣然上任了。

2. 青春飞扬　心灵共振

花坪村小条件非常艰苦。校舍是淤泥和着稻草筑起的土墙房子，房顶盖着简易的瓦片，遇到下雨就到处漏水。学生们家境普遍贫寒，不少学生穿着破旧，大冬天还打着赤脚。

老师的生活也好不到哪里去。"特别盼望中午那顿饭，因为可以吃到几片肉。"李现文不好意思地说，那个年代，"每天有一顿饭见肉菜"简直就是奢侈了。

从艰苦农村走出来的李现文很快适应了村小生活。作为为数不多的师范生，他一去就被委以重任，被安排教毕业班的语文，"我本来数学更好，没想到学校不缺数学老师，我就教了语文，这一教就是几十年"。

那时，李现文还不满18岁，年龄上和学生差距不大，也拉近了与他们的心理距离。孩子们都把他当作一个知心大哥哥、大朋友，学习上、生活中自然也听他的话，班级管理得井井有条。

两年后，因为带班有方、所教学生成绩优异，李现文被校长看中，调到雍河乡中心校，并直接教初三。

从未教过初中的李现文，既感受到了学校对他的认可，也备感肩上责任重大。他在心底暗自努力：一定要好好干，不辜负大家的期望。

他虚心向老教师请教，一有空就去听他们的课，反复修改打磨自己的教案。那时教参书很少，好不容易有同事出差去县城，他立即央求对方帮忙带回一本，拿到后如获至宝连夜研读……

凭着这股拼劲儿，一年后，初出茅庐的他所教班级中考成绩夺得了全校第一名。从此，他便一直留在初三年级，连续带了9届毕业班，直到后来兼任教导主任，才下到初一、初二年级任教。据不完全统计，李现文十余年初中教下来，有50多人考上了中师、中专。

在李现文的记忆中，与初中学生相处的这十余年，是一段"青春飞扬、心灵共振"的美好时光。

课堂上，他循循善诱、严格要求；课堂下，他则与学生打成一片。每逢学校组织大型文艺活动，中师期间学过音乐、能歌善舞的他，就主动担纲指导老师，帮助学生排演节目。有一次，排练舞蹈《血染的风采》，为了演绎革命先辈不屈不挠、英勇无畏的精神，李现文一次次卧倒在地、匍匐前行、挣扎站起……不厌其烦地给学生做示范，连膝盖擦破了一大块皮都没察觉到。学生们也被老师的敬业精神打动，节目最终获得了全校一等奖。

"那时，还没有提倡素质教育，但学校和老师都会自发地带着学生开展多种课外活动。"每周，李现文都要带学生去后山农场劳动一次。到了"农忙"假，他则带着学生们回乡，挨家挨户去帮农户割麦、插秧，"劳动的意义得以彰显，爱劳动的种子也在学生心中生根发芽"。

对读书有禀赋的寒门学子，李现文总是倾囊相助。有个学生，初中毕业没考上中师，家境贫寒，无法复读，便选择外出打工了。李现文知道学生情况，"有潜质，是块读书的料"，就拿出积攒的三个月工资100多元，说服了学生父母，接他回来复读。一年后，这名学生果然争气，成功考上中师，现在已经是当地一名优秀教师了。

教学出成绩的同时，李现文也没有放松对自身学历和技能的提升，相继取得专科和本科学历。"其他老师提升学历，普遍选择函授，因为相对容易。但函授每学期都要离开一段时间去集中学习，李老师放不下班上的学生，就选择了更难的自考方式。"时任雍河乡中心校校长王绍贵赞许地说。

3. 阅读引路　快速成长

2001年，苍溪中学尝试学制改革，举办了一个5年制贯通班（初中两年、高中三年），并在全县物色优秀教师。经过推荐、选拔，李现文成为这个试点班的语文老师；两年后，又因成绩突出，接任了该班班主任，并教两个班的语文。

从乡村迈进县城，到了全县最好的中学，学段也提升到了高中，李现文身上的压力陡增。"书到用时方恨少！"一股强烈的"本领恐慌"向他袭来。好在县城可学习参考的资源更多也更方便，他一方面如饥似渴地参阅大量高中语文教学理论与方法，一方面虚心向苍溪中学赵仕仲等优秀前辈请教并观摩他们的课堂。

渐渐地，他找到了一个提高语文教学效益的抓手——阅读。李现文说，早在读中师时，教他的语文老师毕业于北京师范大学，涉猎很广、功底很深，上课时可以抛开课本，谈古论今、中外贯通，那神采飞扬的场景让他至今难忘，"作为学生的我，为碰到这样优秀的老师暗自庆幸，也渴望将来成长为像他那样博学多才的老师"。

后来教了初中、高中，当再次回想起这个场景，他更加坚定地认识到，语文教学除了教材，更重要的是要让学生大量阅读经典读物，不仅阅读文学著作，还应广泛涉猎哲学、历史、艺术等。

高中学业负担重，为了给学生尽可能多的阅读时间，李现文自己先大量阅读经典著作，内化吸收后，再用好每次导读课，介绍、赏析著作重点内容，通过交流、引领，激发学生阅读兴趣和探究欲望。他还尝试把教材内容打乱重组，以缩短课时，腾出一些时间，让学生课外阅读。

在苍溪中学工作的12年也是李现文语文教育教学专业发展的快速成长期。学校经常派他参加省、市研讨会，既交流分享经验，也提高了实践能力。为了进一步开阔眼界、增长见识，每年寒暑假，李现文都会自费到北京、广州、石家庄、西安、成都等地，报名参加有关语文教育教学的研讨活动，"每次都听得格外认真，生怕漏掉一个字，收获当然也非常丰硕"。

有一个星期五的晚上，他上完自习，坐上最后一趟班车，连夜赶到了成都，只为第二天一早能聆听到著名文学评论家、福建师范大学孙绍振教授的讲座。那天，80多岁的孙老，鹤发矍铄、中气十足，逻辑缜密、口齿清晰，将"如何开展文本细读"娓娓道来。李现文在现场听得入了神，为教授的学者风范深深折服。讲座后，他像个"追星族"一样，请老人家在他正在研读的《演说经典之美》著作上签名。回到学校，他立即用孙教授现场传授的知识和方法，进一步丰富和完善了此前开展的文本细读实践，并收到了立竿见影的效果。

所谓良师育高徒，李现文在苍溪中学教的每届学生，无论学业素养还是高考成绩都出类拔萃。特别是2013届，他教的文科班和理科班平均分比广元中学高出两三分；全市文、理科前十名中，他的学生便占了七八席；全市文、理科第一名都来自李现文的班上，其中1人考上了北京大学。

4. 拒绝"躺平"　再创佳绩

2013年，45岁的李现文人生再次一"跃"，从县中跳到了广元中学。其实，那时的他在苍溪中学已声名鹊起，在全县，论语文教学，排不上第一，也数得上第二。同年，他还被省委省政府表彰为"四川省优秀教师"。可以说，他如果留在苍溪，不仅教育教学会更加游刃有余，前途也会一片光明。

"就是害怕自己有了一点成绩，就坐享其成，滋生职业倦怠，最终误了学生。"李现文说，他之所以到广元中学，就是想重新换个环境，逼迫自己继续努力，"因为到了新地方，就是新的起点。"

到广元中学后，他先担任一个"基地班"的语文教学工作。那一年，因为没有当班主任，自由支配的时间相对充裕。他便将此前在苍溪中学思考积累或收集整理的教育教学资料，按课本单元一课一课地汇编成集，并无私地分享给语文教研组的同事们参考。同事们拿到后如获至宝，纷纷为他日积月累的坚持点赞。

第二年，他从高一开始，当班主任、教语文，并兼任年级备课组长，继续像辛勤的船夫一样，一届一届地将学子摆渡到大学彼岸。

他发现此前教的学生，大多是农家子弟，淳朴、勤奋，走出大山的愿望很强烈，"不待扬鞭自奋蹄"，老师的重心是教给他们更好的学习方法。而现在，城市孩子的知识面更广、视野更开阔，对事物有自己的思考和看法，但不够深入，容易浮于表面，学得不够踏实。因此，李现文改变教学对策，一方面注重对学生思想深度的引领；另一方面也加强细节的管理，鞭策学生既要树立远大理想、仰望星空，也要脚踏实地。

2020年春天，新冠疫情肆虐，学校推迟了两个多月才复课。李现文带的班级正值高三冲刺时期，学生居家学习期间，情绪难免因焦虑而波动。他抓住每周一次与学生线上交流的机会，指导学生在复习备考的同时，及时关注疫情、收集热点评述文章，引导学生正确看待疫情，调整心态，"变危机为转机"……在他的鼓励下，学生复课后，很快进入状态。当年高考，他带的文科班考出了广元中学历届最好成绩。

5. 保持初心 永远年轻

"同学们,让我们想一想,青春的价值是什么?你的青春又该怎样度过呢?"这是 2023 年秋季开学不久后的一堂语文课,讲台上的李现文声音通透、神采飞扬,围绕统编版高一新教材中的《百合花》《哦,香雪》等篇目,引导学生思考青春的价值、感悟青春之美、点燃澎湃的青春激情。

这可能是李现文退休前带的最后一届高中学生。56 岁的他,本可以选择不再当班主任,或留在补习年级驾轻就熟地用老版教材上课,但他却坚持下到高一年级,不仅担任班主任,还上两个班的语文课,与学生一道,直面新教材和新高考的挑战。

为什么还这么拼?李现文谦虚地笑笑:"我就是抱着学习的念头。新一轮高考改革更加强调对学生综合实践能力、思维能力、创新能力的培养,四川的新高考刚刚启动,肯定可以学到很多新的教育理念和方法。如果我错过了,将失去一次难能可贵的学习机会。"

在他看来,年龄不是问题,"人一旦进入学习、思考状态,就会永远年轻。求知的欲望可以让人浑身有劲儿,想做事情"。2023 年 9 月,当看到朝气蓬勃的高一新生,李现文一下子也热血沸腾起来。

爱读书、心态年轻,这也是同事们对李现文的普遍评价。"李老师走到哪儿,包里总会揣一两本书。别人休闲娱乐的时候,他就一个人静静地坐在旁边看书,特别令人敬佩。"广元中学外宣办主任蒋鹏程感慨地说。

爱看书是李现文青年时期就养成的好习惯,"工作中的许多问题都能在书中找到答案"。出差时,李现文哪儿都可以不去,但一定要去逛当地的书店;每晚回到家,睡前一定会保证至少 1 个小时的阅读时间。

不仅爱读书,李现文还有写教学札记的习惯。他用专门的笔记本把每天阅读中打动他的文字、语句,对教学有用的素材,以及他的心得感悟都一一记录下来。有时工作日太忙,没来得及记录,到了周末都要回头补上去。

李现文对学习和工作的这股热情,深深感染着身边的同事,特别是年轻教师们。他很早就开始带"徒弟",多名教师在他的指导下荣获省级赛课一等奖。相比专业素养,他更想教给年轻教师的是"职业情怀和敬业精神","希望他们不为外界纷繁复杂的名利所累,继续保持一颗教育者的初心。老师只要一门心思把书教好,后面自会有水到渠成的收获"。

日常生活中,除了看书,李现文还热爱跑步,这也是他坚持了近 20 年的习惯,每天早上 6:30 就到学校,跟着学生一起晨跑;闲暇时,他也喜欢唱唱歌，尤其喜欢用歌声演绎经典诗词。"作为老师，我们是年轻学子的引路人、榜样，更要保持积极、乐观、健康的心态。"他说。

　　回顾自己近 40 年的教育生涯，李现文用"热爱""学习""思考"三个关键词来总结。他感恩当年的老师，让他从一个农家"土娃子"成长为可以为他人提灯引路的教育人；他也庆幸教了语文这门学科，"语文不仅教给我们知识，更重要的是教给我们许多道理，能唤醒生命、塑造人生，不仅教诲学生，也时刻治愈着我"。

第二篇 仁·乐教爱生

教育是一门『仁而爱人』的事业,爱是教育的灵魂,没有爱就没有教育。教师是爱的使者,勤修仁爱之心,心有学生、敬业爱岗,是教师站稳三尺讲台、躬耕教育事业、培养时代新人的必然要求。

乐育桃李　丰盈人生
——记特级教师、正高级教师陈家武

人物名片

陈家武，男，四川省安岳中学正高级教师，全国百佳语文教师，四川省先进工作者，四川省特级教师，四川省学术和技术带头人，四川省有突出贡献的优秀专家，四川省教书育人名师，四川省"教师风采"典型代表，四川省陈家武（高中语文）名师工作室领衔人，四川省"陈家武名师工作坊"坊主，四川省中小学教学名师，四川省高中语文骨干教师，中共四川省第十二次代表大会代表，资阳市领军人才，资阳名师，资阳市优秀教师，资阳市优秀班主任，资阳市学术技术带头人。独创"点式"写作教学法，践行快乐教育。2项成果分别获省政府教学成果二、三等奖，6项成果获市政府一等奖，12项成果获四川省优秀教育科研成果二等奖。出版专著4部，参编著作30余部，发表文章400余篇。

1. 幸遇善良好老师

1973年秋，又到了开学的日子，安岳县华严乡二村的一条田埂上，年幼的陈家武牵着妈妈的手兴冲冲地赶往学校报名。终于要上学了，陈家武满怀喜悦与憧憬。

妈妈带他前往相邻的建设乡五村小学，正是在这里，陈家武遇到了影响他未来职业选择和人生发展的好老师——陈启敏。

陈老师只问了他一个问题："你会数数吗？能从1数到20不？"小家武一听，哇，这么简单！一口气就数到了100。"哈哈，好了，这个学生我收下了！"陈启敏和蔼地说。陈家武悬着的心落了下来，一旁的妈妈也特别高兴。

很快就到了二年级，陈家武迫不及待地翻开新书，翻着翻着，他的脑袋"嗡"一下大了，小手也不由自主地战栗起来。原来，他看到了课本中的那篇控诉"周扒皮"的文章《半夜鸡叫》，文中多次出现的"地主"字样，让他惶恐不安，脑海里立即浮现出从小因为成分不好屡遭左邻右舍奚落、耻笑、欺凌的往事。

距离上这篇课文还有几周时间，但陈家武和班上另几名"地主"成分的孩子，每天却过得提心吊胆，害怕那一天的到来。早读课上，有的同学还故意在他们跟前大声朗读这篇课文，并把"地主"一词拖得很长……

终于要讲这篇课文了，头天晚上，陈家武害怕得一夜没睡，第二天到校后更是坐立不安，头也不敢抬，一颗心悬在了嗓子眼。

陈启敏老师走进教室，先在黑板上写下课文标题"半夜鸡叫"，又把生字抄在下面，教读完后，就让学生组词、写字，三遍写完。他把书一合，粉笔一放："同学们，《半夜鸡叫》这篇文章比较简单，老师就不引导大家学习，你们下去读一读就可以了……"

陈家武简直不敢相信自己的耳朵，宛如被人从冰窟中捞了出来，一股暖流瞬间流遍了他的全身。"没想到，陈老师是如此善良、体贴，他知道班上'成分'不好的学生的处境，又非常艺术地化解了这份困窘，保护了学生幼小的心灵。"从那一刻起，陈家武就下定决心，长大后一定要当老师，而且是像陈启敏一样善良有爱、呵护学生心灵的好老师。

第二年，陈家武转学到了华严乡中心校，离开了陈启敏的班级，他在二年级期末评上的"三好学生"奖状也便没有领到（奖状下学年开学才发）。多年以后，当他考上中师，专程前去看望陈启敏老师时，竟然发现这张奖状完好无损地保留着，端端正正地贴在了老师家堂屋的墙壁上。

陈家武的眼泪夺眶而出："我只做了老师两年学生，老师却记了我这么多年。我是何其有幸，能遇到这么可亲可敬的好老师啊！"

2. 砥砺奋进　一鸣惊人

在陈启敏老师的感染下，陈家武早早树立了当老师的志向，初中毕业后成功考上安岳县师范学校。1984年，他学成归来，被分配到安岳县南熏乡八村小学教书。

刚去就接手了一个"超级差班"。当时的小学读5年，前4年，这个班走马灯似的换了21名老师。原来，两三年前，这个班的班主任调走了，学校找不到老师，就找人来代课，长的半学期，短的就一两周，渐渐地就把学生学业给耽误了。

"成绩差，行为习惯差"，最后一年，学校领导和老师、家长都对这个班不抱任何希望，他们预计，能有两三个人考上初中就是"烧高香"了。

陈家武没有放弃。他很快进入状态，并利用周末时间家访，把每个学生家庭情况都"摸"了一遍，争取家长们的信任。刚开始，家长们一看是刚毕业的"毛头小伙"，也不相信他能教好；后来，看到他是如此真诚，就渐渐转变了态度。

接着，他想办法给学生补习功课。因为前面"欠账"太多，那个寒假，陈家武和学生约好，提前半个月返校，免费给他们补课。

那是一个寒冷的冬季，在刚过完年的第四天，学生一个不落地回来了。空旷的校园里，不到20岁的陈家武，带着一群十来岁的孩子，课堂上一起大声朗读、静心做题，课间一起奔跑、嬉戏，好一幅欢畅融洽的画面。

一年后，这个班的成绩突飞猛进，毕业考试竟然考到了整个南熏乡的第一名、周礼教学片区的第二名，有35名学生考上了初中，令所有人刮目相看。

通过对这个班的转化，初出茅庐的陈家武找到了职业自信。随后两年时间里，他一边完成包班教学任务，一边利用早晚、周末时间读书、学习，参加自学考试，并顺利取得了专科文凭。因为成绩优异，他还获得了县政府颁发的"自学成才"奖。

陈家武在村小教书出了名，很快就被调到南熏乡中心校教初中语文并担任班主任，这一干就是10年。这期间，他一方面继续坚持自考，在提升学历水平的同时，大大拓展知识面、完善知识结构；另一方面，他订阅语文教学杂志，虚心向前辈请教，还两次自费到成都参加中考研讨会，学习先进的教学理念和方法。

赛课是教师快速成长的重要方式。每当有学区、县级赛课机会，陈家武都积极参加。也因为赛课，他成为南熏乡第一个用普通话授课的教师。"当年赛课，不像现在是团队作战，得全靠自己查资料、去钻研琢磨。"陈家武说，赛课逼迫他深钻教材、优化教学环节、不断突破自我。赛课的成果自然也促进了日常教学，陈家武所带班级的成绩常年名列前茅，有一年中考，还在全县几百个班中夺得第二名。

"走出去，到更高的平台去！"1997年，在同为教师的妻子鼓励下，陈家武顺利考调到片区最好的周礼中学，开始教高中。

这对他是一个巨大的挑战，因为他从未教过高中，也没有读过高中，缺失了与学生"共情"的经历。

怎么办？那个炎热的暑假，他哪儿都没去，借来6本高中语文教材，找来厚厚一摞指导高中教法的书籍，把自己关在屋子里，认真钻研、细细揣摩，把所有内容都熟悉了个遍。

如何尽快适应高中教学？那个年代，还没有"师徒结对"模式，没有老教师指导，全靠自己摸索。陈家武想到，高一学生和初三学生非常接近，不妨从"初升高"衔接教育入手。他把刚接手的高一学生与刚送走的初三学生进行比较，讲高中知识点时，就拿初中学过的知识点去佐证，学生们一下就记住了。就这样，陈家武慢慢入了高中教学的"门"。

学生们也渐渐被眼前这位身材高大魁梧的语文老师感染、折服。因为他们发现，陈老师上课，抑扬顿挫、激情满怀，基本上不会翻看教材，讲到《天山景物记》《雨中登泰山》等优美的散文，随口就能将文中大段精采描写一字不差地吟诵出来，还有那些上千字的文言文、古诗文，陈老师连标点符号都烂熟于心。陈家武对语文教育的这份炽热，时时激励着学生，早读课上，不用他提醒，学生们就会自发朗读背诵课文。

仅仅用了三年，第一次教高中的陈家武就在全县"放了一颗卫星"。2000年，他教的班级获得两项第一：班主任工作评估，全县第一；高考语文单科平均成绩，全县第一。这为他第二年从乡镇中学"跳"进县城，并直接入职安岳中学奠定了坚实基础。

3. 赏识激励学生，善待每个孩子

从村小到县城的这17年，陈家武认为，这是其教育生涯从生涩起步到逐渐驾轻就熟的17年，是将其读书时期遇到的好老师的学识风范逐渐投射到自己课堂和学生中的17年，是扎根乡土大地又不断向上进取的17年。

陈家武读小学二年级时，有一次与同学打闹，不小心摔断了腿，三个月不能下地走路。早上，母亲把他背到学校；下午放学，善良的陈启敏老师就把他背回家。多年以后，当陈家武在南熏乡中心校教初中时，班上一名学生骨折，行动不便，他就叫学生来家中吃午饭，并背学生爬楼梯、上厕所，持续一个多月。教育的爱，在陈家武身上传承。

陈家武读初中时，班主任兼语文老师吴守朴非常善于激励学生。学生作文写得好，他不仅在课堂上当作范文念，还利用周末，用毛笔工工整整誊抄一遍，张贴上墙。每周一早晨，学生回到教室，若在墙上看到自己的"作品"，别提有多高兴了。陈家武的作文便经常上墙，这种激励学生的智慧，也用在了他后来的教学中。他不仅在学业上激励学生，还善于用赏识的眼光，发现每个

学生在其他方面的优点、特长。

在周礼中学时，学生自发成立了一支篮球队，队员们学业成绩普遍不太好，但篮球打得很好。陈家武不以"学习成绩"论英雄，经常关注并欣赏他们，在他们打比赛时，亲自到场边观看，并为他们呐喊助威，结束后还与他们一起合影。学生们被老师感动，学习上也开始发奋，成绩逐渐提高，高考后都发展得不错。

善待每个学生，哪怕是最调皮、成绩最不好的学生。陈家武把此前好老师的教诲铭记在心。

在周礼中学教高三时，有个复读生敲开了他的门。原来，这个学生成绩一直很差，行为习惯也不好，经常违反学校纪律，高考落榜后，痛定思痛的他决定复读，先找到原来的班主任，对方一口就拒绝了。走投无路的他抱着试一试的心态找到陈家武，没想到，陈老师爽快地答应了。

这一年里，陈家武一点都不歧视他，在学习上引导他，教他方法，并不断鼓励他……第二年高考，他成功考上了师范专科学校，如今也成了当地一名优秀教师。"要不是您当年收留我，我可能就找不到地方读书，也不可能有今天的成绩。"每次见面，这位曾经被老师嫌弃的"差生"都会发自内心地感激陈家武。

陈家武在乡镇学校十几年如一日的勤奋、敬业，以及课堂上举手投足展露出的师者风范，让学生们记忆犹新、历历在目。

南熏乡中心校的一名初中生将看到的一幕写进了作文《雨夜》：清冷的夜晚，淅淅沥沥下着小雨，陈老师陪着学生上晚自习，窗外传来一阵阵"哇哇"的孩子啼哭声，那是不远处宿舍里他正发着高烧的三岁幼儿。一边是令人揪心的孩子，一边是不能离开的讲台。直到下课铃响，陈老师才抱着书本匆匆往宿舍赶去，到家后，立即抱起孩子送往医院……"老师渐渐远去的背影，在我眼中变得越来越高大！"学生动情地写到。

周礼中学的学生们，则普遍记住的是陈家武的另一个画面：那时学校条件艰苦，教学楼在半山坡上，周边杂草丛生，每到晚上，教室里的灯光一亮，成群结队的飞蛾就闯了进来。有一次自习课，学生猛一抬头，发现讲台上的陈老师脑袋上、脸上、衣服上都沾满了飞蛾，但陈家武却像没感知到一样，依然专心地批改作业、备课……"陈老师都有这份定力，我们又有什么理由不刻苦努力呢？"

4. 越是困难时刻，越要咬牙挺住

2001年，在学生和同事们的景仰、赞叹声中，陈家武被调往县城里的安岳中学。

刚去就被委以重任。学校安排他教一个高三应届班和两个补习班的语文，并担任其中一个补习班的班主任。这三个班的班额都出奇的大——应届班60多人，两个补习班分别为99人、98人。

这对陈家武来说是个巨大的挑战。三个班的教学内容、进度无法统一，应届班需要从头复习，补习班则强调重点突破，陈家武必须两头备课。

开学前半个月，他最大的感受就是"累"，繁重的课时量、作业批改量压得他喘不过气来；最多的一天，要连续上6节课，晚上还要辅导晚自习。"经常是早上6点出门，晚上11点才能到家，回来后，就一屁股坐在沙发上，一动不动，一句话都不想说。"回忆起那段劳累的日子，陈家武的妻子心疼不已。

就在他累得想放弃的时候，陈家武的初中班主任吴守朴来给他打气了："安岳中学是教师成长难得的平台，多少人做梦都想到那里工作，你一定要挺过来！"吴老师教给他一个快速缓解疲劳的办法：中午冲个澡。这一招果然灵，当陈家武疲惫地结束一上午的课程，回家兜头一桶凉水澡后，下午又精神焕发地出现在了讲台上。

进入高三，学生几乎每天都要做试卷，教师批改的量也很大。就是在如此劳累的情况下，陈家武坚持当天的试卷当晚就改出来，第二天上课就发到260多个学生手中。

"我这也是向另一位前辈学习，他是我的榜样！"原来，还在周礼中学教高三时，陈家武班上的物理老师调走了，学校一时找不到教师，就把已经退休两年的罗老师返聘回来上课。陈家武自认是一个勤恳敬业的人，却没想到罗老师做得更好——教两个班的物理，晚自习才考完的试卷，一个晚上就批改出来，并分门别类地整理好。

"一位62岁的退休教师，为了学生，还能这么拼、这么有干劲，上课神采飞扬、声如洪钟，整栋楼都听得到他的声音。"陈家武十分感慨，"我到了60岁，要是也能像罗老师一样，依然站在讲台，学生还能喜欢我的课，那该多好！"

凭着坚强的意志和对教育的热爱，陈家武挺过了那段最艰难的日子，很快就在人才济济的安岳中学站稳了脚跟。2002年秋季，他回到高一年级，开始带全新的班级，并连续完整地教了7届学生。他对语文教育的理解和实践，也

开启了崭新的篇章。

5. 从教研中找到快乐"摆渡"的秘诀

有人说,高中三年是人生一条关键的河流,老师就像是辛勤撑篙的摆渡人,一趟一趟地把学生送往大学的彼岸。

高中三年苦、高中三年累,这是很多人对高中的评价。但陈家武在二十多年的"摆渡"生涯中,不仅自己过得充实、快乐,也让历届学生在期待与愉悦中收获了成长。他是如何做到的呢?答案是"课题研究的魅力"。

说起做课题,很多人特别是基础教育的教师都觉得是一件"苦差事",不仅难出成果,还占用教学时间。陈家武却做到了课题教学两不误,且课题促进了教育教学。

"一次偶然的机会,让我邂逅了课题研究。"陈家武回忆,2002 年,学校承担了国家级课题"人本主义与语文教学"的子课题研究,找来找去差一名主研人员。陈家武是语文备课组长,就被"拉"了进去。认真学习了人本主义理论后,他再审视自己的课堂,发现此前的教学在知识点的落实、应试能力的培养上固然卓有成效,但却忽视了对学生人文素养的培养。于是,他自觉地将人本主义思想用于语文教学,从创设情境、激发兴趣、增强教学的人文性入手开展课题研究。教学中不再满足于一支粉笔、一本书、一张嘴的"刀耕火种",而是努力尝试用情感打通学生的生活世界、知识世界和心灵世界,触动学生的精神需求,激活他们表达自我的内驱力。

三年后,课题结题了,学生对语文的兴趣浓了,高考成绩更优秀了。学生们深有感触地说:"每堂语文课都有能铭刻在心的感动与精彩,语文不再仅仅是一个分数!"

正所谓"山重水复疑无路,柳暗花明又一村",课题研究让陈家武走出了多年的教学困境,尝到甜头的他从此就喜欢上了教研,并习惯于用课题研究的思维方式去看待和解决教育教学中遇到的难题。

比如,教 2005 级时,他发现学生课后练习的质量不高。原来,学生做作业,一般都先做数理化,语文放在最后,没有时间了,就草草了事。找到原因后,陈家武将其申报成课题"高中语文训练研究",通过实践提出改进办法:第一,语文练习要放在课堂内,教师少讲一些,把时间腾出来给学生练习;第二,学生做的时候,老师要巡视,看到哪个地方做得不好,就马上点拨;第三,作业量要控制,例如,"病句练习"一次 3 个最合适,多了效果反而不好……就这样,学生课后练习质量得到极大提升。陈家武把这种做法也用在了后面每届班上。当他的学生是幸福的，周末、五一、国庆等节假日基本没有语文作业，寒暑假的作业就是一项：阅读。

陈家武一直喜欢作文教学。但最初，他着重整体训练，开头、结尾、结构、语言等什么都想抓，效果却并不好。"作文能不能一次只训练一个点？"于是，"高中语文'点式'写作教学策略研究"课题应运而生。陈家武改变此前"眉毛胡子一把抓"的教学方式，强调一节课完成一个点的写作训练。他从"知识引路"到"范例引路"，再到"现场写作"、即兴展评……全在一节课内完成，效率极高，效果也出奇的好。学生写作状况发生了惊人的变化，由"厌写→怕写→乱写"变为"愿写→会写→善写→乐写"。他教的2014届一名学生，高考作文取得了59分（当年四川作文最高分）；他指导历届学生在省级以上刊物发表文章400多篇，其中学生汪凡惬一人就发表文章35篇，被评为"中国少年作家"。

陈家武负责学校文学社时，也以课题研究的思维去审视这项工作。他发现，此前更多的是本校教师上讲台，效果并不理想。他便邀请省内外的作家来校开讲座，让写作特长生给同龄人分享经验，还把学生带出校园，把写作课上到圆觉洞、千佛寺以及柠檬园等当地文化圣地和现代产业园，学生们在大自然中观察、在生活中感悟，不断涌现出令人惊喜的作品。

6. 用班级文化浸润学生心灵

陈家武长期担任班主任，他喜欢跟学生在一起。慢慢地，他也开始反思，此前对学生是不是教条式的"管理"更多？如何在班级形成良好的文化氛围，让学生主动拔节生长？课题研究的方法又被他带了进来，"指向学生生命成长的班级文化研究"被立项为省级重点课题，他引导学生主动参与班级文化建设，让文化浸润学生心灵，为学生一生的幸福奠基。

高2014届学生小琴，回家途中不幸遭遇车祸，导致右腿骨折。因住院时间较长，家长及亲友都劝其停学；加之脱离集体的孤独寂寞，小琴甚是痛苦。

为了让小琴振作起来，陈家武特意召开了一场"坚强，铸就生命的精彩"的主题班会。课上，他拨通了正在病房陪护的小琴父亲电话，同学们一起大声朗诵汪国真的诗歌《只要明天还在》，有的同学还为小琴创作了诗歌《坚强》《希望》……电话那头，热泪盈眶的小琴听到了师生们真切的呼唤："小琴，我们期待你的归来！"

三个月后，小琴回到了班级，陈家武和同学悉心照顾，轮流背她到教室、上寝室。她化感恩为动力，坚强面对学习生活，不断进步，一年后高考，顺利被西南大学物理系录取，后来又被保送到浙江大学物理系硕博连读。

"我教了几十年体育，只有你这个班的女生如此特别！"这是一名体育教师对陈家武2020届班级的评价，因为他班上30多个女生竟然都喜欢打篮球，一堂体育课上，还能组建四五个队打比赛。

原来，高一时，陈家武就发现一个叫小萍的女生喜欢体育锻炼，不仅长跑很好，也热爱篮球。"你要把体育锻炼作为爱好长期坚持下去，将来对你人生大有裨益。"陈家武不仅肯定她，还鼓励她把同学带动起来。就这样，先是一个寝室打半场，后来发动隔壁寝室打全场，到最后全班所有女生都参与其中，把其他班的学生看傻了眼。

"这些女生爱上篮球后，性格变化很大，普遍活泼开朗。"陈家武说，"团结""拼搏"的班级文化通过篮球在学生间传递，这群学生不仅体育好，学习成绩也突出，最后全部考上了理想的大学。

教育就是激励、点燃。从教以来，陈家武非常善于发现学生的优点、特质，并通过多种教育手段帮助学生实现梦想。2017年毕业的学生小周，就是出类拔萃的代表。刚进高中，陈家武就发现这个女生很特别，活泼豪爽，像个男孩子，深入交流后发现，她特别崇拜军人，向往军旅生活，梦想将来考军校。他就鼓励她，经常给她分享杨利伟、刘洋等宇航员的动人故事，引导其加强锻炼、发奋学习。三年后，梦想照进现实，小周以全国第4名的成绩考进了中国人民解放军空军航空大学。

润物细无声，班级文化育人的魅力不仅体现在分数和升学率上，更体现在学生的人格健全和全面发展上。有个后来考上北京大学的学生，升入高三那年暑假，为了课本剧表演的逼真，冒着酷暑专程到乡下，翻箱倒柜找出她奶奶当年穿的裤子，她说："考上大学，很多知识可能都会忘记，但这次与同学们一起表演的场景，我终生都会记得！"不沉闷、有朝气、懂感恩，这是很多人对陈家武班级学生的评价。许多学生考上大学后，感激的名单里不仅有各科老师，还有帮助过他们的门卫、宿管阿姨，甚至还有公寓楼下的补鞋匠。这令陈家武倍感欣慰。

7. 继续做快乐的教育"农夫"

2024年，临近退休的陈家武早已"荣誉等身"，但他依然坚守在讲台一线，依然保持着教书育人的初心。

很多人见到他，佩服之余都不免好奇地问："陈老师，你教两个班语文，当一个班的班主任，还兼任备课组长、教研组长，带文学社，还是省级名师工作室领衔人……这么多事情，你是如何做下来又做得这么好的呢？"

陈家武微微一笑，谈到了两个词：热爱、坚持。

"热爱能抵岁月漫长。"陈家武说，自从考上中师，圆了儿时当老师的梦想，他就一直热爱这份职业，从未想过转行；即便曾经有机会当学校中层干部，他也更愿意做一名纯粹的教师。

因为热爱，他自发地读书，不断提升自己的能力；因为热爱，他主动探索、钻研，为学生提供更优质的教育。"我不认为做课题是一种负担，因为这是我自发的选择。"陈家武说，他做的所有课题，都不是为了完成上级任务或奔着评职晋级去的，而是真正为解决工作中的难题、教学中的困惑，自然就乐在其中。

陈家武很喜欢作家路遥在《平凡的世界》里的一句话："人，不仅要战胜失败，还要超越胜利。"在他做课题研究的第五个年头，评职晋级所必备的材料早已足够，完全可以"躺平"，但他却没有，而是继续坚持做下去，并带动了一大批年轻教师共同成长。20年课题研究下来，他主持完成了3项省级课题研究，其中2项为重点课题；完成了6项市级课题研究。12项成果获省优秀科研成果二等奖，6项成果获市政府教学成果一等奖，8项成果获市优秀科研成果一等奖。

陈家武担任四川省首批高中语文名师工作室领衔人期间，培训了省内75名骨干教师；担任四川省"陈家武名师工作坊"坊主时，培养了市内30余名中学语文骨干教师。他指导解超建等25名教师参加课题研究并获得省市课题成果奖，指导青年教师陈小梅等5人参加全国赛课获特等奖，指导杨琴等8名老师参加全国赛课均获一等奖。

一个人遇到挫折时战胜困难可能不难，但超越胜利、不断从成功走向成功却并不容易。陈家武做到了，凭着对教育的热爱和锲而不舍的品质，他步履不停，看到了更远的风景。

回首往昔，从农村走出来的陈家武常常自比为教育的"农夫"，日出而作、日落而息，简单生活、快乐育人。对于未来，他希望能继续快乐育人，"在教育这片土地上，继续'晨兴理荒秽，戴月荷锄归'"。

"从小到大，我都不想太普通"
——记特级教师、正高级教师王光佑

人物名片

> 王光佑，男，古蔺县蔺阳中学正高级教师，四川省特级教师，四川省学术和技术带头人，四川省"王光佑名师工作坊"坊主，四川省中小学教学名师，四川省高中语文骨干教师，四川省初中毕业水平考试质量评估专家，四川省级教师培训专家，泸州市高中语文智库专家，泸州市中考命题专家，泸州市高级教师评审专家，泸州市优秀人才示范岗，泸州市拔尖人才，泸州市学术技术带头人。长期致力于高中语文生活化课堂教学实践研究，多项成果获四川省优秀教育科研成果一等奖，在《中国教育报》《中国教师报》《语文月刊》《中学语文教学参考》等教育报刊发表教研文章数百篇；在省级文学报刊发表作品数百篇（首），有作品入选《四川省爱情友情精短诗选》《四川省精短散文选》《2017年全国精短小说选》等。

1. 不屈少年　立志读书

位于川、滇、黔交界的古蔺县，山脊嶙峋，沟壑纵横。"美酒河"蜿蜒穿行，串起一个又一个村庄。与贵州隔河相望的二郎镇，山坳里有一户普通人家，一家人正聚在堂屋议事。

"反正说过的，考起了就要他读！"母亲率先发话。

"要他读可以，现在读书用的钱，以后分家时咋个算？"母亲的话还没有说完，二哥抢着说道。

空气瞬间凝固了。一旁的少年涨红了脸，泪珠在眼眶里打转，赌气道："书不读不行！现在读书用好多钱，我记好账，以后挣到钱就还你们！要是读不出头，以后分家我什么都不要，房子屋基都不要！"

"说得轻巧，像根灯草！现在说不要，过了河就拆桥！"大哥嘀咕道。

"君子一言，快马一鞭！口说无凭，我可以签字画押……"

"咚咚咚……"父亲拿烟斗在桌子上猛敲了几下，屋子里顿时安静了下来。"好！你娃子有骨气！只要你能说到做到，砸锅卖铁老子都支持你……"

这一幕发生在王光佑12岁那年。小学毕业的他，本应去距家最近的复陶中学念初中，说近，其实也有7.5公里远。听哥哥姐姐们说：每天天不亮就要出发，放学回到家里已是昏天黑地；春夏还好过些，一到冬天，满路的稀泥巴就像烂包田一样，摔跟斗是家常便饭。

为了少遭一些罪，多一些学习时间，王光佑向父母提出，要到离家更远的东新中学读书，因为那里可以住校，不用每天来回奔波。

这可让母亲犯了难：在复陶中学读，半期最多花十一二块钱，五六十斤麦子就搞定了；一旦到东新中学读书，每个月就要七八块钱的生活费，读三年书就不是几百斤麦子能"摆平"的了……在王光佑再三恳求下，母亲才逼着父亲去找在东新中学教书的远房叔叔想办法。

那是一个炎热的下午，父亲兴冲冲地回来了。还没有歇定气，就撂下一句："要到东新中学读可以，就看你娃子有没有真本事！王校长是绝对不讲情面的，你考得起就读，考不起就免谈！"

倔强的王光佑偏不信这个邪，一鼓作气考上了！于是就发生了前面一家人面红耳赤争论的一幕。

2. 发愤图强 跳出"农门"

怀揣着母亲爬坡下坎求爹爹告奶奶东拼西凑借来的学费和生活费，扛着卷成炮筒似的蒲草席，抱着一口补了又补的旧瓷盆，王光佑跟着背行李的父亲去东新中学报到。

远远望去，东新中学雄踞在一个巨大的山包上，红砖碧瓦，绿树掩映，仿佛一位神秘威严的老人，令人生畏。

报名那天，由于耽搁太久，父亲只得和他挤在学生宿舍狭小的单人床上过夜。不知是初次离家，衍生出对新生活的恐惧，还是担心自己的任性会给家人带来较重的负担，王光佑翻来覆去睡不着。父亲也心事重重，一夜无眠。

第二天拂晓，父亲用冷水抹了一把脸，对儿子抛下一句铿锵冰冷的话："好好努力，要对得起自己！家里的事不要担心，车到山前必有路……"便渐渐消失在王光佑模糊的视线里。

"三更灯火五更鸡，正是勤学苦读时。"在东新中学，无论风和日丽，还是刮风下雨，王光佑都坚持在学校起床铃响起之前起床，蹑手蹑脚地洗漱，生龙活虎地锻炼。

初中三年，王光佑过得异常清贫，没有一分零花钱。饥饿，是烙在他记忆最深处的印记。第一个周末回家，他就跟母亲抱怨"吃不饱"："每顿就那么一点点，清汤寡水的，早上饿得清口水长流才开餐，吃了没多久肚子又开始闹革命……"

初二上期，由于当地粮食供应出了问题，没有大米，也没白面，粮站只提供干苞谷。没办法，学校就给学生们煨苞谷籽儿吃。王光佑回忆，当时每人每顿能分两百多颗苞谷籽儿，大家边数边吃，还没走到寝室就吃完了，于是，大家又敲着碗筷折回去洗碗，"叮叮当当的交响，无拘无束的豪放，那声音、那场景，至今仍留存在我的脑海里"。

就是在如此艰苦的条件下，王光佑始终没想过放弃！不攀比，不埋怨，不泄气。他知道：要改变命运，就得付出百倍于人的努力！为了抵抗经常袭来的饥饿，他把空闲时间都花在读书、做题上。

初二下期快结束时，艰难行进的王光佑似乎走到了谷底。上课没精打采，课间也提不起劲儿，犹如霜打的茄子。

一个月朗星稀的夜晚，晚自习后，在学校繁茂的沙包树下，几个同学正围着新来的物理林老师聊天，不时发出阵阵爽朗的笑声。王光佑也情不自禁地循声过去，低着头，呆呆地杵在那里。见他半天不吭声，林老师转过头来，微笑着望着他，"你怎么不开腔呀？说说你的打算"。林老师的目光充满了期待，王光佑却窘得面红耳赤，脑海一片空白，支支吾吾说不出话来。

林老师又一次催促。王光佑终于惴惴地说："打算，从来没想过。像我这样的人还能有什么打算？"

"怎么能没有打算？鲁迅说过，'希望是本无所谓有，无所谓无的。这正如地上的路；其实地上本没有路，走的人多了，也便成了路'。比如今晚，我们在这里聊天，如果你不主动走过来，这儿就没有你的位置——你应该知道，有梦想就有希望！没有人能拯救你，除了你自己！"

那一夜，王光佑辗转反侧，彻夜无眠。林老师的话如醍醐灌顶。从此，每当倦意朦胧打算放弃的时候，每当遭遇挫折心灰意懒的时候，他耳际总会传来一个洪钟般的声音："有梦想就有希望！没有人能拯救你，除了你自己！"

最后一学年，王光佑重拾信心，发愤图强，以超出分数线几十分的优异成绩考上了叙永师范学校（古蔺教学点），顺利跃出了"农门"。

"老师的一句话、一个眼神、一个鼓励的微笑，都可能改变学生的一生。"王光佑说，后来他当了老师，教导学生时，也会不自觉地受林老师的影响。

3. 初出茅庐　大放光彩

读中师时，王光佑的生活条件发生了翻天覆地的变化，每个月会领到15块钱的生活补贴，毕业工作"包分配"。不少同学也因为端上"铁饭碗"而得过且过，王光佑却一如既往地刻苦努力。他一头扎进书海中，贪婪地吮吸知识的甘露，积极提升自我，年年被评为"三好学生"。

正是得益于这三年的自律，毕业分配时，王光佑被安排到古蔺县大村区中心小学校任教（其他同学普遍被分到了村小）。校长拿着他的简历，赏识有加，让他带一个"好班"并教语文。这一年是1985年，王光佑还未满19岁。

但仅仅一周后，教务主任又让他接三年级另一个"差班"的语文和班主任。原来，这个班一、二年级走马灯似的换了好几个老师，基础差得没法说，跟王光佑一起分来的新老师教了几天就撂挑子了。"校长让你去，谁叫你读师范时是'三好学生'呢！"主任一脸苦笑着说。

"那就教呗！"王光佑二话不说，愉快地接受了领导的安排。他一心扑在工作上，努力提高课堂效益。白天备课、上课、批改作业，并对学生进行个别辅导，放学后就挨家挨户去家访。

那真是一段美妙幸福的时光！王光佑回忆，每天放学，一大群学生围了上来，争着邀请他去家里。一路上，学生前呼后拥；到了学生家，家长敬若神明、待若上宾……那场景，令王光佑十分感动，也时刻提醒他在工作上不敢有丝毫懈怠。

不到三个月，王光佑就把全班56名学生家走了个遍，不仅对每个家庭情况了然于胸，而且与每个学生家长建立了信任和有效的联系。每逢大村赶集，都有家长自发到他家里坐坐，或了解孩子在校的表现，或反馈孩子在家的情况，或拉拉家常……

对学生的学习，王光佑舍得下"憨"功夫。学生作业错了，他把学生叫过来，不是劈头盖脸一顿批评，而是耐心地讲解，一遍不行，再教一遍，直到学生弄懂为止。他抓住各种机会表扬学生，还有意识地让学生当"小助手""小老师"，让他们在"教"同学的同时，更严格地要求自己。

"要知道，老师在娃娃们心目中有天然的神圣感。你不经意地拍拍娃娃的背、说几句鼓励的话，娃娃们因此而迸发出的那股力争上游的学习劲儿，是非常令人惊喜的！"王光佑说。

功夫不负有心人，第一学期期末考试，在年级前 10 名中，王光佑班上就占了 7 名。此前年级倒数第一的班级，短短一学期就成功逆袭为顺数第一，王光佑"初出茅庐"的表现大大超出了校长的预期，同事们也对他啧啧称赞。

4. 不屈不挠　自学成才

站稳讲台后，踌躇满志的王光佑决定一边工作，一边提升自己的学历。当年，实现的路径就是通过函授教育。

当他向学校提出申请后，却被告知：教小学的中师生不能通过函授教育参加成人高考。

犹如被兜头泼了一盆冷水，王光佑既纳闷又生气：同样是中师生，为什么分在中学教书就有学习提高的机会，分在小学却只能望洋兴叹自认倒霉？

学校领导也一脸苦笑：这也是无可奈何的事啊！为了维持教师队伍的稳定，当地教育主管部门不得不硬性规定"在小学任教的中师生不能考函授"，要不然大家都取得文凭调走了，谁来教小学啊？

倔强的王光佑不"认命"，他一边干好本职工作，一边四处寻找提升学历的机会。

俗话说，天无绝人之路！一天，他听说了"四川青年自修大学"，这是一所没有围墙的大学，只要交 120 元钱买套教材和参考资料，任何人都可以参加自考，考试合格后由四川师范大学颁发国家认可的学历文凭。

但又听说，自修考试非常难，"犹如大海捞针"，需要很强的自学能力和坚持到底的毅力。每年成千上万人报考，最后成功获得文凭的寥寥无几。

但对王光佑而言，这是他唯一的机会，必须牢牢把握。因为刚参加工作不久，他没有一点积蓄，就找到学校会计，好说歹说预支了两个月约 120 元钱的工资，总算成功报了名。

接下来一年半的时间里，王光佑白天认真教书，晚上挑灯夜读，除了过年休息了几天，其余时间全部"泡"在书堆里。"在旁人看来，这个过程可能很艰辛，但我内心却充满了澎湃的学习动力，仿佛又回到了中学时代，每天有使不完的劲儿。"他说。

对自己的学习能力，王光佑非常自信。他从小学三年级起，就因为学业成绩优异，经常被老师"提拔"当小助手，指导其他学生；小学四五年级时，他很快把课本上的数学题做完，找不到题做了，就自己琢磨着出题来做，如果找到了一种新的解题方法，就兴奋地去找老师求证。

自考科目中，古代汉语最难。有同事前一年考了 60 分，激动得不得了，

"说这个成绩已经很不错了,要上80分比登天还难"。王光佑被"吓着了",本来考试大纲只要求背诵18篇文言文,他就把身边能找到的所有教材的文言文找来,一篇篇倒背如流,连标点符号都记得住。

正是凭着这股"憨劲儿",王光佑仅仅用了一年半的时间,就自考修完了汉语言文学专科阶段的所有课程,古代汉语还考了90多分,并荣获四川省"自学成材"奖。

四川青年自修大学将他购买教材的120元作为奖金返还给他,他立即又用这笔钱购买了本科教材,继续他的自考拼搏之旅……

5. 博采众长　爱生如子

当教学业绩和自考成绩都在小山村搏出一番"名气"后,很自然的,王光佑也渴望有更大的舞台施展拳脚。

凭着"永不服输"的闯劲,他先从大村小学调到一所偏远的观文中学,教了两年初中语文,并当了两年的班主任。听说二郎中学要办高中,而且在全县公开招聘语文老师,他不顾亲友反对,义无反顾地举家调入二郎中学。待三年高中教下来,他环境熟悉了,业务也顺手了,本以为会就此停步,谁知无意中,听说县城的蔺阳中学差一个高中语文教师,要在全县"海选",只要有本科文凭就可以去试讲……他顿时坐不住了。

那一年是1997年,王光佑抱着试一试的心态报了名,竞争者中有一位是县语文教研员的学生,并得到了教育主管部门的推荐。但时任蔺阳中学的校长王光华很有个性,上级领导分来的不要,谁打招呼都不行,他只招自己认可的教师。

就这样,王光佑凭着过硬的本领,过五关斩六将,最终得到了校长的认可,从乡镇调进了县城里。

在乡下教书时,王光佑自我感觉还可以,"工作上随随便便就能名列前茅,有时甚至还沾沾自喜"。谁知到了县城,环境变了,身边优秀的人很多,王光佑陡然感到了压力。

因为没真正读过大学,他自知起点低,总是诚惶诚恐,生怕自己的学识和能力不够,耽误了学生。每天除了备课、上课、批改作业和辅导学生,他就端着凳子跟着学校几个小有名气的语文教师屁股后面"撵",听他们的课,不懂就问,并大胆质疑,勇于发表自己的观点。有时嫌在办公室里没谈够,还追到教师家属院登门拜访。

正是凭着不唯上不唯书、遇事总爱较真儿的倔强,王光佑博采众长、慎思笃行，经过刻苦钻研，终于敲开了语文教学的大门，逐步形成了自己个性化的教学风格。

在课堂上，王光佑习惯"放低姿态"，善于站在学生的角度去想问题。他上课有个习惯，就是看学生眼睛发不发光，一旦发现学生眼睛空洞茫然，就主动反思自己是不是哪里没讲好、备课是不是没到位。"我有一个观点，凡是学生不来劲儿的课堂教学，源头大多在老师那里。"他说。

调入蔺阳中学后，王光佑一直被安排教生源最差的班。2002届有4个班，每次考试，年级排名最后60名就"分"到他班上，而他原班上的好成绩学生又给好班"输送"过去。面对这种"不公"的安排，他从不抱怨，无论谁到了他的班，都一视同仁认真对待，教学成绩反而比尖子班提升得快，每次统考，他班上都有不少学生能"跳"到尖子班里去。

这是如何做到的呢？答案是"向课堂要效益"。"习题是永远做不完的，刷题永远是最笨的方法。"王光佑把功夫下在课外，查阅大量资料，通过归类、反思、总结，把一道题变成一类题，课堂效率大大提升，教师教得愉快，学生也学得轻松。

"当你真心把学生当朋友，学生一定会拥护你，认真听你的课。"王光佑说，当教师能做到与学生共同承担、探讨成长中的难题时，学生一定会给教师带来惊喜的转变。

2008届班上有个学生小鹏（化名），家里情况特殊，父亲不干活，妈妈精神上也有些问题，全靠哥哥打工供他读书。他因此压力很大，王光佑便经常找他谈心。有一次，他主动说："老师，你带我去爬山吧！"王光佑欣然答应。一路上，学生一句话不说，老师也不语，就静静地陪着他一步步攀登。终于站上山顶，小鹏对着山谷大声嘶吼了几声，然后转过头："老师，我们下山吧！""好！下山。"王光佑笑着回答，他知道，孩子的心灵得到释放，心结也解开了。

有的学生喜欢打乒乓球，王光佑见到后，也会主动过去跟学生"切磋"两板。"几个回合下来，不用我问，他们就会把心头的困惑、苦闷，主动跟我'倒'出来，我就趁势开导、教育。"

王光佑认为，当老师，特别是当班主任，首先要让学生感受到，老师是真心爱他们的。其次，要做到公平，这点非常重要。他在班上发放奖助金，该谁不该谁，严格按照标准执行，做到公开公正，"人心都是肉长的，你把学生当作自己家的娃、当作自己的弟弟妹妹，就没有干不好的教育"。

当班主任期间，每年端午节，王光佑和妻子都会买来土鸡蛋和粽子叶，把学生邀请到家里一起包粽子。每个学生都能吃上一个鸡蛋、两个粽子。多年以后，当学生们回想起这一幕，无不发自内心地说上一句："王老师就像我的父亲、兄长般亲切！"

王光佑用真诚打动着学生，也取得了职业成长的快速回报。2004年，他就评上了高级职称。那一年，全校只有两个名额，却有几十个人竞争，他得分最高，甚至还把最初指导他的师傅"PK"了下去。

6. 淡定从容　渐入佳境

"木秀于林，风必摧之；行高于众，人必非之。"[①] 小有成就后，王光佑也免不了被人嫉妒，甚至遭受无端诽谤。曾经有段时间，他处处碰壁，大会小会，总有领导指桑骂槐，或以他"不合群"借题发挥……

面对逆境，王光佑没有迷惘，没有泄气，更没有绝望。他想：我把别人闲扯吹牛的时间拿来钻研业务，专心致志地工作，一门心思为学生前途着想，有什么错呢？

"走自己的路，让别人说去吧！"打定主意后，王光佑鼓足干劲，一头扎进专业书籍里，像海绵一样，不断汲取有益的营养，丰富和完善自己；同时，他还大胆探索，勇于创新，不断提高自身的理论素养和专业水平，将教育科研与日常教育教学实践有机结合起来，努力打造有效课堂。

"很多人把教学和教研完全割裂开来，一些老师总觉得科研高不可攀，继而放弃了思考。"王光佑调入县城后，每年都订阅《语文月刊》《中学语文》等期刊。最开始，他认真阅读别人写的每篇文章，读得多了，就发现别人写的未必都对，脑中有了思考，他就有了写出来与作者、编辑交流商榷的冲动，于是就大胆给杂志投稿。

当然，很长一段时间，他的文章都泥牛入海，没有回音。但他不灰心，仍然坚持阅读、坚持思考、坚持写作、坚持投稿。

直到2001年，他参与《语文月刊》的高考原创模拟题征集，被成功采用，还收到了一笔稿费，一下子得到了莫大激励。此后，他就经常关注报纸杂志的征文、约稿，按编辑的要求去写，"命中率"越来越高，也从中学到了不少东西。

2006年，《语文世界》杂志聘他担任特约编辑。每期出版前，他都会收到样刊，如发现专业上的差错，就会及时与主编沟通。后来，他还成为《作文周

[①] 潘守皎、潘世武注评：《菜根谭》，吉林大学出版社，2020年，第199页。

刊》的兼职编辑、《语文报》的特约通讯员。

"我平常不喝酒，也不打牌，总要给自己找点事情做吧。"写作、投稿、交流的过程，也确实让王光佑在学校之外交到了不少志趣相投的朋友，"朋友圈"扩大后，他的视野也跟着开阔了许多，对语文专业的研究也不再满足于零散的篇章，他开始聚焦某一个专题进行深度学习和钻研。

"生活化教学"便是他重点研究的专题之一。2015年以来，他发表在各类报纸杂志上关于"生活化教学"的文章便有20多篇，涵盖了诗歌、散文、现代作文等各类题材。

何为"生活化教学"？王光佑发现，在教学实践中，如果纯粹按照书本教参去讲，总是"油不沾水，水不沾油"，学生无法完全吸收，课堂总是缺了点味道。而如果能充分调动学生已有的生活经历，他们就能豁然开朗、茅塞顿开。

他以巴金《小狗包弟》文末"熬煎"一词为例，很多人都觉得这只是作家的表达习惯，意思等同于"煎熬"，没什么可深究和解读的。

王光佑却不这样认为，"这正是容易被忽视的文本解读盲区，却恰能触动学生思维，碰撞出思维的火花。平地起波澜，我们要善于在司空见惯处发现不一样的精彩"。

他跟学生讲，什么是"煎"，生活中我们可以联想到什么？对，煎鸡蛋！特点就是"时间比较短"。而"熬"呢，生活中可联想到熬稀饭、熬骨头汤，时间上花得很久。"熬煎"重点落在"熬"上，突出时间很长，心里难受程度更深；而"煎熬"重点落在"煎"上，虽然难受，但时间很快就过去了。再联系上下文，看到前面有"十年零几个月过去了"，学生一下子就明白了作者为什么要用"熬煎"一词了。

另一个例子是他在上《边城》公开课时，讲到翠翠做梦去摘虎耳草来做伞。他问学生：为什么用虎耳草做伞，而不是编花环呢？有听课教师不解，这个问题有意义吗？王光佑继续引导学生联系生活实际思考花环有什么用：装饰，经常用来戴在头上打扮；而伞呢，是用来遮阳避雨，对人体起到保护作用。对翠翠来说，傩送是可以保护她的人，是她的依靠。"从这个细节，就不难看出翠翠对傩送的心意了。"

"教师要善于引导学生从生活中去思考，学生就更容易走进主人公、理解主人公，就能与作者、主人公开展多维对话。"王光佑说，如果教师仅仅像搬运工一样把现成答案递给学生，那学生也就像贴标签一样，今天记住一个答案，明天记住一个观点，就无法结合具体语境进行灵活的思辨。

他谈道,"生活化教学"与他一直以来坚持"站在学生角度考虑问题"的教育理念有相通之处。教师要帮助学生把横隔在书本与生活间的墙推倒,这样学生就能实现"想有路子,说有法子",学生能想会说,写就自然流淌了。

关于作文,王光佑有个观点:教师一定要经常"下水"跟学生一起写作文。"一个不会写作的语文老师,不是一个合格的语文老师。"他进一步解释,一名教师如果不"下水"写作,是无法体会学生写作过程的艰辛的,也不知道学生想表达什么,为什么要这样表达。有一次,他去某所中学视导,随手拿起一篇有教师批注的作文本翻看,却发现学生原本写的文字朴实、灵动,而教师却误解了学生想表达的主题,想当然地改成了许多空话、套话。

王光佑一般不会轻易去改动学生的作文。如果觉得学生有写得不好的地方,就叫过来,询问他想表达什么内容,然后结合自己的生活体验,启发他们可以怎么写,才能表达得更好。

每年高考作文题出来,他自己也拿起笔写上一篇。从教以来,他发表在各级报纸杂志上的文章,有很大一部分是诗歌、散文,以及古体诗、对联等。2017年,他还有一篇小说入选了全国精短小说选。"我是农民的娃,践行自己的写作理念——我怎么想的,就怎么写。"王光佑十分欣赏叶圣陶先生说过的话:当你脑中存储了几十篇经典范文后,你下笔时,那些精彩的语句、片段,就会灵光一闪,不受控制地飞出来。"自然流淌就是一篇很好的文章。"他说。

7. 执着梦想　风雨兼程

"你若努力,芬芳自来。"王光佑长年坚持不懈、笔耕不辍,对自己高标准严要求,自然硕果累累。他先后在《中国教育报》《语文月刊》等数十家省级以上教育报刊发表教育教学研究文章数百篇;在《星星》《小说月刊》等文学报刊发表诗歌、小说、散文和辞赋数百篇(首)。

2012年10月,王光佑被评为四川省首届高中语文教学名师。同年底,四川省在泸州和攀枝花两市试点评审正高级教师,王光佑凭着突出的教育教学业绩、丰硕的教育科研成果、高尚的师德和良好的口碑,从泸州市十余万名中小学教师中脱颖而出,成为全省第一位中小学语文正高级教师,也成为泸州市基础教育界一面高扬的旗帜。

有些教师评上正高级职称后,就产生了"船到码头车到站"的想法,不愿意站一线上课了。王光佑对此嗤之以鼻,"既然选择了远方,唯有风雨兼程"。他喜欢站讲台,喜欢被学生需要的感觉,只要看到学生的眼睛发光,就像打了鸡血似的,浑身有使不完的劲儿。

担任名师工作室领衔人后，王光佑肩负着指导、提携后进的职责。在他看来，名师工作室建设，不是单向的传授指导，更多的是志同道合的人一起学习、研讨，相互启发、共同成长。"如今年轻教师面临的工作环境比我当年参加工作时好多了，他们也非常勤奋，如果再有一个引路人稍微指点一下，成长道路上就会少走许多弯路。"王光佑非常乐意把自己成长的经验传授给年轻教师。

2014年11月，工作室成员蒋雯丽参与全国真语文说课大赛，在指定地点集中一个月打磨课。王光佑通过电话每天与"徒弟"沟通，从文本解读、教学创意设计、课堂每个环节等狠抠细磨，每次电话一打就是一两个小时，直打得手机发烫……就这样磨了两个星期，最终成功拿下一等奖。2015年10月，工作室成员梅艳在他的指导下参加四川省民族地区高中语文教师教学技能大赛，荣获综合一等奖；2020年5月，年轻教师贾志梅在他的指导下参加泸州市高中小说教学竞赛，荣获市一等奖；2021年5月，李婷在他的指导下参加泸州市高中语文群文阅读展评大赛，荣获市二等奖。2015年3月，他领衔的"泸州市高中语文名师——王光佑工作室"被市教育局评为五星级名师工作室；同年10月，他领衔的"四川省高中语文名师——王光佑工作坊"顺利完成任务，工作坊多名成员被评为"优秀学员"，多名学员科研成果荣获省市一、二等奖，王光佑也被评为"四川省名师工作坊优秀坊主"。

8. 勉励后学　光风霁月

一路走来，王光佑每个脚印都流淌着拼搏的汗水、闪耀着不屈的光芒。用他自己的话说，就是"倔强"，总爱跟自己"较真"。读书时，他最深刻的记忆就是"饿"，就想着发奋读书，找一份工作，填饱肚子。后来工作了，能吃饱饭了，为什么还那么拼呢？因为"从小到大，我都不想太普通，要做得比别人好"。他将自身经历和成长感悟总结为五点，送给有志于从事或正在从事教育工作的年轻人：

第一，所有外在的支持和帮助都代替不了教师自身的努力，正如魏书生所言，我们要多改变自己，少埋怨环境。埋怨环境不好，常常是我们自己还不够好；埋怨别人太狭隘，常常是我们自己还不够豁达；埋怨天气太恶劣，常常是我们自己抵抗力太弱；埋怨学生太难教，常常是我们自己方法太古板……

第二，要想成为名师，必须牢固树立崇高的职业理想和远大的人生目标。教师有了崇高的教育理想，就有了力量的源泉、智慧的摇篮、冲锋的战旗和斩棘的利剑，就能用全新的视角，仰观宇宙之大，俯察课堂之美，播撒至真至善，收获自尊自信，在教育家办学的道路上厚积薄发，一路凯歌。

第三，要想成为名师，必须淡泊名利，静待花开。人生越计较，路就越走越窄，就会陷入不良情绪的恶性循环，以至于走向反面。一个人的价值，应该看他贡献了什么，而不应当看他获得了什么。只要踏实睿智地付出，自然有水到渠成的收获。

第四，要想成为名师，就得有敬畏之心和创新之能，切不可循规蹈矩、故步自封。当教师，要把教书育人当事业，而不能仅仅当作谋生的手段。倘若对自己的职业没有一丝敬畏之心，对学生渴求的眼神也没有一丝悲悯之情，怎么能成为一名有尊严的教师？即使教相同的教材，面对不同的学情，也不能一成不变。殊不知，在新课程改革浪潮的洗礼下，多少金科玉律变成了绊脚石，多少以前管用的"经验"变成了"烂泥塘"，若不与时俱进，就无法让课堂焕发青春活力。

第五，要想成为名师，必须如《中庸》所云："博学之，审问之，慎思之，明辨之，笃行之。"[1] 倘若每一个年轻教师都能广博地学习，时常对学问详细地探寻，慎重地思考，明白地辨别，切实地力行——凡所学，力求通达晓畅；凡所问，力求彻底明白；凡所思，不想出一番道理绝不终止；凡所辨，不分辨明白绝不罢休……那么，就不会陷入照搬照抄、盲从迷茫的泥潭而不能自拔了。

"总之，名师不是光靠别人培养就能成长的，名师成长的关键在于'取之不竭、用之不尽'的内驱力。倘若没有不懈的努力和执着的拼搏，领导再怎么关心，同事再怎么扶持，都是事倍功半，甚至南辕北辙。"王光佑勉励道，教师不仅要广泛阅读，拓宽视野，而且要注重笔头的整理与总结，潜心钻研，博采众长，努力提高专业修养，形成独特的教学风格，继而用独特的人格魅力，为促进教育公平和深化教育改革贡献智慧和力量。

---

[1] ［宋］朱熹集注：《四书集注》，陈戍国标点，岳麓书社，2004年，第36页。

扎根高原无悔 一片丹心育才
——记特级教师、正高级教师黄志兵

人物名片

> **黄志兵**，男，四川省康定中学正高级教师，四川省特级教师，四川省高中语文骨干教师，四川省读书成才先进个人，四川省普通话水平测试员，四川省培训者专家库成员，甘孜州"康巴英才"高端人才，甘孜州"雄鹰计划"康巴名师，甘孜州优秀教师，甘孜州骨干教师，甘孜州社科专家，甘孜州教育指导委员会高中语文指导专家，甘孜州名师工作室领衔人。独创民族地区高中"语文之夜"活动模式，打造立体语文教学。3项成果获四川省优秀教育科研成果一等奖，2项成果获州科研成果一等奖，出版专著3部，参编著作多部，5篇论文获省级一等奖，发表文章百余篇。

1. 与4位语文教师的"心灵相遇"

做一名语文教师，似乎是黄志兵"命定的归宿"。求学路上，与4位语文教师"心灵的相遇"，则是不断引领他走向语文教育殿堂的"灯塔"。

第一次相遇在小学二年级。清明节，学校组织大家去烈士陵园扫墓，归来后，年轻美丽的语文老师要大家写几句话，记录当天最难忘的见闻。同学们大都写下"红领巾是烈士鲜血染红的""我们要珍惜今天幸福的生活"等句子。黄志兵脑海中只记得那天的朝霞很美，烈士纪念碑很雄伟，于是写道，"在绚烂的朝霞下，雄伟的烈士纪念碑像一个威武的战士"。没想到，第二天，语文老师对他的文字大加赞美，夸他课本上没有出现过的"绚烂"一词都会用。从此，他更加有意识地读课外书，并积累很多优美的词句，用在自己的作文中。

"老师对学生的赏识,哪怕是一句话,就像一道皎洁的月光,照进孩子小小的心灵,整个城堡瞬间就被浸润得光亮剔透了。"黄志兵说,他对文字的灵性,就这样被唤醒。

第二次是在小学五年级,新换来的语文老师教他们写记叙文,一再强调"写真实的人和事,写出内心的真情实感"。在写命题作文《我的爸爸》时,其他同学写的大多是上学忘带雨具,爸爸前来送伞;生病高烧难耐,爸爸端水送药。黄志兵却不想写这些,他脑海里浮现出的,是爸爸在"文化大革命"期间被错划成右派,却坚强支撑起家的点点滴滴,是爸爸平反昭雪后激动的场景。于是,他饱含深情地写下了一篇作文。讲评课上,语文老师激动地说,这次作文她最喜欢的只有一篇,并深情地朗读起来。黄志兵一听,哇,正是他的作文。正当他喜不自禁时,却发现老师一边读,一边流下了眼泪。全班同学也静静地听着。老师在哽咽声中读完了文章,全班报以热烈的掌声。"我的文章竟会让老师流泪?"黄志兵没想到,文字的力量竟可以这样直击人心。多年以后,每当他提笔作文时,总会想起这一幕,提醒着他极力去表达内心最真实的情感。

进入初中,第三位让黄志兵难忘的语文老师姓周。她经常面带微笑地询问黄志兵最近看了什么书、写了什么文章。后来,她鼓励黄志兵投稿。投稿?发表?那不就是作家吗?那时,"作家"一词几乎可以和神并列,哪敢奢望?可同时,黄志兵又神往着有一天自己的文字能变成铅字。于是,就偷偷选了一篇满意的文章,装进信封,贴上邮票,寄给了当时学生们都爱读的《红岩少年报》。一个月后,在他快忘了这事儿时,周老师笑盈盈走进教室,拿着最新的报纸,告诉全班同学,黄志兵的文章发表了。顿时,全班沸腾了!这一消息甚至迅速传遍了他生活的小城。"激励,像一轮喷薄的红日,照亮了我的少年时光,让我更加忘情地笔耕,甚至很多年都做着一个作家梦。"

在高中,黄志兵遇到了仅比他大三岁的年轻帅气的杨老师。杨老师刚大学毕业,热情、富有朝气。第一篇作文写下来,他仿佛在一座荒山惊见一抹新绿。后来,他经常在黄志兵的作文本上写下长长的评语,不再是简单的赞美之词,而是交流写作的技巧、对人生的看法。他还时常给黄志兵推荐世界名著,从雨果到巴尔扎克,从列夫·托尔斯泰到屠格涅夫……每当写完作业,黄志兵就会在灯下读这些作家的书,和大师对话,与主人翁一同悲欢……渐渐地,他感到内心丰盈起来,视野辽阔起来。"交流,是一条澎湃的大河,让我的心灵波澜起伏,让我的思想走向远方。"黄志兵说,在杨老师的影响下,阅读成了他生活的重要组成部分,一直伴随至今。

2. 从个性、感性走向科学、理性

1986年，黄志兵以康定县（今康定市）高考文科第一名的成绩，考入四川师范大学，攻读他喜爱的中文专业。

宛如羁鸟返林、池鱼入渊，大学兼容并包的氛围、突然多起来的可自由支配的时间，帮助他极大地发展着兴趣爱好。他几乎整天都泡在图书馆，读了很多书，无论知识眼界还是专业素养都得到很大提升。

那个年代的大学生，普遍向往南方，渴望到广东深圳"闯一番天地"，但黄志兵却对家乡有着割舍不了的眷念，毕业后毫不犹豫地回到了康定师范学校工作。

学校安排黄志兵当班主任兼语文老师。虽然站上了讲台，但他心底却并不安分。"说实话，那时的心思没太放在教书上，更想从事文学方面的工作，比如当作家或编辑、记者。"最初几年，黄志兵一有空就跟当地的文艺青年"打得火热"，大家游山玩水、诗文唱和，好不热闹。

不过，他的课堂仍然很受学生欢迎，特别是讲到一些文学故事时，学生们清澈的眼眸就会放光。黄志兵在学校办起了文学社，把全校爱好文学的学生都"汇聚"到身边，他的才气备受追捧，他指导的学生作品也陆续在甘孜州内报刊发表。

学生们"众星捧月"的崇拜让黄志兵对职业的观念悄悄转变：原来，教书也是一件很有意义的事情。但融洽的师生关系、热闹的课堂氛围也一度局限了他对语文教育的认知，以为让更多学生爱上文学就是成功，以为课堂就该是这样活泼、热闹。

直到一位语文教师前辈的话将他"点醒"。

那是黄志兵工作后的第五个年头，在一次聊天中，语文教师肖洪全对他说，你很有才气，也深得学生们的喜爱，"但如果整天在校园里，怀揣一个文学梦想的话，就太虚无缥缈了"。他进一步说，一个人如果要在事业上有所成就，就不能仅仅将其当作职业，作为教师，要有独树一帜的能力，"一定要有教学研究的意识，不能浮在表面，要钻进去"。

黄志兵听进去了，并虚心向肖洪全讨教。肖老师经常带着他参加各种州、省级的教学培训与研讨活动，鼓励他去赛课，让他见识到了全省不少优秀语文教师的风采。无论是讲课，还是理论素养，同行们的表现都让他感叹"自愧不如、望尘莫及"。

备受触动的他开始重新审视这份工作，反思过去的教学。他将"纯文学的东西"暂时抛在一旁,找来教育学、心理学等经典著作,也订了系列语文教育教学的专业期刊,静下心来阅读,并尝试写一些教研论文,研究怎样上好一堂课。没想到,仅仅过了两年,他写的一篇论文就被推送到了省上并获奖。受到鼓舞,他再接再厉,陆续有多篇教学论文发表。

这次"转向",让黄志兵的语文教学从原来感性的一面逐渐走向理性。"此前,我喜欢纯文学,带着学生'指点江山、激扬文字',讲一首诗,就能把学生讲得热血沸腾,但却落不到地。"他反思,语文教育应该结合生活、联系实际、落到实处,培养学生更加全面的素养能力。

正所谓"无心插柳柳成荫",对语文的专业研究和系列成果,也让黄志兵后来的评职晋级非常顺利。

3. 教高中华丽转身　下苦功证明自己

2004年,甘孜州整合教育资源,将原康定师范学校与康定中学合并,集中力量办高中。这对一直从事中等师范教育的黄志兵和同事们来说,是一个全新的开始,也是一个不小的挑战。

"教中师,没有升学压力;到了高中,一切都要以高考成绩'说话'。"黄志兵也意识到,刚开始,康定中学部分老师对合并过来的师范学校教师,心底还有些瞧不起,"认为我们整天就教学生搞活动、唱唱跳跳,不懂高中教育,也不会教高中"。

黄志兵不服气,决定用行动证明自己。学校安排他教一个基础最差的班,并担任班主任,他也不抱怨,埋头从一点一滴做起。

学生基础差,不爱学习,非常调皮,经常违反纪律,有些科任教师都"镇不住场子"。第一学期,黄志兵像个"救火队员"一样,不时出现在解决学生冲突、师生冲突的现场。

"要让学生听话,得先深入其内心。"黄志兵的办公室就在教室对面,每天午自习、晚自习时间,他便叫一名学生过来谈心。"不是居高临下的训话,而是真诚地交心,询问他们的烦恼,理解并给予支持,就像身边的朋友一样。"

这样坚持下来,效果非常好。孩子们像变了一个人似的,以前不爱学习的,课堂上也坐得住了;以前爱惹是生非的,也意识到了自己的错误;以前顶撞老师的,也慢慢学会了尊重……"这群孩子,最想得到的,就是理解和尊重,别人可能把他们当'学渣',但作为班主任一定要鼓励他们,帮助他们树立自信。"黄志兵和学生们共同制定了班训,"区别从我开始,一切皆有可能"。

在管好班级的同时,他刻苦钻研教学。一有空,就把自己关在房间里,找来历年高考语文试题和诊断题，一道题一道题地做，做完再对照答案批改。靠着这番苦功夫，黄志兵慢慢摸到了语文高考的"门路"，三年下来，他带的班级不仅有两个学生考上了本科，平均成绩也比其他班级好。校长、同事纷纷对他竖起大拇指，因为这样的班级放在以往常常就是考"鸭蛋"（高考上线人数为零）。

虽然一炮打响，但黄志兵评价自己这三年，仍然处于高中教学的摸索阶段，课堂上按部就班的多、创新设计的少。真正的探索要从他带第二届高中学生开始。"简单地说，就是在语文活动中育人。"黄志兵把他在师范学校的特长发挥了出来，指导学生参加演讲、辩论、朗诵等各种比赛活动，既立足高中语文教学，又培养学生多种语文素养。而这届学生也特别争气，不仅成绩优异，在全校各种活动中也大出风头，往往一出场就会拿第一名。

4. 适应课改需要　建构特色课堂

黄志兵彻底证明了自己，学校把最好的实验班交给他带，还派他到省外参加"国培"，进一步提升教育教学理念和方法。正是这次外出学习，让他大开眼界。

在国培班，他遇到了来自全国中学教育界的权威专家，听了他们的讲座，参与讨论、思考了诸多中学语文教育问题。"我认识到，基础教育课程正进入新一轮改革，中学的课堂已经发生了变化。作为一名语文教师，课堂必须要有自己的特色。"宛如醍醐灌顶，黄志兵反省此前的教学，还是"很传统、很小儿科"，已经不适应课改的需求。

回到学校，他从两方面开始实践：第一，尝试建构自己的教学模式，形成自己的教育风格；第二，为学生量身定制教育，努力提供适合当地学生特点的教育。他开始打造独具特色的"黄志兵"式语文课堂。

他在班级建立图书角，让每个学生带书到校互换阅读，他自己也提供大量书籍，"阅读改变了我，我也希望用阅读来引领学生成长。"紧接着，他推行两周一次的"读书报告会"，学生交流各自的读书笔记和心得体会；推行"课前5分钟交流"，每位学生轮流上台，或发表对新闻时事的观点，或讲评一首诗，或推荐一首好听的歌曲……黄志兵作点评、指导，"学生们变得特别期待语文课，都盼望着能上台展示"。

学校也不反对他的做法。"我很感激校长的宽容，允许我放手去实践，只要最后拿高考成绩'说话'。"黄志兵说，有时，他会在自习课上给学生放经典电影；有时，他利用整个晚自习，让学生自由阅读；直到高三，他才让学生大量做题。没想到的是，2013年的学生高考成绩异常的好，语文平均成绩105分（在全州首次突破100分），语文单科成绩全州前十名中，他的班上就占了7名。

黄志兵的实践也让学校意识到传统的教学方式必须改变。学校让他在教育年会、教学研讨会上分享经验，并上示范课、教研课，鼓励大家大胆探索教改之路。黄志兵成了全校的教改先锋。

"学生，应成为课堂的主人；教师，就是要调动各种资源，想出多种办法，让学生爱上学习。"主体性课堂理念，如今已成为基础教育界的共识，但在十几年前，这个理念要在实践中推广，尤其还要在相对闭塞的民族地区推广，却并不容易，由此更显出黄志兵大胆探索的可贵。他是一个爱学习、肯钻研、善反思的人，教学之余，阅读了很多国内语文名家的文章论著，特别是2013年起，他重新回到母校四川师范大学，用连续三年寒暑假，完整地接受了四川省高中语文骨干教师培训，再一次帮助他更新了教育理念，更加坚定走自己的语文教改之路——由以教师为中心转向以学生为中心，由以教材为课程中心走向以活动为主要载体。

打造"语文之夜"的想法便油然而生。

5. 勇于反思创新　打造"语文之夜"

虽然每次高考成绩都名列前茅，但黄志兵知道，这还不是他心中的语文，也不是孩子们期待的语文，"这是我将教材、作业、试卷炖成一锅薄味的粥，强行让学生吞下，然后用一个分数诠释所有意义的语文"。

"语文，应该诗意浪漫、厚重丰盈；语文教学，也应该明眸善睐、灵动飞扬！"在反思中，一个决定在黄志兵心中做下：要勇敢揭开自己按部就班、没有创新的语文教师的"面具"，怀抱语文人温暖的情怀，还给学生一个月白风清的语文世界。

在分秒必争的高中，他找到了一个可以"种花种树种春风"的方田——每周一次长达两个小时的语文晚自习时间。"我要让这两个小时，只属于真正的语文，属于泛着润泽光芒的文字，属于审美，属于心灵。"黄志兵将其命名为"语文之夜"。

从2016届学生开始，在每周"语文之夜"上，他不讲课，也不让学生做题，而是以若干主题，带领学生开展语文创新活动——

在"诗歌之夜"，他给学生设计"这就是爱情——走进《诗经》的爱情诗"专题活动。起初，学生羞涩不语；待后来，当听到"青青子衿，悠悠我心"的怦然心跳，看到"桃之夭夭，灼灼其华"的惊艳新娘，懂得"死生契阔，与子成说；执子之手，与子偕老"那动人心魄的承诺，他们开始坦然地自由言说爱的愿景。

在"朗读之夜"，学生们带来精心挑选的诗歌散文，配上喜欢的背景音乐，用带着地方味儿的普通话深情朗读。看着他们眼底噙着的热泪、脸上洋溢的沉醉，黄志兵发现，青春是文学的，学生们的精神世界是多么的丰盈。

在"辩论之夜"，关于"英雄与时代"，关于"苦难与成功"，关于"生存与生活"，关于这个年龄想要厘清的太多生命的思考，学生们都能言之有理、侃侃而谈，远超老师的预期。

在"整本书阅读汇报之夜"，一个个读书小组登台亮相。《红楼梦》中他们感受到"那些花儿"的"万艳同悲"，"激流三部曲"中他们读出了"我控诉"的深刻主题；《边城》中他们领悟到"美从何来"，《追风筝的人》中他们开始探讨"自我救赎之路"……阅读，让这些草地上成长的孩子，逐渐褪去青涩，走向成熟。

师生心灵间的壁垒也在这些美好的夜晚中融化，他们有了更加自由、平等的交流。在"影评之夜"，学生已不满足于老师一个人的声音，主动与黄志兵争执不休；在"创作之夜"，学生可以大胆地指出老师作品的瑕疵，大方地展示自己的创作。再后来，学生们已不满足黄志兵为他们设计的"语文之夜"，他们有了自己的创意。通过"流行歌曲欣赏之夜"，黄志兵跟着学生学会了唱《青花瓷》《小半》《消愁》；通过"阅读推荐之夜"，黄志兵看到了网络文学、青春文学"花开的世界"……"其实，很多时候，我们都低估了学生，他们缺的是一个展现精彩的舞台。"

当然，黄志兵有时也有隐忧——这些活动，会影响学生高考吗？但连续三届学生最后优异的高考成绩证明，"语文之夜"为学生们搭建了语文学习的立交桥，他们不仅掌握了语文学习方法，完全能在一套语文试卷上展现自己深厚的积淀，最重要的，他们获得了受益一生的语文素养。

每当毕业，黄志兵都会收到很多学生的留言。写得最多的就是回忆"语文之夜"带给他们的愉悦，以及沉甸甸的收获——"让我觉得学语文不再是一种负担，而是一种享受""不仅带我们遨游书本上的语文世界，更让我们享受生活中的语文""好舍不得毕业，好希望能再上一次您的'语文之夜'"……

6. 弘扬"大语文"，培养本土影视人才

2023年11月23—24日，从康定中学"影视小屋"走出的学员拥彭达瓦

带着作品亮相第十六届四川电视节,并以亲身经历为嘉宾做了真实生动的讲解。

从大山里的一名普通高中生成长为一名优秀的影视工作者,拥彭达瓦的成功离不开一位引路人——黄志兵。

送走 2013 届学生后,黄志兵没再担任班主任,学校安排他牵头组建学生社团,以适应新一轮课程改革的需要。

黄志兵先后考察了成都七中、嘉祥外国语学校,以及北京的清华附中、北京一中等名校的社团开展情况,回去后他设计出两种社团模式:其一是校本模式(学科专业类,由教师牵头组建),如机器人社团、数学建模、爱因物理社团、化学社团等;其二是学生自主组建社团,需要至少 5 人联合申请,审批通过后就可组建,如藏文文学社、彝族文化社、藏舞社等。

"影视小屋"就是由学校教师牵头组建并指导的专业社团,其源自四川省电视艺术家协会策划推出的一个文化扶贫项目,旨在从小培养老少边穷地区学生对影视的热爱,用镜头记录、宣传家乡的文化等。2014 年,康定中学成为全省第二所挂牌"影视小屋"的学校,热爱文艺、对影视感兴趣的黄志兵当仁不让成为指导教师。

"我的指导理念很明确,就是一切都要让学生来实践、操作,拍摄地点也立足在康定市。"黄志兵说,可能有的学校"影视小屋"的建设会与当地电视台合作,但他却主张让学生原汁原味地创作,"虽然学生拍出来的作品有些稚嫩,但一定真诚"。

其实,黄志兵最初对影视拍摄也是"零基础",他买来一大堆相关书籍"啃",看了很多微电影,同时也虚心向地方电视台、省影视协会的专家请教,慢慢地入了门。"一个好片子的前提是要有一个好本子",这一下子就和他的语文作文教学联系起来了。

在黄志兵悉心指导下,"影视小屋"很快就有作品崭露头角。2016 年,学生拍摄的《爸爸妈妈不在的日子》,以"质朴、自然"的风格,赢得了评委们的充分肯定,荣获首届全国"影视小屋"优秀微电影金奖。

"一炮打响"后,很多学生都想加入"影视小屋"社团。但黄志兵有两个要求:一是真正热爱,二是不能影响学业。"我们利用周末和寒暑假进行拍摄、剪辑,绝不耽误学生正常的学习时间。"拥彭达瓦就在这时闯入了他的视野。

那是 2017 年 9 月的一天,一名藏族男孩敲响了黄志兵办公室大门。孩子低着头,涨红了脸,嗫嚅着,继而一口气说他想学拍微电影。

黄志兵认出了他,拥彭达瓦,是高 2019 届班上的学生。很早,他就了解到，这个孩子幼年就没有了父母，成长路上，比别的孩子多了一份孤独、一份敏感。

"你为什么想拍微电影?"黄志兵关切地问。

孩子告诉他，自己从小就喜欢用十指构成镜头，捕捉一望无垠的草原、巍峨峥嵘的山峦、东升的旭日、飞舞的雪花，以及一切泛着光泽的美好景象，渴望实现用光与影交织的五彩梦。

"每个孩子美好的梦想都值得去呵护!"黄志兵愉快地收下了这个徒弟。他利用课余时间，带着拥彭达瓦一起鉴赏经典微电影；暑假里，还带着他走进四川省视协举办的艺术课堂，带着他创作实践。

看着拥彭达瓦一步步成熟，黄志兵便将一篇学生习作《心灵的圣坛》交给他，并辅导他将文章改编成剧本，指导他开始了历时两个多月的拍摄，一个镜头一个镜头地打磨、剪辑……

终于，带着这部作品，拥彭达瓦走上了第六届亚洲微电影节金海棠奖好作品奖的领奖台。同年，该作品又荣获全国第二届"影视小屋"优秀微电影一等奖。

黄志兵鼓励他考传媒大学，拥彭达瓦说这正是他最大的心愿。尽管经济条件不允许他参加艺考培训，但"影视小屋"的锻炼收获，让他自信地走向了考场，并最终成功被四川传媒学院录取。

面对艺术院校高额的学费，黄志兵一边安慰他，一边自掏腰包，拿出3000元塞在拥彭达瓦手中，又想办法帮他筹集学费、申请助学贷款，还与四川省影视协会协调，为他争取到勤工俭学的机会……

如今，拥彭达瓦在影视的天地里追逐着最美的梦。"能成为黄老师的学生，是我人生最美的遇见。"他说。

黄志兵指导的"影视小屋"在省内外已颇有名气。近十年时间里，他指导学生创作的微电影，荣获亚洲微电影节金海棠奖金奖2部、银奖1部、铜奖6部。康定中学"影视小屋"已成为培养学生综合素养和传播民族文化的重要阵地。

7. 继续做一头奋蹄高原的"牛"

有一年开学，黄志兵刚走出校门，一个女生怯怯地迎上来，叫了声"黄老师……"就泣不成声。

黄志兵赶紧把她拉到一旁，轻声细语安慰道："是不是遇到了什么困难?不要急，慢慢说。"

原来，女孩刚从康定中学毕业，没考上大学，父母不愿再供她读书，已说了一门亲事，想让她早点嫁人。女孩坚决不干："我要复读！我要考大学！"和家人闹僵的她跑回学校，寻求黄老师的帮助，想到他班上复读。

黄志兵为女孩的选择和坚持所打动，一口应诺下来："没问题，你来吧，学费和生活费我来想办法。"办公室另一位老师得知后，也主动伸出援手，两人共同帮她解决了一年复读期间的费用。女孩也特别争气，最终成功考上了师范大学，如今也成了甘孜州的一名教师。

类似的故事，在黄志兵30多年从教历程中还有很多。他不仅像"慈父"一般无微不至地关怀着学生，心态上也很年轻，能与学生打成一片。"时尚""前卫"，这是不少学生对年届五旬的黄志兵的评价。运动会上，他带着"影视小屋"成员拍抖音短视频宣传学校；学生们喜欢的歌手、流量明星，他也不陌生，还在课堂上与学生讨论，给予正面引导。

"我自认是一个不安分的人，总想着'突破''转身'，走出一条自己的路，得到别人的认可。"回顾自己不断探索与创新的教育路，黄志兵说，在常人眼中，民族地区的教育可能是"落后"的代名词，但他却不认可，"我们地理条件艰苦，经济欠发达，但我们的人却不差，教育人也很能干"。

黄志兵曾有过多次转行的机遇，比如去政府部门任职，但每次他都拒绝了，"我还是觉得教书最有乐趣、最适合我"。他谈道，当地有一些年轻教师，在万般无奈下选择了这份职业，于是陷入迷茫，选择"躺平"，"我理解他们的心情，却不赞同对待职业的态度。教书育人是神圣的事业，既然进了这一行，就应该努力找到职业的价值和意义"。

师生们都爱用一个字形容黄志兵——"牛"。他也爱说自己不过是雪域高原的一头"牛"——为民服务孺子牛、创新发展拓荒牛、艰苦奋斗老黄牛。"我愿继续以牛的形象奋蹄高原、耕耘教坛，帮助学生和自己实现生命的价值！"

蔓蔓日茂　芝成灵华
——记特级教师、正高级教师王茂

人物名片

> **王茂**，女，自贡市蜀光中学正高级教师，四川省特级教师，全国优秀语文教师，全国师德先进个人，四川省劳动模范，中共四川省第九次代表大会代表。有30余篇文章在国家、省、市级获奖或发表，多次在市级、省级研讨会、学习会上做交流发言，参与完成多个教学科研课题，参与编写《群文阅读高中读本》《文海导航》。自贡市教育兼职培训者，四川省普通高中课程改革学科骨干教师，四川轻化工大学文学院《中学语文教学研究》外聘指导教师，四川轻化工大学研究生校外导师及《共同备课》主讲教师。

王茂，人如其名，"丰盛""美好""有才德"等一切与"茂"字有关的联想，在她身上都显得如此自然而贴切。她没有出众的外貌，总是素装素颜，却自带一种异乎常人的气质。与她相处越久，你越能感受到她身上有股力量，一股催人上进、引人向善、德润人心的力量。

她的成长经历，没有什么传奇，却在平凡处书写了传奇。

1. 长大后我就成了你

王茂出生在自贡市一个教师世家——她的外公、父亲、姐姐，以及不少亲戚都是教师。耳濡目染中，她打小就想当教师，常常感叹"这是一件多么美好的事啊"！

中学时段遇到的好老师，让王茂对自己的理想更加笃定。

1979年秋天，王茂走进了自贡市蜀光中学，一直读到高中毕业，她在这里度过了美妙的 6 年时光。

这是一所历史悠久、底蕴深厚的学校。教育家张伯苓曾担任该校董事长,天津南开中学部主任曾担任校长,是全国"南开"教育集团的一员。

王茂读书的年代,蜀光中学的教育氛围开放、包容,教师各有所长且极富个性,"常常为一个教学问题吵得天翻地覆"。不少老师都给她留下了深刻印象:

于玲玲老师,洒脱、旷达,对语文教育有着炽热的情怀;王培红老师,严格、细致,整洁规范的板书让学生惊叹佩服;周炼老师,优雅、活泼,带领同学们排演英语童话剧;胡诗燊老师,严谨、温和,常常从数学谈到人生哲理;周禄正老师,文质彬彬,能把化学与唐诗宋词巧妙联系在一起……

"我多么渴盼自己能活成他们的模样啊!"在仰望、崇拜的同时,王茂也在心底暗自努力。

1986 年,她如愿以偿考入自贡市师范高等专科学校,随后又通过专升本进入四川师范大学,语文专业知识和教师基本素养都得到了系统学习和极大提升。

1990 年,大学毕业的王茂分配回母校蜀光中学教书。对一个刚二十出头的年轻人来说,第一份工作就能在城区最好的中学任教,王茂备感幸运。

昔日的师长变成了同事,但王茂并没有感到尴尬,因为在她心中,他们仍然是令她崇拜尊敬的恩师,而师长们也仍然把她当作学生一样给予无私的关怀。

"刚当老师,我需要学习的东西太多。就去听老教师们的课,他们见我来,都非常高兴,毫无保留地传授经验。"王茂感激地说,有的还主动把她拉到一旁,非常细致地指导她怎么备课、怎么批改作业、如何与学生相处。

在这个时期,她又见识到了蜀光中学许多"宝藏"教师,并深深被他们折服——

吕文琪老师认真严苛、不苟言笑,但为了工作无私奉献,甚至可以放弃自己的生活享受;陈新明老师多才多艺、亲善和蔼,琴棋书画、吹拉弹唱样样都会;任洁廉老师有着丰厚的文化素养,专深的教学能力,广博的知识积淀……

"他们一直是我从教路上的标杆、榜样,指引着我一步一步往上走!"王茂说。

2. 赛课中磨砺成长

蜀光中学的教研氛围很好,也非常重视对年轻教师的培养。当年,学校要求35岁以下的教师每年上公开课，并提交教研文章。

初出茅庐的王茂自告奋勇地登台，全校语文组的教师都来听课，结束后纷纷给予积极肯定的评价。备受鼓舞的她也得到了更多上公开课、走出校门比赛的机会。

"上公开课是可以叫人'脱一层皮'的，但这个'折磨'的过程也会让你的教育水平发生蜕变。我从中学到了很多！"王茂感慨道。

最开始，她参加全市的比赛。学校整个语文组的教师都来指导，帮她磨课，从文本选择、教学设计、语言表达等一个个环节地细抠。"那时，我才发现原来上一堂课有这么多讲究，而此前我更多的是凭着感性认识在设计教学。"王茂说，有经验的老教师总是能站在更高的角度指出这堂课的设计理念、为什么要这样做、应该达到什么目标。

获得自贡市赛课一等奖后，王茂又代表全市参加全省优质课比赛。那个年代，全省级别的赛课很少，且只设一个一等奖。这时，自贡市教研员、高校教师等也受邀前来，帮助指导课堂设计。

王茂清晰地记得，那次省级赛课在乐山市举行，持续时间很长，上台前她试讲了很多次，修改了很多稿，熬了很多夜……当最后她站上最高领奖台，蓦然回首，才发现自己的课堂教学从理论到实践都得到了一次升华。

"赛课对课程设计、教学目标等都会有一个更高的要求。可能在平常，你在某些教学环节上很随意，但是公开课却要求你每个设计的环节都应该有目的。教与学要在你的课上达到高度融合。"王茂说，赛课的目的不在于获奖，而是促进你平常的课堂教学。当你在某次公开课上，体味到了某个环节设计的好，将来就能移植到其他课程上，帮助提高常态课的有效性，"与全省各地的教学高手切磋，我渐渐明白，我们要教给学生的是语文的整体素养，而不仅仅是一篇课文"。

3. 点亮学生心中的语文之光

1993年，蜀光中学试验拔尖人才培养，从400多名初一新生中选拔出50名佼佼者组建成实验班，并安排全校各科最好的教师任教。只教了三年书的王茂担任该班语文老师，是几位任课教师中最年轻的。

"年轻、漂亮、新派"是学生们对她的第一印象，因为师生间的年龄差距不大，学生们私底下都称她为"茂姐"。

"茂姐"的课堂很受学生欢迎。学生欧阳晗黎回忆，有一次，上到《挖荠菜》课文时，王茂在家炒了几盘野菜，端到教室让学生挨个品尝；看到窗外春光明媚，就把书一放，"今天课不上了，咱们到学校后山挖野菜吧"。孩子们欢呼雀跃，书本上的知识却记得比任何一节课都牢固。

"她特别善于启发式教学，通过环环相扣地设问，一步步打开学生的思维，而不是简单地把答案写在黑板上。"欧阳晗黎说。

王茂把这归功于受任洁廉老师的深刻影响。蜀光中学任洁廉差不多是和魏书生同时期致力于教学改革的，属最早一批"以生为本"改革的探路者。她一改传统"满堂灌"的方式，教师由主体角色向主导角色转型。

从那时起，王茂不再一人主宰课堂，而把思考和探索还给学生——她大胆采用表演形式，指导学生将《背影》《分马》等课文改写为课本剧；她改变以往全篇都讲的方法，采用分组讨论、自学自改、写读书笔记等多种形式，帮助学生在实践中提高阅读能力。

她尤其注重培养学生观察生活、感悟生活的能力，大胆实践"大语文"这样一种当时最新的教学理念。窗外海棠花开了，她让学生看看；春夜细雨绵绵，她叫学生听听……

她带领学生开展自贡地名、方言、文化古迹调查，形成调查报告。她坚持让学生在生活中学语文，通过灵活自由的方式，帮助学生认识语文与生活的关系，又将语文运用于生活，打破学生对语文的畏惧……

"语文教学，不能仅仅展示教师个人的魅力，更重要的是如何把知识素养教给学生。要引导他们多观察身边的美，才能够感受到世界的美。"王茂以改革者的勇气和特有的方式点亮了学生心中的语文之光。

学生们最终在考场上的绽放也十分夺目。欧阳晗黎所在班级，有2人考上清华大学、2人考上北京大学，还有多人考上复旦大学、南开大学、南京大学等全国顶尖名校。

4. 真正的语文应来自生活

王茂非常注重培养学生的语文素养。学生入校第一节语文课，她就会讲文字的构成、讲基本的语言。"语文素养的习得，需要从最基础的文字开始。"她说，有些教师可能会跳开字、词，直接让学生去背名篇名句、背一些好文章，但她认为，还是要先打基础，"学生只有首先感受到了文字的美，才能体会到词语组成的精彩，继而才能理解词语构成句子的那种意境，最后才谈得上感知情感和思想"。

熟练运用成语是一个人语文素养的体现，高考题型中对此也有明确的要求。从高一开始，王茂就要求学生掌握、背诵很多成语。最初，她让学生自己抄写、识记，后面她就精选整理成一个小册子发给大家，上面集纳了大约2000多个常用的成语，并配有相关解释和例句。

新高考对学生的阅读能力提出了更高要求，在王茂看来，高中学生阅读能力的高低主要体现在鉴赏方面，"但据我观察，现在学生在阅读上，普遍存在只抓'主干'的现象，对整篇文章主干下的'肉'并没有细细地去品。如果你是一个对阅读敏感的人，那一定会对字词句很敏感。重视字词功夫与提升整体的阅读能力其实并不矛盾"。

王茂谈道，一些小学、初中老师过早地放弃了对学生字词功夫的锤炼，实际上造成了学生到高年级后语文素养的空心化，"中考试卷其实不应该过早或完全模仿高考试卷，当中考题过早向高考题靠拢后，很多学生掌握的只是语文的粗枝大叶，却无法欣赏叶子细微的美好"。

真正的语文应该来自生活，能让人体会到生活中点滴细微的美。"我现在脑海里能记住的学生作文，好多都还不是最近教的学生的，反而是最初教的那几届学生的。因为，当年那群孩子写的作文有生活的内容，是发生在身边活生生的事情。"王茂回忆，当她走进蜀光中学，看到校园里的鲁迅雕塑，就会想起当年某个学生对这个雕塑被贴糖纸一事的描写；当她走上校门口的那座桥，就会想起当年学生写小伙伴在桥下玩耍不小心把腿摔伤的画面；还有学生写校园里一位年迈的老人，对着夕阳梳理稀松的头发……这些都是认真观察生活、感受生活后才能写出的真实场景。

"反倒是当下不少学生写的作文特别是议论文，其观点、思想往往是抄书上别人的，鲜有自己独到的见解。"她不无忧虑地说。

5. 遇见丰盈美好的青春

1999年，王茂迎来了她教的第二届高中学生，并担任班主任。受学校整体氛围的影响，在班级管理上，她喜欢通过丰富多彩的活动、形式活泼的主题班会来凝聚人心。

学校每年组织艺术节、合唱比赛，有的班主任可能不太上心，认为会耽误学生的学习，但王茂却不这样看，她不仅积极鼓励学生参加，还与学生一起认真准备、帮着出谋划策，"有一次合唱比赛，在选歌上学生有分歧，我们就民主投票，选最多学生喜欢的曲目去唱"。

到了母亲节、父亲节等节日，王茂引导住校学生每个寝室录一首歌曲，发给家长、祝福爸妈，"我们不仅要教给学生知识，还要教他们如何做人，做一个善良、感恩、快乐的人"。

班会课上，她会让科代表组织一些学科知识抢答比赛；在自己的语文课上，组织学生围绕时事热点事件展开辩论。每场活动，她都惊喜地发现，平常某个少言寡语的学生，竟然那么会说话，知识储备竟然那么丰厚。对学生刮目相看的同时，她也不断加深着对学生的理解。

随着时代的变迁，蜀光中学的生源情况逐年变化，王茂的教育教学也随着每届学生的差异不断调整。

2020届学生是最令她难忘的。刚教书那几年，王茂一直以"知心大姐姐"的形象备受学生喜爱。但这届学生却给了她极大的反差。她一如既往地倾心投入，却迟迟换不来学生的亲近和信任；甚至她与某学生的考后交流，也被一些学生认为是偏心、不公平……这一切让她很沮丧、很迷惘。但她丝毫没有责怪学生，相反，不断反思自己，甚至向年轻教师请教如何活跃课堂、调动学生。

直到小罗同学分到了她的班上。

小罗来之前很不情愿，甚至站在门口闹嚷着要回原班去。这给本就不亲近的师生关系笼上了一层阴霾。王茂知道，罗同学对她、对班级而言，既是"危"，也是"机"。

王茂没有以班主任的权威来"压"他，只是默默地观察他、了解他，从各方打听这个孩子的性格、爱好。知道他性格内向，不善言谈，喜欢看鲁迅的书，所以上课她从不抽他回答问题，但在批改他的周记时，却写上很长很长的评语，表达对他的欣赏。

学校艺术节到了，每个班都要出一个自编自演的节目。王茂对全班说："我们正在学戏剧单元，就编一个课本剧来演吧。但是，要走'高大上'路线，定鲁迅的作品。"

课代表小骁牵头组织同学们阅读鲁迅小说，并与小韬、小弢等同学共同执笔完成了《咸亨酒店》剧本。

令王茂没想到的是，向来沉默寡言的小罗同学主动要求加入剧组，并提出了一个非常好的建议。他在剧中扮演一个全新的角色——"说书先生"，串联起了整台剧的线索人物，有大段大段的台词要背，平时有些口讷的他，竟然全部流畅地背了下来。

演出非常成功，惊艳全场。当主持人说出"掌声有请指导老师王茂"时，聚光灯下，所有人都看到她热泪纵横的脸！全场瞬间安静下来，继而响起雷鸣般的掌声。

王茂为孩子们骄傲，更感动于小罗同学的转变，他的融入也带来了整个班级氛围的改变。

"人生的意义是什么?"在一次采访中,王茂被问到这个问题,她沉吟片刻,认真地回答:"在成就他人的同时成长自己。人生有幸,我能遇见这样一群孩子,遇见这样丰盈美好的青春。"

6. 真诚的"王阿姨"

在蜀光中学读书6年、从教32年,王茂对这所学校的情感深入骨髓。而蜀光的所有教师,上自校长,下至刚入职的年轻人,都很少直呼其名,而是亲切地唤她"王阿姨"。

从一名普通教师成长为全省特级教师,王茂评价自己除了从未磨灭的"热爱"和始终如一的"踏实"外,还有着理想主义的情怀,"做教育是需要一点理想主义的"。

对学生,除了要习得基本的知识外,她还希望学生过得快乐。但在学业压力较大的高中,快乐并不容易。所以,她也常常陷入"撕裂"的状态,当看到有学生参加各种活动,导致成绩下滑时,她也替学生着急,甚至会产生自责:"我鼓励学生多参加活动,是不是害了他们?"

她承认学生个体存在很大的差异,有的孩子天资聪颖,一点就通,有的孩子可能就会慢一点。"看到一些孩子学习非常勤奋、刻苦,可学业成绩就是达不到理想状态,我也替他们难受,可又没法帮忙,无能为力。"

好在每个人的人生历程很长。"初、高中阶段其实在一个人的人生中是很短暂的,在学校很优秀的学生,将来未必能朝着世俗认为成功的方向前进;而那些学业成绩落后的学生,将来或许能在事业上创出一片天地来。"王茂鼓励学生,无论成绩优异或暂时落后,都要勇敢地去尝试、去表达,不要有顾虑,不要怕失败,因为人生只有勇敢去闯才能成功。

对年轻教师的成长,她则像当年帮助过她的老教师一样倾囊相授。

蜀光中学语文老师曾晴婕2002年入职,在近20年的工作相处中,"王阿姨"对待教育的"炽诚"、对待工作的"敬业"、对待同事的"真情",都给她留下了深刻印象。

因为同在一个办公室,初站讲台的曾晴婕一有疑惑的地方,就拿着教案请教"王阿姨",而王茂总是逐字逐句地帮她修改、不厌其烦地讲解。

有一次,曾晴婕参加赛课。王茂一路陪着她,及时指出课堂的不足,晚上还陪着熬夜修改教案。眼看已过午夜,想着小曾第二天还要上讲台,王茂就对她说:"你快先睡,我来帮你完善PPT。"

结合个人的成长经历,王茂鼓励每位年轻教师要抓住每次外出学习、比赛的机会来提升自己。"现在的新教师自身的学养其实是不错的,只是缺少一些经验,但只要肯钻研,成长就会很快。"她说,任何时代,优秀的人都有着走向成功的共性特征,如热爱、坚持、勤勉、踏实……

"蔓蔓日茂,芝成灵华。"王茂笃定,教育应该是润物无声的。而她的成长历程,正如一株恬静的小草,在蜀光雨露的滋养下,向阳生长,给人力量。她不仅自己长成,更渴盼着别人抽芽。她坚信,只要这一株一株根叶相连,定能连成一片广袤的原野,风一吹过,绿意弥眼,芬芳一片。

清风徐徐　温暖如虹
——记特级教师、正高级教师徐虹

人物名片

> 徐虹，女，四川省南充高级中学正高级教师，四川省特级教师，四川省中小学教学名师，南充市"先进教育工作者"，南充市"模范班主任"，南充市"三八红旗手"，南充市"巾帼建功岗位能手"。语文教学倡导"语文即生活"的理念，鼓励学生"爱生活、爱语文"，以"点滴积累、厚积薄发"为基本原则，教会学生在生活中学习鲜活的语文，在实践运用中提升语文素养。参编著作5部，发表文章20余篇。

1. 儿时的熏陶与向往

走上教师岗位，徐虹称这是深受父亲影响的结果。

徐虹的父亲是20世纪60年代初的大学生，从南充市高坪区一个偏远农村，通过读书，一步步走进了北京师范大学的殿堂，成为当地第一个大学生、十里八乡远近闻名的"高材生"。

父亲毕业时，正赶上知识青年上山下乡运动，他被分配到山西省山阴县一个农村工作。因为有知识、有文化，许多青年学生劳动之余都来向他请教，有一名学生，为了搞懂一个问题，走了几个小时的山路来找他。

"打我记事起，爸爸就经常跟我讲他做老师的事情，讲那些向他请教的学生，后来恢复高考，都考上了大学，很有出息。"徐虹至今都记得，父亲夸这些学生"志向远大"时一脸骄傲的神情。从那时起，她就知道，父亲是一名引领学生成才的好老师。

徐虹父亲后来调回了四川南充。从小在校园里长大的徐虹，脑海中经常浮现出这样一个画面：暖阳下，操场上，英姿飒爽的父亲与学生们一起打篮球，他们奔跑、运球、跳跃、投篮……欢声笑语在天高云淡下拉得很长。"那种舒服、自在、幸福的感觉，让我对爸爸既崇拜又羡慕！"虽然年龄还小，但徐虹已隐约对教师的生活充满了向往。

读书期间，徐虹遇到的教师风格各异。他们有的治学严谨，有的学识渊博，有的风趣幽默，有的亲切和蔼，但无一例外，他们都师德高尚，诲人不倦，教师们的风采令她深深折服。1990年，从南充高级中学毕业后，徐虹被重庆师范学院录取，距离成为像父辈一样的好老师又近了一步。

2. 挫折中学会反思

四年后，徐虹大学毕业，对未来满怀憧憬的她决定南下，签约了广西壮族自治区柳州第一中学，担任一个初中新生班的班主任兼语文老师。

这是当地一所重点学校，但学生大多是周边大型企业的子弟，家庭物质条件优渥，但父母工作辛苦，管教孩子时间少。被"放养"长大的孩子就显得特别"费"（调皮捣蛋）。

初出茅庐的徐虹是个"要强"的人，她全身心想要带好这个班，每天来得最早、走得最晚，一心想要把事情做好、把班级管好，但事与愿违，心急吃不了热豆腐，由于工作方法简单粗暴，甚至"用力过猛"，导致班上的学生表面上十分听话，在她面前表现很乖，但一旦脱离了她的视线，便一个个原形毕露，闹翻了天。徐虹感到非常头疼。

就这样过了两年，这个班成了全年级纪律最差、成绩最差的班。初三刚开学，校长和年级组长便找徐虹谈话，决定撤掉她的班主任职务，并丢给她一句话："你教书还可以，但当班主任不行。"

"这件事对我的打击太大了，当时的我完全无法接受。"每想到此，她心中都充满了无尽的悲伤和说不出的委屈。

那年寒假回家，她给父亲讲起这件事，哭诉自己的委屈："我对学生那么好，生病了，背他们去医院，还垫付医药费；过生日，给他们买书、买礼物；周末还带他们出去玩耍……他们竟然这样回报我！""我每天到得最早、走得最晚，工作这么努力，领导却没有看到我的付出……"

父亲听了，半晌不语，然后平静地对徐虹说："你好像一直在抱怨、指责他人，有没有想过，自己有哪些地方没有做好？如果你认为已经做得很好了，就想想怎样可以做得更好？一个人做一件事有无数种方法，但一定有一种方法是最合适的。"

犹如醍醐灌顶，爸爸的话一下子"点醒"了怨天尤人的她。"是啊，从头到尾，我都在抱怨，抱怨学生、抱怨领导、抱怨自己运气不好，却从未想过，自己的做法，学生是否乐意接受，是不是最好的那一种……"徐虹陷入了沉思。

这件事，让徐虹"学会了自我反思"。"当一个人学会反思后，就能及时调整自己、找到更好的方法，不再一根筋地'钻牛角尖'，导致事倍功半，劳而无获。"她说，作为教师，不能只凭着满腔热情，一厢情愿地去做自认为正确的事，一定要换位思考，站在学生的角度，采取他们能接受的方式，选择效果最好的方法。

3. "很想一直和你搭档"

在柳州工作四年后，考虑到父母年迈，需要人照顾，作为家中老大，徐虹便申请调回了母校——四川省南充高级中学工作。

两三年后，她又重新获得担任班主任工作的机会。有了上一次刻骨铭心的教训，她变得更加自信、从容。"育人要育到学生心中，让他们真心认同，即使没有老师督促，也能自发地去做。"徐虹说，一开始树立规矩、让学生养成好习惯非常重要。

而养成良好习惯和规矩意识的黄金时期，就是学生刚入校的那半个学期。"只要把这个时期抓住了，后面两年多的学习、管理就容易多了。"徐虹与学生约定的规矩，包括学习方法、日常修养、行为习惯等多方面，比如要守时、不能迟到；进教室后，要跟老师问好；坐下后，要立即交作业、迅速进入学习状态；每次离开座位，都必须把自己的凳子收起来；等等。

这些约定形成后，还要经常检查和纠正，否则就可能会因不切实际或执行不力而不了了之。徐虹说，刚开始，学生面对这么多规矩和要求，可能会很不适应，但只要坚持一段时间，就会形成良好的习惯。这些好习惯的坚持，自然有助于学业成绩的提高。学生也因此明白，生活习惯和学习习惯是紧密相连、相辅相成的。

为了让学生养成礼貌的习惯，徐虹每次到教室，都会主动向学生问好，"孩子们，早上（下午、晚上）好！"这样的习惯一直坚持了几十年。"老师言传身教，学生耳濡目染，就渐渐学会了主动礼待他人。""对人有礼貌，是一个人基本的修养，无论在校内，还是将来走上社会岗位，礼貌都是良好修养的一个重要方面。"她说。

另一个让她"得意"的好习惯是，班上的学生，只要离开座位，都会自觉地把凳子收起来。"收凳子这个举动，看似很小，实则反映了学生心中时刻装着他人、为他人着想的良好品质。"班上学生多，教室过道很窄，凳子收进去后，就能方便同学进出。这个看似简单的动作，要完全做到也不容易，一开始，学生也经常忘记。后来，她想到一招，如果有学生忘了收凳子，她就轻轻地"踩"一下这个学生的脚；学生如果发现老师忘了收凳子，也可以来踩老师的脚。这让学生觉得很有趣，胆小内向怕被踩脚的学生主动记住了要收凳子的要求，胆大调皮一些的学生也在快乐的气氛中养成了这个好习惯。

达成教育目的的方法有很多种，不一定非得是死板、教条的说教，活泼、有趣的游戏也能实现。这就是教育的智慧。具体工作中，徐虹不再像初登讲台时那样"生硬"，而是宽严相济、灵活掌握。她会给学生改正的时间，也会根据学生实际情况调整具体方法。

有一名女生，家庭情况比较特殊，爸爸常年不着家，全靠妈妈帮人看管仓库养家。学生从小自卑、敏感、焦虑，经常失眠。徐虹了解情况后，就特别允许她自行安排到校时间，并鼓励她通过努力改变命运，改变家庭的处境。这个女孩特别聪明，作文写得尤其好，在艰难中，她成功考上了理想的大学。女孩毕业十年后的一天，她的妈妈突然找到了徐虹，说孩子现在工作特别好，家里的情况也改善了许多，孩子特别让妈妈登门向徐老师表示感谢，"要不是您的关心和鼓励，我女儿可能高中都熬不过来，更别提考大学了"。

徐虹有一个习惯，工作中遇到难题，就一定要千方百计去解决它，否则就吃不好饭、睡不好觉，"必须想出好办法才行"。

比如，做班主任都会遇到"排座位"的难题。徐虹在南充高中当第一届班主任时，这个家长来找她，"老师，我娃娃视力不好，希望坐前面……"那个学生也来找她，"老师，谁谁成绩不好，我不想跟他同桌……"诸如此类，理由千奇百怪，要求各不相同，徐虹一听，脑袋都大了，这么多要求，怎么满足得了？

她想啊想，终于想出一个"一劳永逸"的办法。先把全班分成若干小组，学生自己推举出一名组长；再把座位划分成同样的几个区域，她只需制定好座位轮换方法，开学确定好各组首轮位置，每周各小组按顺序和规定自行轮换即可。至于谁跟谁坐，则由小组学生自行商量，组长把关决定。从此以后，再也没有学生和家长因为座位的事提出各种要求了。当然，学生自由组合座位，一定是有利于学习为前提，如果坐在一起的学生上课经常讲话，影响学习，不但组长要受责罚，老师也会行使"一票否决"权，这两名学生以后都不能坐在一起。实际上，这么多年来，徐虹从未使用过这项权力，因为学生都很珍惜她给的自主选择的机会。

正是因为有这些带班智慧，徐虹带的班级越来越优秀，逐渐呈现出令她颇为自豪也让学生成为更好的自己的气象。每个搭档过的科任老师都说："很想一直和你搭档！"

4. 趣味活动中学语文

2004级7班是徐虹在南充高中担任班主任的第一个班。三年下来，这个"入口"普通的班级，成为学校同类班级中的佼佼者。

第二届，文理分科后，徐虹被安排带一个文科班，高考下来，1人夺得南充市文科第一名、2人并列全市第三名，且全市语文单科成绩并列第一的两人也都在她的班上。

短短几年时间，就出了这么好的成绩，徐虹是怎么做到的呢？她的语文教学又有何"秘诀"？

"最重要的一点，就是要让学生喜欢你、信服你，所谓'亲其师，信其道'，当学生喜欢并信服这位老师，就会很认真地学习这门课，愿意跟着你的指引来。"无论是作为班主任还是语文老师，徐虹都时刻提醒自己：要提高自己的专业学识、修养，让学生信服；要走进学生的内心，做他们的"大朋友"，让学生喜欢。

当然，老师与学生做朋友时，也要把握好一个度，要保持一定的距离感，控制好"老师"和"朋友"之间的区别，"否则，当你作为老师要求学生时，学生就可能误会为朋友间的玩笑而不认真对待了"。

让学生在活动中学语文，这是徐虹教学的一大特色。从高一至高三，每个学期，她都会设计与教学实际相应的丰富有趣的课堂活动，让每个学生都参与其中、乐在其中、学在其中、获在其中。

这些课堂活动分为两大类。一类是"课前5分钟"活动，一般在高一学年进行；另一类是整堂课活动，一般在高二、高三进行。

比如学生入校的第一学期，开展"与我有关的一句话"课前5分钟演讲活动，"这既考查学生的语文基本素养，也让师生相互认识了解"。徐虹说，学生们每天都充满期待："不知今天上台的同学会讲些什么呢？"

后来，"课前5分钟"活动的主题又变成"新闻及新闻评论"，她要求学生在阐述完新闻事实之后至少从三个角度对新闻事件做出评论，旨在引导学生关注时事、思考生活和社会热点，培养独立的辩证思维的能力。

针对语文新教材中《红楼梦》整本书阅读的任务，徐虹也将其设计在"课前5分钟"里,"《红楼梦》这么一本大部头,既然单靠老师根本没法完成,那就让学生轮流上台去讲,每次选一个小点,讲出独特的理解和感悟。"徐虹把这个活动命名为"红楼小课堂"。

高二上学期,开展的是整节课"朗读者"活动,让学生推荐一本好书,并从中选取精彩的段落来朗读,并向大家说明推荐及朗读的缘由,每次完成推荐和朗读,教师会请全班同学来点赞,获得点赞数最多的学生成为优秀朗读者,名曰"朗读大王",并得到教师的奖励。高二下学期,则开展"主题乐园"活动,2~4名学生自由组队,自选主题,比如"篮球乐园""民国最浪漫的女子""《山海经》中的神兽""我心中最美的大学""谁是1班最聪明的人"等。每次活动,"乐园主人"要负责策划、组织、讲解、黑板布置等,完全控制住全场,带领"游客"畅游"乐园",并招待好每一位"客人",让"客人"在你的"乐园"中或感受快乐,或学到知识,或增长见识。"这个过程,考查的不仅是语文素养,还有学生的活动创意、分工合作、文案写作、主持、解决问题等多方面的综合能力。"徐虹说,不少学生正是得益于高中阶段的锻炼,进入大学后在社团活动中如鱼得水。

进入高三,徐虹也没有因为学业的紧张而放弃语文活动的开展,她设计了一个轻松愉悦的"真心话大冒险"活动,以调剂繁忙紧张的学习生活。由学生自由提出希望获得回答的问题,教师把关后将问题装进信封,作为"真心话"问题;同样由学生自由发布一些趣味任务,装进信封,作为"大冒险"的任务。每天语文课前,学生轮流来选择并完成"真心话"或"大冒险"任务。

徐虹说,这个活动,首先培养的是学生的游戏精神,必须按照约定来诚实地完成相关任务,赢得起也输得起,不得耍赖或蒙混;其次还培养大家面对问题灵活应变、高情商回答的能力。学生抽到的"大冒险"任务常常令人捧腹:课间在走廊大喊三声"我是第一名",每节课前在教室门口迎宾并对每位经过的同学说"欢迎",背着挨自己座位最近的同性同学在教室绕三圈,当着全班同学的面对三位老师说"老师,我爱你"……每名学生,无论男女,都会大大方方地去完成自己的大冒险任务,"在欢快的游戏中,培养了学生的担当精神,增进了友情,也为高三生活增添了乐趣"。

通过"真心话"游戏,徐虹还常常有"意外的收获"。有一次,一名男生抽中了"高中阶段,有人跟你表白过吗"的问题。全班同学都想知道他会怎样化解这一尴尬,没想到,这名男生大大方方地回答"有",并承认自己答应了女生的表白,引来全班的开怀大笑。作为班主任的徐虹下课就找这位男生谈话,"我当然不会劈头盖脸地批评他一顿,青春期的孩子,相互欣赏本就是很正常的事情，但我作为老师有责任把他们往更好的方向引导"。她及时询问了具体情况，原来这个男生的女朋友已经考上了大学，徐虹借机鼓励他，"你看，女孩这么优秀，你也要更加努力，成为和她一样优秀的人，才能配得上一个优秀的人的喜欢"。

5. 做一个温暖的人

齐肩短发、圆圆的脸、笑容灿烂，这是徐虹留给人的第一印象。和许多语文老师一样，她思维敏捷、语速很快，温和而坚定。

一路走来，徐虹感恩遇到了很多帮助她的前辈、师长。刚到南充高中时，学校给她安排的"师傅"就是她高中的班主任任老师，"我经常去听任老师的课，他对我非常好，教给了我很多教学方法"。徐虹说，她从任老师身上学到了严谨治学和负责任的态度。

多年以后，她也成了别人的"师傅"，为了督促"徒弟"成长，她们建了一个群，要求每天把教育教学中的感悟、心得记录下来，发到群里，互相交流学习。她发现，如果自己不写，"徒弟"也会少写甚至不写。为了鼓励徒弟坚持记录所思所想所感所悟，徐虹就坚持每天写一点，这样，师徒们你追我赶、相互启发，日积月累下来，竟也形成了为数不少的工作随笔和丰富的写作"素材库"。

后来，学校组建了语文工作室，徐虹担任其中一个工作室的主持人，带动帮助更多年轻教师成长。她把每天记"教育心得"的方法，以及语文系列活动课程等经验分享给大家。工作室每个月组织集体研修，大家围绕新课标、高考、作文、命题等主题展开热烈讨论，这些内容经整理后发布在了工作室的公众号上。

交谈中，她不时澄清自己不是什么"名师"，"我父亲才是真正的优秀，我跟他比起来还差得很远"，"身边很多同事都是我的榜样，和他们相比，我还需要继续努力"。

徐虹说，她从未刻意去追求"特级教师"的荣誉，也没想到自己能评上正高职称，"刚入职时，就想着要像父亲一样当一个好老师，一定要对得起信任我的领导、同事，更不能让家长觉得，把孩子送到我班上来是一个错误的决定。当认真努力成为一种习惯，你才会无怨无悔"。

和二三十年前相比，现在年轻教师可学习、借鉴的教学资源和成长平台要多很多。徐虹以自身的经历鼓励他们，摒弃浮躁、踏实向上，"我相信，人的每一步都在书写自己的历史，每一次努力，都是幸运的伏笔"。

2024年，是徐虹从教的第30个年头。"沟通、鼓励、温暖"一直是她教育学生的准则，严格却不严厉，宽容却不纵容。"我认为，一个人的修养可以包含这三方面：第一，做一个自律的人，不给他人添麻烦；第二，做一个温暖的人，让他人感到温暖；第三，做一个有能力有担当的人，让他人因和你合作而感到幸福。"徐虹说，对于未来，她愿意继续做学生、同事身边温暖的人、努力的人。

回首过往，她想起那个她大病初愈后回到教室的情景：全班同学起立，一起唱响那首她最喜欢的歌，也是班级语文课"课歌"，"多少人曾爱慕你年轻时的容颜，可知谁愿承受岁月无情的变迁；多少人曾在你生命中来了又还，可知一生有你我都陪在你身边……"

室内，师生相对，言笑晏晏；窗外，清风徐徐，阳光明媚。

第三篇
慧·启智润心

「教育者,与其守成法,毋宁尚自然;与其求划一,毋宁展个性。」教育,当春风化雨、润物无声。教师,当敏锐识变、因材施教,启迪智慧、深入人心,努力让每个学生都展现出不一样的精彩。

传语文弦歌　开清芳满园
——记特级教师、正高级教师赵清芳

人物名片

> 赵清芳，女，成都市石室中学副校长，成都市石室成飞中学党总支书记，正高级教师。全国第三届语文百佳教师，四川省学术与技术带头人后备人选，四川省特级教师，四川省教书育人名师，四川师范大学硕士生导师，成都市特级教师，成都市首批未来教育家学员，成都市委组织部教育系统"十大优秀人才"培养对象，成都市党代表，成都市教育局教师和校长培训评审专家组成员，成都市名师工作室领衔人，成都市家庭教育指导教师。

1. 出类拔萃，从中师保送读大学

如果父亲没有更改她的志愿，赵清芳的人生或许是另外一番图景。

那是20世纪90年代初，16岁的赵清芳从广元市朝天区羊木中学毕业了，在那个流行考中师、中专的年代，她却在升学志愿一栏填报了"高中"。

父亲是学校老师，看到她的志愿，便动手改成了中师，在他看来，"女孩子嘛，读师范出来当老师，工作又稳定，多好啊"。

虽然心里有些不快，但从小就听话的赵清芳最终还是遵从了父亲的决定。"其实我并非不喜欢教师职业，而是前面三个姐姐已经当了老师或考上了师范，家里有很多人从教了，我就想换个职业。"她说，填"高中"更多的是青春期的一种叛逆和"求异"举动。

1991年，赵清芳以优异的成绩考入了广元师范学校，在那里，她遇到了一位对她人生产生极其深远影响的老师——李中学。

李老师教语文，也教书法、写作课，见赵清芳字写得好、文章也写得漂亮，就让她当课代表，并给予更多的关心关照。

有一天，他把赵清芳叫到办公室，郑重地说："你的综合成绩很不错，一定要继续努力，三年后争取学校的保送名额，去读大学！"那时，广元师范学校每年都能推荐学生免试读大学，但名额只有1个。

第一次听到"保送大学"字眼的赵清芳心里怦怦直跳，既为得到老师的欣赏而兴奋，也为可能实现的美好未来而激动。李老师又给她讲了许多此前保送读大学的学长们的故事，"就业、升学，读研、读博，一个个都发展得很好"，以此激励她向榜样看齐。

仿佛人生打开了新世界的大门，赵清芳原以为自己的人生将和大多数中师生一样，毕业后就回到家乡当一名乡村教师，却没想到李老师的一番话，让她对未来有了新的渴望。"可以说，是李老师帮我树立起了人生重要的奋斗目标，引领我走向了和别人不一样的人生！"赵清芳不无感激地说。

从此，她更加刻苦用功地学习专业知识和技能，并积极参加各类活动、比赛，锻炼和提升自己的综合能力。比如参加即兴演讲比赛，锻炼临场思维能力和口才；在老师的带领下参加"问政会"，学着站在广大市民角度大胆向官员提问；给前来学校检查工作的教育部领导当"解说"，借此学习了解家乡的历史文化……爱好广泛的她，还熟练掌握了简笔画、弹风琴、拉小提琴等技能。

机会总是留给有准备的人。三年下来，赵清芳以优异的文化成绩和全面过硬的综合素养，被推荐至大学面试，最终成功被四川师范学院（今西华师范大学）录取。

2. 踏实勤勉，打下从教坚实基础

受益于在中师得到的全方位锻炼，进入大学的赵清芳出类拔萃。还未报到，班主任就已经给她安排了班长职务，"都知道保送生工作能力强，上台讲话不怯场"。

虽然一去就被委以重任，但赵清芳不骄不躁，仍然踏实勤勉，"前面有优秀学长的榜样，我可不能给广元师范学校丢脸"。

除了上好每一门专业课，她积极参加各种校园社团活动，当广播站播音员、志愿者协会会长、竞选团委干部等；几年下来，她把班级干部、系的干部、院的干部都当了个遍，也做了很多事情。"这个过程跟中师不同，前者更多的是培养自己琴棋书画、吹拉弹唱的综合能力，大学则更多锻炼了我的组织管理能力，为我后来从事教育管理工作打下了基础。"她说。

到了周末，当大多数同学出去逛街、玩耍时，她则选择了去图书馆广泛涉猎。她善于用"知识树"、思维导图等方法学习，效率很高；每到期末，同学都纷纷找她借笔记。大学四年，她的专业课总成绩排到了全系第二名。

"大学给我最大的收获，是让我看到了优秀教师的样子。"赵清芳回忆，至少有两位老师给她留下了深刻印象，一位是教古代文学的周小玲老师，还有一位是教马列主义的公共课老师，他们的选修课常年爆满，连过道都站满了人，"我就想，以后我当老师，也要像她们一样，上课有激情、幽默、旁征博引，让学生喜欢"。

很快就到了实习的时候，赵清芳去了南充高中。"很幸运，带我的指导老师刘世端是一名省特级教师，跟着他，我学到了很多教学实战的内容。"赵清芳的悟性也很高，几番试验、观察下来，刘老师就让她独自"操刀"给学生上课了。

"这给了我莫大的鼓舞和鞭策，让我还未走出校门，就找到了做一名教师的自信。"赵清芳说，后来，她还在课业学习相对宽裕的时间，在南充市区找了一所学校"代课"，"没有老教师指导，全靠自己设计教案、自己面对学生"。

这两次实践经历，让赵清芳在站上讲台时，比同龄人多了一份从容和成熟，以至于后来她去求职试讲，学校老师都很惊诧，"这姑娘怎么看上去这么老练，完全不像是新手"。

3. 毛遂自荐，入职石室千年名校

1997年11月，大四的赵清芳开始找工作，凭着对自身能力的信心，她将目光投向了远方，想去省会城市。

此前，她从未去过成都，对成都有哪些中学也不清楚。听同学介绍，才知道成都最好的学校是"四七九"，"四中"的名字有点特别，官方称谓叫"石室中学"。

抱着试试看的心态，她先给这三所学校分别寄去了简历，一周后，就登上了前往成都的火车。

到了石室中学，见到了时任语文教研组长、四川省特级教师陈文汉，陈老师让她先试讲一堂课。至今，赵清芳都记得，在学校靠近操场边上的老教学楼里，她讲了一堂峻青的《雄关赋》。大约20分钟后，台下听课的教师们招呼她：可以了，不用讲了。

就这样，她与千年名校成都石室中学结缘，成为当年四川师范学院中文系第一个签约的学生。回忆这段往事，赵清芳笑言自己是"初生牛犊不怕虎"，

"很感恩接纳我的石室老师，他们很谦和，带着赏识的眼光看年轻人，看重的是发展潜质而不是当下水平"。

入职后，她先被安排教初中，带她的"师傅"就是李镇西老师。赵清芳不仅跟着他学习上课，还将他带了一年的班接管了过来。这可给她带来了不小的挑战。"你想啊，镇西老师当年已经是全国都颇有名气的教师，风趣、幽默、博学、专业，深受孩子们喜欢，我一个刚毕业的'青毛头'中途接班，想赢得学生的认可、接纳，谈何容易！"

果然，面对新老师，学生们拒不买账。赵清芳上课，学生不回应，还尽给她提各种刁钻的问题。一名学生给她写来纸条：我很同情你，但我确实无法喜欢你。

面对学生略带"挑衅"的态度，赵清芳选择"以诚相待"，努力用真诚去打动他们，拉近与他们的距离。她让学生写日记，在每篇日记后都认真写下批语，常常批语比日记还长。日记成为她了解学生心理、交流沟通的重要纽带。一来二去，感受到老师这么真诚，真心在帮他们解决烦恼、提高学习，学生们也渐渐对她敞开了心扉，师生间的隔阂终于消弭。后来，她把这段经历写成了文章《真诚的回音》，发表在《中学语文教学》杂志上。

赵清芳的教学专业能力也很快得到认可。到校第二年，成都市举行初中赛课，此前确定的老师赛前两周因事无法上场，学校就派她顶上，并说"你只要能把课上下来就算成功了"。没想到，她不仅课上下来了，还捧回了一等奖。现场专家评价她："课堂很开放，不是完全按照设计走，并且还能自如地拉回来。这么年轻就敢这么上课，真是少见！"

2000 年，在成都市一次高中说课比赛中，赵清芳又以《胡同文化》一课得到专家肯定，再次夺得一等奖。从此，初露锋芒的她开始被成都市中学语文圈更多人关注，教研员经常带着她到各地上示范课、做讲座，并参与到一些课题研究中。赵清芳就这样迅速成长起来。

4. "学科小组"，让学生做学习的主人

2008 年，是赵清芳教学生涯的转折点。她的班会课《向死而生》参加成都市班会赛课，获得一等奖第一名。她的语文课《雨霖铃》在全省活动中精彩呈现，获得一致好评。

"《雨霖铃》这堂课的打磨、生成，给我打开了一扇窗，让我明白了，古诗文教学，可以怎样跳出传统的关注字词、翻译、技巧、主旨等樊笼，而实现文与人的有机巧妙勾连。"好比武侠小说里的高手参透了秘籍，赵清芳说，那一

刻，她也有了"悟道"的感觉，"我认识到，读文章就是读一个人，读一个人就是读一个时代，语文教学应该和人联系、与社会和时代联结。"

随后不久，石室中学创办北湖校区，赵清芳被调往新校区上课，并兼任办公室副主任。繁杂的行政工作将每天的时间"肢解"得支离破碎，留给课堂的时间大大减少，如何继续保持优良的教学效果？赵清芳一度感到非常焦虑。

经过思考，她想到了成立"学科小组"的办法。"考进石室的学生基础都不差，何不调动他们的能动性，让学生做学习的主人？"

这个举动，一方面在一定程度上也受到了当年带她的"师傅"李镇西的影响——期末复习，让每个学生自己出一套模拟卷；训练写作，让学生"连词写话"；还经常让学生排演课本剧……另一方面，也源自她中师期间受到的实践教育，"讲一千遍万遍，不如自己动手做一遍"。

按照高考试题类型，赵清芳将学生分成若干学习小组，比如字词组、文言组、诗歌组、小阅读组、大阅读组、作文组、语病组、语用组等，一年后学生间可以轮换。接下来就是培训，每组学生都要针对负责的板块上台讲课文、组织默写、布置作业、出题、评卷……"最开始学生不会讲，就要挨个教，先在小组内试讲，过关了再给全班同学讲。"她说，最辛苦的是高一，到了高二、高三，学生上手后，就会很顺畅，80%的课程内容都可以交给学生去上。

"看似舞台交给了学生，但对老师的要求更高了。"赵清芳补充道，当学生在上面讲的时候，老师要能马上判断出哪里讲错了、讲漏了；当学生讲不下去时，老师要能马上接上；没讲到位的，要及时补充。

2013届是她实验"学科小组"的第一届，刚开始，她心里也没底，谁知高考下来，她的班级语文平均分比其他同类班高了3分多，这让她更加坚信自己的做法，并在后来的每一届推广、优化。赵清芳出差多，除非一两个月的长差，她一般不会找别的老师帮忙上课，只需出发前给课代表交代好任务，剩下的就靠学生们自己组织学习。

通过"学科小组"举措，赵清芳得到了解放，在教学和行政间找到了平衡。直到2021年彻底离开教学一线，此前11年，她不仅行政工作干得出色，教学工作也没有落下，并连创佳绩。

学生们也在这种模式下收获了不一样的成长：

"从初看课文的茫然，到计划讲课步骤的小心翼翼，再到面对全班上课时的忐忑不安。我收获了独立理解课文的能力，制订并实施计划的能力，敢于向他人展示自己成果的勇气。"

"学习小组的模式教会我们奉献与获得——奉献出自己的力量，获得更高效的、多元的学习资源。这也契合了那句'赠人玫瑰，手留余香'。"

"一次次的讲课经历抬起了我的头，打开了我的嘴，挺直了我的腰；一次次备课经历让我学会了负责；一次次习题讨论教会了我协作……每个人全身心投入获得的结果总会让人异常欣慰。"

5. 给自己"找事"，开专题课程

2015年前后，尝到课堂教学模式变革甜头的赵清芳，又在繁忙的工作之余，给自己"找了一件事"——开专题课程。

起因源自在讲苏轼的作品时，发现他黄州被贬时期的诗词、赋散见于不同年级的教材和单元，每讲一课，都要把时代背景重新讲一次，学生掌握起来也支离破碎。"能否把苏轼这期间的作品整合在一起讲呢？"尝试过后，赵清芳发现效果出奇的好。

随后，她再接再厉，又相继开了杜甫、辛弃疾、鲁迅等作品专题，"好处就是打破了传统单篇教学的局限，学生不再孤立地理解一首诗词，整体思维、对比思维得到了锻炼"。

有了前期实践经验，她继续向专题教学的深水区漫溯，在2016届高三上期开出了《史记》专题课程。"很重要的一个原因，就是看到学生学文言文普遍学得吃力，而教材上的文言文篇目太少，达不到理想的教学效果，学生无法感受到中国古典文化的精髓与魅力。"她说。

但这是一个极富挑战的工作，没有现成的教材和教案，得全靠自己编写。那个暑假，她买回一大堆有关《史记》的书籍，把自己关在屋子里研究、整合、提炼。虽然备课很痛苦，但学生们很喜欢，听得津津有味。

赵清芳讲课时，善于把历史人物之间进行勾连，纵横交错、大开大合，也善于引导学生对历史人物进行理性评价。"以伍子胥为例，历史上的评价有褒有贬，那么学生你的观点是什么？就需要他们通过大量的阅读和思考，自己得出结论。"她说，通过读《史记》，学生们不仅思维能力得到训练，写作能力也得到提升，"学生读了什么，决定着他想什么；想的什么决定着他能写出什么。"

2020年新冠疫情期间，她结合社会实际又开了多个专题教学：以日本捐赠中国物资箱上的标语"山川异域，风月同天"为题的语言专题；以一名女护士剃光头说开去的女性专题；以疫情中医护人员、快递小哥、作家等表现为对象的职业专题等。

可以说，赵清芳的专题教学从最初整合教材内容，到后来观察体认社会，

走过了一个由低到高的进阶过程。很多人问她，高中教学内容已经很繁重了，你再给学生搞这么多专题内容，哪有那么多时间？学生能吃得消吗？赵清芳微微一笑回答："那就'砍'教材啊，对内容进行有选择性的讲解，老师应该要有这个自信和能力。"

经过多年探索总结，赵清芳也逐渐形成了自己明朗的教学主张和风格，概括为"自主、简洁、理性"6个字。"自主"就是培养学生的自我管理和学习能力，做学习的主人；"简洁"就是追求课堂结构、语言、实操的高效性，绝不拖泥带水；"理性"即培养学生的批判思维、思辨精神和公民表达，抛出的每个问题、站起来的每次回答，都是站在社会公民角度，经过深刻思考的。

对应地，她也自发地写了不少文章，去完善、佐证自己的教育教学理念，并通过做讲座、参加论坛等方式交流分享自己的心得。凭着丰硕的教学和科研成果，她相继被评为成都市学科带头人、成都市特级教师、四川省特级教师等荣誉。2019年，又顺利晋升为正高级教师。

6. 既要育分，也要育人

一线教学23年，赵清芳一直站在石室中学这所千年名校的讲台上。有人可能会觉得，教着四川最优秀的这群学生，应该比较轻松惬意吧。

但在赵清芳看来，无论面对哪种群体学生，一颗纯粹的、无条件的爱心应该是一名教育工作者必备的品质。

出生在教师家庭的她，很早就感受到了父亲对学生发自肺腑的爱，"为了激励学生走出大山、跳出农门，他会想尽各种办法去'刺激'他们、影响他们"。

有个男生，沉迷篮球，忽视了学习。她父亲就"激"他："你不努力，考不起学，以后回到家都只能在院坝里打半场，连全场都打不到。"他还给一些厌学的家长出主意，"让娃娃在大热天干农活，干一个暑假，就不信不认真学"。

"可能父亲的教育方式在现在看来并不太合适，但他'巴心巴肝'为学生着想的那份真情，却在耳濡目染中植入了我心底。"赵清芳说。

教她的小学班主任杨大均老师，为了激励学生，有一次自掏腰包，领着班上考试前20名的孩子，到照相馆拍了一张集体照。"在那个物资匮乏的年代，杨老师的做法令我们非常感动。"赵清芳说，她后来走上教师岗位，对学生的激励举措中，都或多或少有杨老师的影子，比如给学生照相、出差回来带礼物、到一个地方给班上学生寄明信片……她还不时挑选优秀学生的作文，发表在自己的公众号上,并积极转发、打赏。

石室中学的学生普遍基础好、悟性高,但也极具个性,"这要求教师的育人理念要更加开放、民主,尊重和包容他们的个性,思考如何促进学生的多元自主发展"。

赵清芳举了两个学生的例子:

一个男孩,人很聪明,但在单亲家庭长大,行为习惯很不好,情绪反复。老师表扬他,他就高兴;批评他,就发脾气。赵清芳摸清了孩子性情后,就顺着来,不时夸奖他几句,让他找到被老师认可的成就感。"假如老师也跟学生对着干,或者直接不管他,孩子三年不就废了吗?"后来,这名学生虽然本科考得不太理想,但硕士考上了复旦大学,博士就读于四川大学华西医学院,并最终留在了四川大学华西医院工作。

还有一个"00后"孩子,智商高,作文也写得好,看问题深刻,却整天一副吊儿郎当的样子。上课时,经常装扮怪异,身着披肩斗篷,甚至称呼赵清芳为"清芳妹妹"。"这就考验我们老师在面对新生代学生时,能否坦然面对时代、年龄带来的认知偏差,去化解消弭巨大的代沟,最终目的是让教学顺畅推进,学生能顺利成才。"她说,如果你不理解这些,不适时转变教育方式,因学生不尊重你就大发雷霆,学生只会离你越来越远。

教书越到后面,赵清芳感触越深:无论你教哪个学科,专业知识的更新储备仅仅是一个方面,你对教育的理解、对育人的理解、对管理的理解才是最重要、管长远的,这些观念都会投射到你的课堂教学中,产生或好或坏的影响,"简言之,就是既要育分,也要育人,'人'育到位了,'分'自然就上来了"。

7. 始终让自己处在挑战区

青年教师如何快速成长?结合自己的经历,赵清芳总结为三句话:

一是"与优秀的人为伍"。大胆学习模仿他们的长处,抓住一切机会虚心向优秀的人请教,不要怕露怯,"取法其上,才能得乎其中"。

二是"始终让自己处在挑战区"。只有这样,才能发现自己的不足,也能发现自己的潜力,当你把一个又一个山头迈过去后,就会豁然开朗,变得越来越强大。

三是"用输出强化输入"。也就是要多表达、多输出,倒逼自己去阅读、去思考,永远不停下学习的脚步。

一路走来,赵清芳说得最多的就是"幸运"和"感恩"。幸运于一路都有"贵人"相助,感恩于诸多好老师对她成长的推动:初中班主任张开福老师在她考试失利时勉励她"既要赢得起，也要输得起"；广元师范李中学老师改变了她的人生轨迹；李镇西老师在她刚入职时，就给了她很高的平台，少走了弯路……

当然，她最要感激的，还有一位"教师"——她的父亲。

"我们家四姊妹，在那个年代，没有男丁，是很被人瞧不起的。"赵清芳的母亲在家务农，一家人的开销全靠父亲微薄的工资支撑，"即使在这么困难的情况下，父亲始终坚信'知识改变命运'，想尽一切办法供我们读书，激励我们树立远大理想。"

父亲带给赵清芳的另一大影响则是他对待工作的态度。"事业心非常强，对工作要求特别高。"赵清芳的父亲在担任羊木中学副校长期间，和同事们一起创造了学校最辉煌的时代，每年能有几十个学生考上中师、中专，广元城区的学生都慕名来读书。

大学毕业至今，赵清芳做老师，当班主任、办公室主任、副校长，直至做到校长、书记，"无论在哪个岗位上，父亲全身心扑在工作上的敬业精神都时时影响着我、鞭策着我"。她说。

2018年，赵清芳担任石室中学副校长。2022年，石室中学全面领办成飞中学，她被委以重任，派往石室成飞中学担任校长；一年后，又担任石室成飞中学党总支书记。

在她看来，当一名老师和做教育管理者有不同的挑战，"当老师既要让学生有好成绩，也要让他们的人格得到成长，但你能惠及的学生毕竟有限；作为管理者，办好一所学校，就能让你的教育理想惠及造福更多的人"。

"以前我并不了解成飞，直到我走进这所学校，了解了办学历史，才知道办好这所学校沉甸甸的责任。我们要为那些守护祖国蓝天安宁的飞机设计师、制造者、试飞员们解决子女教育的后顾之忧，为国家培养输送更多的航空科技人才，为科技强校、国防强校贡献教育力量。"赵清芳说，把成飞中学办成老百姓家门口的好学校，办成全国有影响力的特色鲜明的航空航天科技教育特色中学，就是她当下的使命和挑战。

视教学为艺术　把学生当朋友
—— 记特级教师、正高级教师袁学民

人物名片

袁学民，男，成都天府中学正高级教师。全国优秀教师，全国百佳语文教师，四川省特级教师，成都市特级教师，四川省教书育人名师，成都市袁学民名师工作室领衔人，全国校园文学委员会理事，四川省高考命审题专家库成员，四川省中语会常务理事，成都市中语会学术委员会副主任，成都市人才与人事研究会理事，成都市高中学科研培专家组成员，成都市语文中心组成员。现任成都天府中学博雅研究院副院长、高中学术委员会主任，曾任成都市树德中学（宁夏街校区）语文教研组长。参加全国赛课获一等奖2次，获市级赛课一等奖4次。主持、主研、参研国家级、省市级课题4项，主编、参编教育教学用书10余部，发表文章10余篇。

1. 耳濡目染中爱上教育

高考填志愿时，袁学民十之八九填的是师范专业，这个结果令他自己都有些吃惊。他的父母、姐姐都先后参军入伍，是部队里的医生，唯独他钟情教育。

"这应该是从小受当老师的姨妈耳濡目染的影响。初、高中两位语文老师的言传身教，也一步步把我引到了语文教育的专业道路上来。"他说。

袁学民的姨妈黄淑和曾经是宜宾市人民路小学一位很优秀的语文教师，也是他的小学班主任。因为爸妈工作忙，袁学民经常到姨妈家寄宿，第二天就跟着姨妈上学。路上，姨妈会亲切地跟他聊天，看到路牌上的字，就教他认字、组词，并启发他找近义词、反义词，分辨名词、动词等；寒暑假，姨妈还带着他读书、练字。

"语言文字的学习，最好的方式莫过于借助日常生活化的、真实的环境。"袁学民说，姨妈教给了他语文知识，更教给了他方方正正写字、端端正正做人的道理。

初中语文老师黄岚对鲁迅杂文《论雷峰塔的倒掉》《友邦惊诧论》的剖析、"干练"的风范，至今让袁学民回味无穷。

"'活该'，最后两字独立成段，用的是句号还是感叹号？""标点符号表示情感，鲁迅先生的风格就是冷嘲热讽。用感叹号是热讽，用句号是冷嘲，哪一种更犀利？"……一番干净利落的解读，听得台下学生们不住点头。"从这些很少关注到的细节里，我们一步步走进了语词的丛林、文章的殿堂。"袁学民回忆，对初中生来说，鲁迅先生的文章一般比较难懂，可在黄老师的讲解下，只觉得生动、有趣，永远听不够。

高中语文教师苟安禄是当年宜宾地区唯一的特级教师，教他时已临近退休。想起他，袁学民的眼前就浮现出这样一个画面：阳光洒满讲台的午后，高高胖胖、身材魁梧的苟老师，身着那件最爱穿的针织背心，一手插兜，一手握卷，很潇洒地靠在讲台旁……"那举手投足的派头、娓娓道来的气度，永远定格在我的脑海里。"

袁学民是苟老师的语文课代表，经常到他办公室，每次去，目光就会被桌前那把扶手磨得油光锃亮的老式藤椅吸引，"看着它，我能想象苟老师坐在那里，几十年如一日伏案工作、批文改卷、和同事切磋探讨、找学生交流谈心的场景"。袁学民的心里不由地升腾起对老一辈教育人的无限敬仰和对教育职业的崇高敬畏。

1990年，袁学民从宜宾三中毕业，受当年高校招生减员的影响，成绩一向优秀的他以3分之差未能考上本科，被宜宾师范高等专科学校（今宜宾学院）汉语言文学专业录取。他倒也不气馁，高高兴兴地去了，并在心底暗自定下目标：两年后，一定要通过"专升本"实现学历的跃升。

有志者，事竟成。凭着锲而不舍的学习劲头，加上对语文学习的天赋，袁学民从年级100多名学生中脱颖而出，以专业排名第二、面试得分第一的好成绩成功进入四川师范大学读本科。

仿佛人生开了"挂"，随后两年，袁学民学得更加轻松，无论是对专业知识的掌握，还是对教育方法的领悟，他都一点就通、一练就会。毕业时，他在班级综合排名第一，不仅拿到了一等奖学金，还被评上了全校的优秀大学生。

2. "青毛头"崭露头角

毕业那年，成都市第八中学首先来四川师范大学中文系选人，袁学民带上自荐材料主动到学校应聘，试讲刚结束，校长就对他说："小袁，你确定要来我们学校吗？如果确定，马上就签约！"

"啊？"袁学民简直不敢相信自己的耳朵，在兴奋中签了字，成为班上第一个签约就业的人。他想着，成都八中虽然赶不上成"四七九"名校，但毕竟也是省重点，是老百姓口中称道的成都"后5所"好学校，地理位置也不错。

签完第二天，他就"后悔"了，因为紧接着成都市盐道街中学、成都十二中、川师附中也来招人了。"当然，这只是句玩笑话。"袁学民笑着说，他并不后悔到成都八中，因为在那里，他的教育事业开了一个"好头"，也收获了美满的爱情。

1994—2003年，袁学民在成都八中完整地教完了一届初中、两届高中学生。回顾这9年，他评价自己是"激情满怀的'青毛头'，在语文教学上自由生长，没想到成绩还不错"。入职第二年，他就代表学校参加成都市语文学科赛课，并获得一等奖；随后又多次在金牛区、成都市的公开课、教研课上一展风采。

"备课、磨课、专家点评的过程，不仅让我的教案设计、课堂驾驭更加成熟，更重要的是，帮助我转变并更新了许多教育观念。"他想起第一次在成都八中上汇报课时，讲《木兰诗》。"你知道，在20世纪90年代，课堂导入都想搞点花样。"他选了一段豫剧《花木兰》中的音乐，自认为不错。谁知，评委们却给他"泼了一盆冷水"："音乐确实能激发学生的兴趣，但这段音乐和这堂课要展现的教学价值却并没有完全呼应起来。"

这次挫折，也让他开始反思"声光电色等多媒体技术对教学的有效性"问题，明白了"再好看的多媒体技术都是手段，其是否运用、怎么运用，必须服务于课文内容的教学价值"。课堂教学之外，袁学民也是一个好学之人，把订阅的语文报纸杂志翻来覆去地读，看到对自己有用的课例、文章，就剪下来粘贴到备课本上。

2003年，他教的那届班级成绩非常优秀，其中有三名学生高考成绩达到了清华大学和北京大学的录取线，创造了成都八中历史上最好的成绩。

基于对自身能力的信心，也为了实现"到成都最好学校工作"的夙愿，同年秋季，31岁的他"跳槽"到了成都市树德中学，希望在一个更高的平台，找到向上"挤压"、蓬勃生长的动力，重新出发。

3. 收获"批量生产"清北学子的成就

刚到树德中学，袁学民就被校长"加了担子"，不仅让其教高三，还安排当一个班的班主任，这一下又破了树德中学的先例。"外校引进来的老师，还从未有一来就当高三年级班主任的，你是第一个！"同事顿时对他刮目相看。

盛名之下无虚士。袁学民接手的那个理科班，在高二期末调研考试中，数学和物理这两门理科"王牌"学科的平均成绩均排名年级最后一名。经过他一年精细化的管理、陪伴，以及与科任老师的密切配合，该班高考成绩实现了逆转，冲到了年级前列。更重要的是班级精神风貌跟着发生了变化，有同事评价：袁老，你这个理科班，怎么还带出了一点文科班的味道！都快临近高考了，学生还三五成群坐在草地上讨论诗词文学、吟诗作画……

送走这个班，还没等袁学民喘口气，就接到了参加全国中学语文赛课的任务，备赛时间正好撞上女儿出生。"忘不了那个暑假，我在医院产房里，一手抱着刚出生的孩子，一手拿着赛课的讲稿反复研读背诵，并见缝插针地与成都市教研员王秉蓉老师电话沟通、听取修改意见……"回忆起那个场景，袁学民感慨万千。最终，他以符合新课程理念的教学设计和现场表现，获得了全国一等奖。

繁忙的暑假终于过去了，袁学民想着新学年可以松口气了吧，没想到学校安排他继续教高三，而且还同时担任两个最好实验班的语文老师，"这又创造了树德中学的一个历史"。

那年高考下来，成绩超乎预期的"辉煌"，两个班有10个学生考上了"清华北大"，"虽然早在成都八中，我已经教出过'清北'学生，但没想到在树德中学，第一次体验到'批量生产'优秀学生的快乐，带给我不一样的教育成就感"。

2006年，树德中学试点开展拔尖人才培养，从两个高二实验班中又挑选了16名学生组成"拔尖班"，由校长亲自挂帅，班主任"组阁"，袁学民又被挑中担任语文教师，再次踏上征战高三的路程。

那一年，他还同时兼任两个高一班级的语文老师，备课、教学跨两头，任务十分繁重，"'拔尖班'的学生虽少，但学校却抓得很紧，按照'一生一案'要求，给每个学生都建立了学情档案，要求老师不断更新，并针对每个学生设计不同的教案、布置不同的作业，每周都要督导、检查"。

高考下来，袁学民和同事们的辛苦付出有了回报。"拔尖班"每个学生都考入了国内一流名校，还有学生获得了全省理科第一名。

到树德中学三年，就连续教了三届高三，每届高三的班级类型还迥异。袁学民笑称自己这三年过得"非常扎实"，"好处就是，三个年级的老师都认识了我，我很快融入学校集体中"。2006年，学校推荐老师参评"成都市优秀青年教师"，袁学民得票第一。

紧接着，他教完了2008届学生，一个文科、一个理科班。这是他第一次教文科班。高考成绩依旧出类拔萃，文科班有学生获得了全省第二名，理科班有学生获得了全省第三名。

到树德中学短短5年时间，经袁学民直接教导、培育的"清华北大"学生就有20多个。"到这时，我从教以来的'清北'情结逐渐放下了，开始尝试站在人才培养更全面的视角去审视我的课堂并总结完善。"他谈道，人生就是这样，走一段路有一段路的认知，也才会有新一阶段的升华。

4. 将视频阅读植入课程

如果说2008年前，袁学民的教育更侧重对教学本位的、分科目的成绩进行"好上加好"的追求，那么从2011届学生开始，他更加注重对学生进行宽口径的人文教育，并尝试通过各种方式强有力地植入课程中去。

以视频为代表的跨媒介阅读，就是他找到的切入点。这也成为他后来十几年语文教育的一大特色，并据此总结提炼形成了"发乎真情、实活兼达"的教学风格。

袁学民介绍，此前的课堂，他偶尔也会穿插运用一些视频资源，但都比较零散，更多的是结合课文内容所需，随便看一些简短的素材。2011届开始，他就想，要建构课程、形成体系，视频内容也得有讲究，"我们面对的是未成年人，培养的是国家未来栋梁，价值引领必须卓识高远"。

经过广泛涉猎、挑选，最终他把目光聚焦到央视制作的系列人文栏目上。

首先被引入课堂的，是一档人物系列纪录片《先生》，其聚焦了民国时期文化讲坛上的大家身影。影片以蔡元培、胡适、马相伯、张伯苓、梅贻琦、竺可桢、晏阳初、陶行知、梁漱溟、陈寅恪10位先生的个性经历为经，中国社会变革为纬，将他们的性格性情、命运经历、学术作为，以及他们的善良、无奈、焦虑和欢喜，在点滴中渐次呈现，充分反映了先生们贴近群伦又卓尔不群的独特全貌。

"之所以选择这部纪录片，就是因为内容侧重教育，学生有亲切感。10位先生中有6位曾是大学校长，3位是乡间平民普及教育的先行者，1位是教学育人的倡导者。每集时长23分钟，特别适合在课堂上观看后师生一起讨论。"

袁学民解释说，他希望学生既从中了解中国教育的宏观走向，也感佩于先生们"山高水长"的个性榜样，从中汲取力量。

2013年，央视《开讲啦》栏目播出后，他又将其选入课程。这档节目邀请"中国青年心中的榜样"作为嘉宾，讲述自己的故事，分享对生活和生命的感悟，也讨论青年们的人生问题及青春中国的社会问题。节目因"年轻化"和"全媒体"的传播特点备受学生们喜欢。

"当然，我对栏目内容也进行了挑选，并在高中三年不同阶段适时播放，引发学生共鸣。"袁学民介绍，有三期节目必定要推荐给每届学生看：高一刚入校时，观看林志炫&王潮歌《少年的世界——未来，我是谁?》，激励学生树立远大理想；高一或高二某次半期考试后，播放林清玄的《人生不怕转弯》；高二末或进入高三时，则看徐小平的《什么时候出发都不晚》。

随后几届，袁学民又陆续引入了纪录片《梁思成　林徽因》，以及央视的评述类新闻专题杂志节目《新闻周刊》，"几乎每一届都有新的内容，并结合时代和学生情况增删完善"。

5. "人文之夜"的魅力

这些视频素材的阅读都在晚自习进行，袁学民将其取名为"人文之夜"，从高一开始，一直坚持到高三，"可能别的班每个晚自习都在讲题、评讲作业，我们班学生则在看这些人文视频，看完后马上组织对话，对材料进行思辨、延伸、发散"。

和很多语文老师做法一样，袁学民也坚持让学生进行"课前3分钟演讲"训练，每学年主题各有侧重。高一结合教材中的说文解字、姓氏源流、文化寻根等主题，高二开展诗歌推介、热点时评等，高三讲"让我印象最深刻的一句话"。

"语文学习是一个日积月累、聚沙成塔的过程，指望到了高三再给学生灌输一些阅读技巧、作文素材就去拿高分是不可能的。"袁学民很认同四川省教科院语文教研员段增勇老师的一句话，"高一高二要有高三的容量，高三要有高一高二的人文、趣味"。

每届学生到了高三上期寒假，都会收到"袁老"布置给他们的命题作文，写"我在树德中学接受的人文教育"。透过学生们的笔触，袁学民欣慰地看到，自己辛勤埋下的种子，正悄悄破土发芽、向阳生长。

高2011届学生贺小雨写道，"我记得在一张张青春阅读单里寻找精神的'樱桃园'与灵魂的'停靠点'，我也记得在诸多大师作品里含英咀华。那已远远超出学习写文,更是如何做人"。

高2023届学生陈俊辉回忆了不少让人津津乐道的"人文之夜"主题——《南方周末》绘出新年气象,《时间朋友》见证你我成长,《新闻周刊》搭建时事桥梁,更有无数视频电影深化感想……"这些人文活动让我们不再'一心只读圣贤书',给我们装上了望远镜/显微镜,让我们看到了脚下真切的世界在如何变化。"

另一名学生徐逸舟则写道,"在树德接受的人文教育,是塑造一个真正的人的教育"。"一次次的书写,一次次的思索,一次次的领悟,让我明白,'文学是人学'从来不是一句口号,而是一个人对待文字和人生所持守的庄敬态度。"

教育何以"立人"?在袁学民看来,就是要通过开阔视野、活跃思维、多种路径、多元取向的教育方式,为生命给出意义。"拥有卓越人格,为人而努力,为人而求索,是我们教育人义不容辞的责任和使命。"他说。

6. 追寻教育的"远方"

在袁学民的教育历程中,树德中学无疑给予了他最多的"养料",他感恩于树德文化的浸润,也为自己曾传承弘扬树德文化而自豪。他亲历的专业成长和见证的学校发展,正是树德文化彰显的最佳注解——"包容心与自由度""学术力与创造性"。

2003年,袁学民刚到树德中学时,还曾忐忑犹豫,担心排外,害怕人际关系的复杂。但很快,他发现这些担心都是多余的。第二年,32岁的他就在老教研组长、成都市首批教育专家许孝伯老师的推举下成为成都市语文中心组最年轻的一员;很快又担任年级备课组长;2010年被推举为教研组长;2012年,获评成都市特级教师;2014年又以全校第一得票被推荐评为四川省特级教师……

"这一切,都得益于我所在的语文教研团队的帮助、提点和托举,更得益于树德中学海纳百川的胸怀,她为每个怀揣美好教育理想和拥有高远教育追求的教师提供着广阔舞台和成长沃土。"2018年,当袁学民担任成都市名师工作室领衔人后,他自然地也把这份传承扛在肩上,用树德的优良文化,去熏陶、助推更多年轻教师的成长。

他的名师工作室团队成员有12人,辐射成都"一二三"圈层。三年下来,培养出了5名成都市优秀青年教师、2名成都市教坛新秀、2名成都市学科带头人。

2022年，袁学民卸任了树德中学语文教研组长一职，学校对他12年的工作给予了高度认可，认为其在"队伍梯队建设、名师培养、年轻教师的激励等方面为学校做出了贡献"。同事们也评价他"带队伍有一套"，脑袋瓜灵活，稍微碰撞一下，就有"金点子"蹦出来，执行力也强，马上就会带着大家去做。

2023年8月，经过慎重考虑，袁学民离开了工作20年的树德中学，"加盟"成都天府中学。这是四川天府新区创办不到4年的一所新体制、高水平、现代化的新学校，"掌舵者"陈东永曾任树德中学校长，是袁学民的"老领导"。

对这个决定，不少同事和朋友都不解："你现在什么荣誉都有了，还教着成都学习成绩最好的学生，为啥要再去辛苦折腾呢？"

袁学民回答，他想抓住退休前的这八九年时间，再尝试一种新的教育样态。"陈东永校长认为，成长是慢慢浇灌的过程，教育应顺势而为，静待花开。他想在天府中学重拾中国的优秀教育传统。"他说，陈校长的教育理念与他的志趣不谋而合，"这是我心目中教育理想的样子"。

如今，袁学民的职务是天府中学博雅研究院的负责人，同时担任学校高中学术委员会主任、高中语文教研组长。除了给高一新生上课外，主要任务是建构一个贯通初高中学段的博雅教育课程体系，同时负责教师团队建设，帮助年轻教师快速成长。

新教师如何快速成长？"老师要给自己制定职业规划，入职3年是关键期，3年要站稳讲台，两届创出成绩，10年得形成风格。"袁学民说，他非常赞同全国语文教育名家余映潮先生说的话——"抓住一次赛课的机会，备好一堂优质课"。他以自己的经历举例，获得全国一等奖的那堂课，他在不同场合至少讲过30遍，才最终打磨成型。

"我不去想是否能够成功，既然选择了远方，便只顾风雨兼程！"袁学民很喜欢诗人汪国真的这句话，51岁的他虽经历3所学校，但"视教学为艺术，把学生当朋友"的教育初心未改，"我将以新的姿态和精神，在追寻教育'远方'的道路上，继续挥洒教育的诗意，追求教育的美好，享受教育的快乐。"

保持热爱　力争上游
——记特级教师、正高级教师李晓玲

人物名片

李晓玲，女，天全县教育局教科研中心正高级教师，四川省特级教师，四川省优秀教师，四川省中小学模范班主任，四川省家庭教育先进工作者，雅安市首届十佳人民教师，雅安市百名爱岗敬业教师，雅安市三八红旗手。发表文章近50篇。主持主研四川省重点科研课题1项，主持四川省重大科研课题1项。主持主研的科研课题成果获四川省教育厅二等奖1项、四川省人民政府三等奖1项，主研的国家"十五"规划教育部重点课题子课题获全国科研成果一等奖。主持的四川省重点课题成果被选入中国第五届教育成果公益博览会展出推广。

1. 求学之路：一定要像谢老师一样

李晓玲本有机会读大学。

1979年，15岁的她从雅安市天全中学高中毕业。她的成绩在68人的班级中从未下过前三名。那年高考，志愿填报要么是中师、中专，要么是大学。班主任鼓励她考大学。

可她母亲却认为，一个农村的女娃子念那么多书有啥用，"脱个农皮"就可以了，坚持让她报中师、中专，并"威胁"她："你要是报大学，就算考上了，我一分钱都不给你，看你怎么读！"

为此，班主任还和她母亲大吵了一架。"没办法，决定我命运的是我妈。"李晓玲最终屈服了，填了中师、中专的志愿。结果成绩下来，她超过了大学本科录取分数线52分。

录取时，师范学校先招，李晓玲就被雅安师范学校录取了。因为高中时学理科，学校先把她分在了数化班；报到时，才发现又被调到了中文班。

李晓玲也不介意，中文就中文吧，反正从小受爱读书的爸爸影响，她的语文成绩一直很棒，属于"不用花多少时间，就能轻松考第一名"的那种。

那时的中师学校分专业班和普通班，高中毕业的学生入读的是专业班，学制两年，出来后可以直接教中学。

尽管梦想读大学，但李晓玲坦言高中时对未来的职业并不明晰。读中师当老师，于她而言，也是一个不错的人生选项。因为中学时代，有一位数学老师深深影响了她。

李晓玲的初中数学老师脾气不太好，爱吼学生，而且口音很重，学生常常听不懂他讲什么。李晓玲虽然经常考班级第一名，数学却从未上过80分。

后来读高中，遇到了数学老师谢会延。谢老师很和蔼、从不骂学生，说话轻言细语、吐字清楚，讲课非常有条理、逻辑清晰。他每天都要给学生作业打分，满分5分。

刚开始，李晓玲只能得两三分，非常挫败。后来，在老师的指导下，她把初中数学课本带到学校，遇到跟初中有关联的知识，就翻出来复习衔接。经过半学期努力，她的得分就稳定在了四五分。每次数学竞赛，她从未下过全年级前10名。

"此前我畏惧数学，以为自己不可能学好，没想到遇到谢老师，我数学也学得这么轻松。"李晓玲回忆，初中学平面几何时，觉得好难，没想到高中学解析几何、三角函数等，反而一点问题都没有了。"原来，不是我不行，是老师不同的教育风格和教学素养对学生的信心和效果产生了不同的影响！"

李晓玲就想，将来如果当老师，一定要像谢老师这样教学生，让学生学得既轻松又愉快、效果又好。

2. 教学进阶：从讲台"小白"成学校"王牌"

1981年，李晓玲中师毕业，分配到天全县新场中学教语文，"说实话，刚开始站讲台，我都不知道该怎么上课"。

那时，没有什么教辅资料，也没有练习册，就一本教材，配一本薄薄的参考书，上面简单写着每课的教学重难点、教学目的等。

没人指导她该如何钻研教材、怎样设计教案。李晓玲陷入了迷茫，"见到学生我都很惶恐，有负罪感，觉得对不起他们、对不起家长，人家把孩子送来学校读书，我却不知道该如何教"。

一个月后，李晓玲觉得这样下去不行，必须想办法。正好国庆节放假，她坐上班车，辗转来到雅安市新华书店，想找找有没有能帮助她的书籍，果然找到了一套与初中课本配套的教案集。李晓玲如获至宝，当场就买了下来。"那套书有6本，每本2块4毛，花了我14块4毛钱。我当时的月工资还不到30块。"但她并不觉得心疼，只想着"这下我有救了，学生有救了"。

回到学校，再重新备课时，却发现并不是那么回事。"我发现自己走不出教案了，思想上被教案的作者控制了。"再度陷入苦恼的李晓玲想着能不能这里增加一些、那里删减一些，"但我发现删不了，哪儿都舍不得；我也增加不了，想出来的东西也没人家的好"。最后，她只好全盘照搬。

又过了一段时间，李晓玲想着这样肯定不行，必须得形成自己的教学风格。怎么办？经过思考，她决定从每篇课文的作业入手，先研究课后作业，根据作业任务再去研究教材，最后去借鉴教案……慢慢地，她不再完全用别人的设计，开始自主备课了。

"再后来我就想，我都能根据课后练习去思考课怎么教，学生能不能也根据练习去思考怎么学呢？"当时的课文有两类：一类是讲读课文，一类是自读课文。李晓玲将自读课文放手，指导学生先看课后练习问题，再回头去自学课文，找到习题的答案。待学生上手后，她又扩展一下，让学生再提出一些课本上没有的问题，并相互讨论、作答。后来，有的讲读课文，她也试着放手让学生自学。

"渐渐地，我发现学生在学习提问的过程中，对课文的理解更深入了、思考的角度也多了起来。"李晓玲干脆把每次半期、期末试卷拿给学生研究，看看都有哪些板块、涉及哪些知识点、题目类型等。再买来大张空白纸，让学生裁成试卷大小的样子，学着自己出卷子，并找一个跟自己成绩差不多的同学来做。每人都出，相互做，相互批改、打分，告诉对方这道题为什么错、错在哪里。

就这样，李晓玲对教学找到了自信，学生的自主学习能力也得到了培养，成绩提升明显。在新场中学，因为连续两届成绩优异，最后一年，校长就让她带补习班。那年中考，她和搭档们创造了该校历史上最高的升学率，"全县考上中师、中专的学生一二十人，我们40多人的班上，一下子就考上了7人。"

1987年，因为要照顾家庭，李晓玲调到了天全县始阳中学。这是一个大镇，学生增加了许多。

那时，雅安市有了语文学科核心组，核心组办了一张《学习报》，教师们轮流将自己的教学经验、心得体会工整地誊抄上去，供大家传阅。每一期《学习报》出来，李晓玲都认真学习。她还加入了语文学科核心组的研讨学习，积极借鉴前辈们的做法，"凡是我觉得比较好的经验，都在班上尝试，并根据效果不断优化调整，慢慢形成自己的教学风格"。

在朋辈的相互学习、启发下，李晓玲的教学变得愈加成熟。完整地教完一届学生后，她便因为"会教书、教学成绩好"而被始阳镇的家长们所周知。后面几年，学校也把她作为"王牌"使用，看哪个班级比较弱，迫切需要补一补，就把她往哪里派。

1993年，李晓玲被调到县城的第一中学。这时的她，对"教什么、怎样教、为啥要那样教"已经了然于胸，特别是在鼓励学生自主学习、激发学生潜能方面更加得心应手。

在县一中的6年时间里，她连续带了三届补习班，教学成绩好到什么程度呢？有数据为证：天全县每年考上中师、中专的学生二十七八人，李晓玲教的学生每年最多时考上了26人。那几年，不仅天全县的乡镇学生挤破头皮想读她的班，就连芦山、宝兴等周边县的家长也慕名把孩子送来。

3. 再战高中：为不自信的学生搭建"脚手架"

时间来到1999年，寄托着全县人民厚望的天全中学的教育质量一直不尽如人意。县委、县政府很着急，就让教育局局长兼任天全中学校长。

时任天全县教育局局长张明道很欣赏李晓玲，把她调进天全中学，并语重心长地对她说："希望你的加入能够使老师们的教育教学状态得到积极改变。"

李晓玲接受了这个挑战。那时，高一年级有四个班，其中三个班是中考上线的学生，另一个班则是没有上线的"议价生"，李晓玲被安排担任这个班的班主任。

"刚开始，我们班上的学生一个个很自卑，在学校都抬不起头，很多人也抱着混个高中文凭的心态来读书。"李晓玲做的第一件事，就是帮助学生树立自信心。怎么树立？"咱学习上赶不上其他班，但在班级纪律、清洁卫生等方面总能争个先！"

她带领学生从班级日常的点滴做起，每天地板、窗户打扫得干干净净，课桌、板凳摆放得整整齐齐，课堂秩序也维持得井井有条……其他老师、校领导见到这个班的情况，都不由地竖起大拇指，得到肯定的学生们，脸上也渐渐有了笑容。

高一入校，体育老师教学生做一套新广播体操，并宣布一个月后全校比赛。这是一次让学生展示亮相、树立信心的好机会。李晓玲给学生们打气，每天陪他们训练，最后比赛下来，果然夺得了第一名，"孩子们高兴坏了，欢呼声差点掀翻屋顶"。李晓玲喜在心头，逐渐引导学生将这种自信往学习上迁移。

在班级和教学管理上，李晓玲一如既往地发挥学生自主能动性，提倡自我管理、自主学习。

一开始，她指定了一名班长，但大家都不服气。后来，她实行"值日班长制"，每个人都来当一天班长，班委角色也轮流来体验。一学期过后，当她再提出选班委时，大家都举手赞成，因为每个人都当过班委，明白了工作的不易，对新班委的工作，自然也都理解并支持了。

李晓玲还让学生自己制定班规。对犯错的学生，她不会不问青红皂白就一顿批评，而是给他们开口的机会，"我的原则是，只要学生能说清楚事情的前因后果，有道理的，就不会批评他们一句"。而实际情况是，学生往往自知理亏，还没到李晓玲跟前，就一个劲地承认错误。

学习上，李晓玲一如既往教学生各种方法，培养他们自我学习的能力，待慢慢"上道"后，就尝试让学生自改或小组内互相批改作业。"批改前，我会让学生先研讨，这道题它考查了哪个知识点，如果错了，要去找找是知识没掌握，还是做题的方法没学会，抑或是有关能力没有储备好……"

待各小组批改完作业后，李晓玲会问，有没有问题需要提出来帮助解决的。若有，对这个小组提的问题，她便让另一个小组帮助解决，直到学生们都无法解决问题了，她再出面。"我讲解时，也不是直接告诉答案，而是帮学生搭建一个'脚手架'，把一个整体问题划分成一个个由浅入深的、有逻辑层次的系列小问题，引导学生从最简单基础的问题入手，一步步解决问题。"李晓玲说，学生们后来也逐渐掌握了这种方法，学习能力变得越来越强。

第一学期末，班级总成绩还在全年级垫底；第二学期末，虽然还是最后一名，但各项指标的差距和其他班比已经很小了；到高二上学期时，一下子就跑到全年级最前面去了。分文理科后，这个班学生大部分都进入了文科重点班，继续由李晓玲带，高考下来，全班 38 人，只有 6 人没考上大学；语文单科成绩上 100 分的就有 26 人，上 120 分的有 7 人，最高分达到了 129 分。李晓玲同时教的另一个理科普通班也有 11 人语文成绩超过了 100 分。

在那个教师普遍习惯"满堂灌"的年代，地处西南边远山区的李晓玲就在践行"先学后教"、坚持让学生自主学习，并取得可喜的成绩，实属难能可贵。

2002 年秋开始，李晓玲一边带一个理科重点班、一个理科普通班，一边还兼任德育处副主任和年级主任，并做着一个"中加"合作项目工作，担子之重可想而知。那时，项目上的出差任务多、时间长。每次出行，李晓玲就把班级管理全权放手给班委来做，并在培训后把学科教学的任务交给课代表来做。学校教导处去查课，都反映教学秩序非常好、教学活动组织得井井有条，比一些教师的课堂教学形式还要好。出差回来，如果课代表备的课没有上完，李晓玲就会以学生的身份坐在后面听讲、观摩。

"非常欣慰自己的教学方式在潜移默化中影响了课代表，并让他们学得有模有样。学生参加工作后当老师，还能从他们的课堂上看到自己当年教学的影子。"李晓玲说。

4. 育人治班："师生关系好了，教育就成功了一半"

不仅教学上有一套，李晓玲治班育人也深受学生们喜欢，他们普遍视李老师为"知心姐姐"，什么话都愿意跟她讲。

还在始阳中学时，就有学生把偷偷喜欢某同学的小秘密告诉她。面对早恋，很多教师都选择堵，一有苗头，立即掐灭，动辄就请家长。"我一般不会告诉家长，因为我都处理不好的事情，家长处理起来肯定更难。方法一不对，说不定就会给孩子造成一生难以弥补的心灵伤害。"李晓玲认为，青春期的孩子对异性产生好感很正常，她并不反对学生"耍朋友"，但会引导学生，恋爱是为了对方更好和自己更好，所以，不能因为耍朋友而让自己退步、对方退步。

在天全中学工作时，李晓玲骑自行车不小心摔伤了胳臂，每天吊着绷带上课，还要去中医院换药。中医院远近闻名，挂号病人很多，排在后面换药就要等很长时间。学生们每天就早起跑去医院，帮她排队挂号，然后把挂号单偷偷放在讲台上。

李晓玲的亲和力也让学生们把她当作家人对待，甚至对她的衣着发型，学生们都要"管"。

有一年夏天，天气炎热，李晓玲就换了一件宽松的短袖衣服，进教室后，学生们抬头看了她一眼，就一个个埋头不理她了。她很纳闷，不知学生们是何故。后来，一个男生站起来跟她说："李老师，你晚上回去把这件衣服换了吧，太大了，不适合你。"

很长一段时间，李晓玲都留着长发。后来，因为身体贫血，就在医生建议下剪成了短发。回到教室，学生们又不干了："我们已经习惯了你长发的样子，为什么不经过允许就剪短了？"听了李晓玲的解释后，他们才表示理解。

还有一次，全县组织大型演讲比赛，学校派她参加，但家里人却劝她别去："你已经得了很多荣誉，不缺这个奖项！""万一没得到好的名次，不就伤自尊了吗？"犹豫不决的她把苦恼告诉了学生。学生们一听，一下子来劲了："去！必须去！""你要相信自己，肯定没问题"……孩子们七嘴八舌地给她打气，并约定要是拿了第一名，必须买糖回来请大家吃。

在学生的鼓励下，李晓玲最终参赛并荣获第一名。学生们一边吃着她带回来的糖，一边得意地说："李老师，您看嘛，您平常教育我们要相信自己，您也要做到啊！"

尽管在日常，她和学生亦师亦友、非常融洽。但在德行、责任等行为规范上，李晓玲对学生却是有底线和原则的，错了就错了，绝不含糊。"别看我后来管理班级、教育学生得心应手，刚工作那几年，我也曾受过挫折。"她回忆，在新场中学第一年，有个学生上课不认真，总在抽屉里弄出声响。她上前制止，还被学生挑衅，其他同学也起哄："把他弄出去，不让他上课！"也不知哪根筋搭错了，李晓玲真的上前去拉学生，无奈学生长得又高又壮，她一刚从师范学校毕业的小姑娘，哪里拉得动。两人就尴尬地僵持着。

后来，李晓玲冷静下来，"不能用蛮劲儿，我得用巧妙的办法征服他们"。情绪稳定后，她再找学生耐心地讲道理、谈心，"只要老师平等、公平地对待他们，其实学生还是很通情达理的"。她建议刚入职的年轻教师，一定要多倾听学生的心声，包容他们不同的意见和想法，才能赢得学生们的尊重，"教育就是关系，师生关系好了，教育就成功了一半"。

5. 转岗教研："教师需要唤醒，干部需要培训"

2004年2月，李晓玲来到了她参加工作后的第5个单位——天全县教育局教研室担任中学语文教研员。

突然不在一线站讲台了，李晓玲在不适应的同时，也有些惶恐，"不知道该怎么做研究，也不知道该如何去指导一线老师教学"。

第一个月，她把初高中的语文教材又统统翻出来看了一遍，心里稍微有了底。接下来她想，指导要有针对性，得先深入学校做个调查，"只有了解全县语文学科和老师们的基本情况，才能谈下一步的指导策略"。掌握了第一手材料，李晓玲对教师的指导便慢慢聚焦并不断优化路径和方法。

2002年开始，因为"中加"合作项目工作，她相继接触了中国教育部基础教育司原副司长谈松华教授、北京教科院原院长文喆教授、北京师范大学裴娣娜教授以及加拿大卡尔加里大学教育学院的院长马格利特教授等。在七年的项目工作期间，她跟着这些专家做课题、开发基线教材、写文章，培训教师。她阅读了大量书籍，和专家们一起潜心研究教师培养和"以学生为中心"的教学法，专业知识和研究能力得到大大提升。

2008年2月，天全县教育局整合教研室、电教中心和教师进修校的资源，成立教师培训发展中心，李晓玲被任命为负责人。她接到的第一个任务，就是要扭转当时天全县教育质量在全市靠后的局面。

李晓玲仍然从调查开始，对全县各学校的常规管理、教育教学现状等做了深入调研。随后，她把毕业班作为突破口，建立四级质量考核制度、校长联席会制度，同时，充分发挥各学科教研力量，对毕业班采取细化管理、专业支持、校际合作、定期汇总问题、现场商讨解决等措施。"我有一个特点，确定要做的事情，学校究竟做没做、做得怎样，反馈后是否补救和优化，我一定会持续跟踪。"在李晓玲的督促下，校长们被调动了起来，问题一次次在减少。仅过了一年，天全县的教学质量就排到了全市第二名；又过了一年，就位列第一了。这种优势一直保持到她卸任。

除了抓"出口质量"，那几年，李晓玲领衔的天全县教师培训发展中心对促进教师专业成长也下了不少功夫。

为了解决新教师不知教什么、怎么教，老教师评职称后"躺平"，许多教师对职业发展迷茫等问题，她带领教研员们重点做了十件事：一是课堂前移，精心设计学科备课指导模板，提高教师们备课设计的规范性和质量；二是制定详细的教学常规检查细则并定期检查反馈；三是充实教研力量，优选一线教师作为兼职教研员，成立各学科中心教研组；四是做了合格课、优质课和示范课的"三课"评价标准，以标准为指导，形成从学校到学区再到县级三个梯次的新教师合格课献课、骨干教师优质课大赛、名师示范课大赛、老教师教学经验交流论坛会制度；五是启动名师工程建设，制定了骨干教师、名师评审标准，让教师们看到专业上升的通道；六是分年度开展从校级到县级的教学论文评审活动和优秀教学案例评选表彰活动；七是启动优秀教研组建设工程，开发教研组长培训教材，轮训教研组长；八是加强班主任队伍的培训管理，提升班主任科学治班的能力；九是按学期和学年，分学科对教师个体的质量情况进行评估和干预；十是坚持举行一学期一次的教学质量分析总结会。

"教师发展、质量提升，校长是第一责任人，部门管理干部是具体责任人。"李晓玲认为，目标再美好，如果执行层面出问题，所有构想就是纸上谈兵。所以，她特别重视各校管理干部的培训。为开阔眼界、提升能力，她先后组织学校管理干部队伍到雅安、成都等地学习"取经"，并加强对学习之后的总结运用跟踪，一大批优秀的中层管理干部成长了起来。

那几年，天全县的教师成长得非常快，经常在全市、全省乃至全国的大型赛课活动、征文活动中获奖；校长以及学校中层干部也得到很好的发展，成为天全县教育质量提升的一支有生力量。

结合自己几十年教书育人、做研究、抓教学质量管理的经历，李晓玲认为，现在年轻教师成长最大的优势，就是有很多学习的渠道，"只要你想上进，就不愁得不到学习资源"。

而年轻教师的不足之处则在于，主动成长的意识还不够，把正常的学习培训视作额外的负担，舍不得吃苦和奉献。最让李晓玲忧虑的，是年轻教师普遍比较迷茫，缺乏职业规划，不知道要成为一个什么样的教育人，"总是有一种被人推着走、拖着走、被动为之的感觉"。

"教育是一个特殊的职业，它不能仅仅被当作谋生的手段。"在李晓玲看来，年轻教师之所以主动意识不强，就是因为缺乏唤醒。"从人的天性来说，都是追求进步、向上向好的，这就需要有一批优秀的教师来唤醒他们。"

她认为每个教育人都应该唤醒对这份工作的热爱。"为什么有人不喜欢当老师，当上了都想逃，就是因为他们管不好学生、教不好课本，每天都经历挫败。我们要教给年轻教师应对职业挑战的方法，他就能找到职业乐趣、收获职业成就。当然，最重要的还是爱的唤醒，这是灵魂。"李晓玲说，如果教师们都有"我爱我的学生、我爱这份工作"的责任心，就会想尽一切办法去做好；即使遇到挫折和困难，也不会抱怨，而是想办法去攻克它、解决它。

汉广难泳　寻渡有舟
——记特级教师、正高级教师韩先才

人物名片

> 　　**韩先才**，男，四川省攀枝花市第七高级中学（原攀钢一中）正高级教师，四川省特级教师，四川省教书育人名师，四川省"韩先才高中语文名师工作坊"坊主，四川省中小学教学名师，攀枝花市优秀教师、优秀班主任，攀枝花市学术技术带头人、语文学科带头人，攀枝花市高中语文名师工作室领衔人。创立作文"分阶教学法"，践行"张力语文"教学主张，获省科研成果一等奖1项、二等奖2项、三等奖3项。出版3部专著，参编著作4部，发表文章多篇。

1. 山村少年　沉醉阅读

　　韩先才出生在会理县（今会理市）一个普通农民家庭，兄弟三人，他排行老大。

　　7岁那年，本该入学的他，却因为小弟降生，家中无老人帮衬，不得不留在家照顾两个弟弟。8岁，他终于入学，第一天却差点被老师赶回家：因为家境贫寒，营养不良，他个子矮小得不像个学龄儿童。

　　虽然比别人迟了一年入学，韩先才却比其他同学早早认识很多字。他父亲初中毕业，算那个时代的"文化人"，经常用家家都有的毛主席语录本教他识字。入学前，他就能正确书写"整"字了。

　　得益于父亲的启蒙，韩先才对文字内容产生了浓厚的兴趣，喜欢阅读身边能找到的所有读物：语录板、黑板报、宣传册、药品说明书、半张报纸……小学四年级，他就读了吴运铎的《把一切献给党》和吴承恩的《西游记》。《西游记》还是繁体字版，从右往左竖排。刚开始，他连蒙带猜地读，读了不到三分之一的篇幅后，就基本没有阅读障碍了；然后他又从头开始读，把细节搞清楚。他还从家中的杂物堆里翻出并读完了两个叔叔（父亲的堂弟）用过的初高中语文教材。

读得多了，韩先才写作文时就和其他同学表达不一样，老师也很快注意到了这棵"好苗子"。学校每次开大会，安排学生发言，他一定是代表之一，而且都是自己写发言稿。

得到的鼓励越多，韩先才的成绩也越来越优秀。那时的小学只念五年，因为语文成绩突出，五年级时，他就被安排去听学校办的"戴帽初中"的语文课。至今，他都记得上《醉太平·讥贪小利者》一文时，老师讲到"鹌鹑嗉里寻豌豆，鹭鸶腿上劈精肉"的神情语气。

1978年，受惠于改革开放的政策，韩先才考进了会理县最好的中学读初中，并一直在那里念完了高中。有个小插曲，考初中时，最后一题作文二选一，他一看太简单了，一口气把两个题目都写了。

县城相对优渥的条件，大大扩充了他的阅读内容。初中周末，他经常到新华书店旁边的小巷看连环画册，1分钱租一本，除去生活费，他把手头的钱全用来租书读。高中时代，他阅读的时间集中在假期，只要能挤出半天时间，就一定跑去县城图书馆阅览室看书。那里读书不收费、不用证件、不登记，只要把读过的书放回原位就行。每次，都是管理员下班催促了，他才恋恋不舍地离开。一年两个假期，他几乎读完了阅览室里的所有文学期刊。

"阅读带给我无与伦比的快乐，它满足了我青少年求知的饕餮欲望，让我暂时与贫穷的现实脱离，进入丰裕的精神世界，也让足不出县城的我可以肆意品味百样人生。"韩先才说，正是这段如饥似渴的阅读时光，培养了他对文学的兴趣，为后来成为一名语文老师奠定了基础。

2. 耳濡目染　立志从教

选择当老师特别是当一名语文老师，韩先才是受学生时代遇到的几位好老师的影响。

第一位是初中语文老师曾令梅。"曾老师最擅长文本结构分析，她就像一位魔术师，再纷繁复杂的课文内容，被她揉搓捏吧就神奇地呈现出清晰的线条，让我们可以轻易地找到或显眼或隐藏的风景。"上曾老师的课，韩先才特别专注，几乎能记录下老师对课文分析的每句话，"因为我能把握到老师的思路，她说完上句，我就能猜到下句。"

第二位是高中语文老师黄传武。他虽然只教了韩先才一年，但却影响了他整个高中语文学习乃至后来的语文教学。黄老师带领学生辨析词语、句式和句子表达的最细微区别，引导他们去发现和填充课文中大量空白之处，让人觉得一篇课文有无穷的精彩之处需要去挖掘，"所以我对课文的学习总是充满期待，总是积极地表达自己的理解，希望得到老师的肯定"。韩先才有关语文"语修逻文"的系统知识就是从黄老师的教学中逐渐清晰起来的。

更绝妙的是，每次写作文，黄传武老师都要求学生用毛笔书写，一篇作文写下来涂改不能超过三个字，超过了就要重抄，所以对付每次作文，韩先才至少要用一周时间，"这训练了我遣词造句、凝练语言的能力"。

遗憾的是，韩先才高二那年，黄老师就落实政策并返回了江苏。"我后来才知道，黄老师是华东师范大学中文系毕业的高才生，我是何其有幸啊！"黄老师虽然走了，但韩先才后来的语文学习，依旧按照他培养的习惯推进，成绩也越来越好。

各科成绩中，韩先才的数学较差，虽然总成绩经常排全年级第一、二名，但数学却经常考不及格。高中最后一年，他发愤恶补数学。无奈前面"欠账"太多，很多题都不会，只得去求教老师。没想到，老师接过去，斜着眼看了他一眼就走了。"我知道，在老师看来，这道题太简单了，他都不屑跟我讲。"受到刺激的韩先才也不服气，上午数学课干脆不听了，自己埋头琢磨，一整天过去了，那道题还是不会。最后，实在没法了，下了晚自习又"厚着脸皮"去老师家里讨教。没想到，老师这时的态度却出奇的好，耐心细致地跟他讲，还举一反三讲了很多其他例题，茅塞顿开的韩先才明白过来："老师上午是在故意'激'我呀，就是想看看我有没有决心学好数学！"那年高考，他的数学成绩总算没有"拖后腿"。

"说起高考，也令我终生难忘。"原来，高考前一周，韩先才运动不慎，导致右腿骨折，无法行走，最后，打着石膏的他，是由班主任背着进考场的。"正是青少年时期，我遇到了这么多优秀的老师，让我坚定了从教的理想。"填志愿时，韩先才第一、二、三志愿全部填了师范院校，最终成功被第一志愿"西南师范大学"（今西南大学）中文系录取。

3. 福州之行　大开眼界

1988年，韩先才以优异的成绩从大学毕业，担任学生干部的他本可选择去发达的沿海城市，但他放弃了，经学校推荐，回到了离家更近的攀枝花钢铁集团公司第一中学（简称"攀钢一中"）任教。

那个年代，攀枝花钢铁公司可是人人挤破脑袋都想进的好单位，创办于1981年的攀钢一中，无论办学条件还是教师待遇，在当地都是"数一数二"的。韩先才去的第二年，学校就搬进了占地200多亩的新校区。

攀钢公司教育处特别重视新教师的培训。每一年，都要把从全国各地引进来的年轻教师轮流派出去脱产培训，一去就是半年，且目的地选在上海、北京、福州等教育发达地区的名校。1989年9月，刚入职一年，韩先才就获得培训机会，到福建省的福州一中跟岗学习。正是这半年时间，让初出茅庐的他眼界大开，不仅见识到了全国先进的语文教育样态，也为他未来的语文教学打下了亮丽的底色。

福州一中安排的指导老师是教学副校长陈日亮。后来，韩先才才知道，陈日亮先生不仅是全国名师，还是全国人大代表、《教师法》的提案人，"我真是太幸运了"！跟随陈先生，韩先才学习从高一到高三的教学，尝试为高一高二出检测试题，大量批改学生作业，并就学生作业和考试情况写分析评述，"一点都不觉得累"。

陈老师还带他参加当年福州市和福建省的高考分析会、福建省的诗词吟诵会、全省的戏曲艺术表演周活动。特别是在高考分析会上，他感受到了当年内地与沿海教育上的差距。"那时他们就已经非常重视阅读教学，而我们仍然是以知识传授为主线。"给韩先才留下深刻印象的还有福建省对高考大纲钻研之深、之细，"我才意识到，原来一门课程的教学是要讲求路径和方法，而不能仅凭感觉的"。

半年福州之行，韩先才彻底完成了从学生到教师的身份转变，也拓宽了眼界，明白了优质教学和优质课堂是什么，加深了对语文教学本质的认识，最重要的是他在心中种下了阅读教学在语文教学中具有最为重要地位的思想种子。回到攀钢一中后，他便孜孜不倦地投入阅读教学的探索中。

4. 精益求精　超越自我

在很多高中学校，校长一般不会放心让新教师教高三。攀钢一中也一样，新教师一般要经过两三轮高一、高二的历练后，才能教高三。韩先才成长很快，仅仅第二轮就完整地教到了高三。不到十年，他对语文的教学就做到了驾轻就熟。这是怎么做到的呢？

20世纪八九十年代，教学资源相当匮乏，要为学生准备训练、复习、考试资料的艰难程度是今天青年教师难以想象的，习题、考试资料都得靠老师自己编制。教学之余，韩先才反复研究教材，筛选报纸杂志上的文章，对照考点、命制训练题、考试题。"我特别感谢那段岁月，因为一两轮教学下来，我不但对高中教材了如指掌，甚至把大学的相关教材又重新学了一遍，对教学设计的认识也有了很大提升。"他说。

在高中有一个普遍现象，即学生往往把数理化等学科作业做完了才会管语文。这种情况下，老师该如何吸引学生、达成教学效果？"必须紧紧抓住课堂，让学生通过语句、文本的学习，进行大量联想和想象训练，习得更丰富、更广阔的人文素养。"韩先才谈道，语文老师就得靠对文本独到、深刻的解读和个人魅力去感染学生，让学生爱上语文课。

当然，他也有许多语文教学小招数，比如让学生写周记，给学生命题写"我和我的家庭"等小文，作为班主任，就可据此了解学生曾经的成长情况，走进学生的内心。又如，由他出资，让学生以寝室为单位组织清明踏青活动，每个小组要有详细方案，活动结束后，要做课件汇报、分享感悟。他还经常在班级搞成语知识竞赛、读书交流会、课前5分钟演讲等；到了高三那年，为了更直接"接轨"高考，课前演讲就换成了关键词评述、时事短评等训练。

2005年12月1日，攀钢一中从攀钢集团剥离，移交地方，并更名为攀枝花市第七高级中学校。但教师们的"攀钢情结"却延续至今，特别是对待工作一丝不苟、精益求精的态度和作风。

有一年，上级来检查工作，学校要选派一名"出彩"的语文教师去上示范课。韩先才时任语文教研组长，学校要求他帮那位教师做教学设计，课程是《我与地坛》。没过两天，他又接到任务，为另一位较有名气的教师设计同一篇课文的展示课。他变换角度另起炉灶，把新教学设计做了出来。没想到，到了周末，校长突然通知他，马上准备下周上同一篇课文，上级领导要来学校听他的课。这下韩先才可犯了难，因为前两个设计已经让他绞尽脑汁，并自认为是这篇课文教学的最好角度了，再想要出彩就太难了。

"但转念一想，全国这么多老师都在讲这篇课文，难道就没有其他巧妙的思路了吗？答案自然是不言而喻的。"韩先才静下心来，决定把前两次设计当成对手，去思考用什么方法战胜它们。他重新字斟句酌研读课文，千方百计搜集资料，深思熟虑研判学生情况，终于有了一条独具一格的教学思路。他趁热打铁，很快做出了教学设计。展示课那天，学生在他一步步引导下，表现也超出预期。当下课铃响，看到后排听课的领导被学生的讲述打动、眼角挂着泪珠时，韩先才知道，他又一次战胜了自己。

5. 在学习和研究路上不断登攀

成长道路上，韩先才从未停下学习、钻研的脚步，利用各种机会和平台，不断提升专业素养和能力。这期间，他遇到了不少提携和托举他的"贵人"。

最早带他走上教学研究之路的是校长刘自力。韩先才担任语文教研组长时，他就要求其把学生作文分析作为课题来研究，于是就有了后来的"作文分阶教学法"研究成果。

每学期期末，市教科所的语文教研员就要组织统一考试、统一阅卷。最开始的教研员是年长的牟从义老师，每次阅卷，韩先才都主动认领最多最重的任务，完成得又快又好，牟老师就安排他担任阅卷小组长。小组长要召集小组老师研读试题，研究答案，调查答卷，然后制定评分细则；阅卷中还要检查评阅尺度和质量；阅卷结束后要写出阅卷分析，在全体阅卷教师中讲解并接受质询。"在牟老师的帮助下，我学会了试卷分析，学会了从考试的角度去认识学生和修正教学，也开阔了视野，认识了许多志同道合的朋友，特别重要的是，学会了学术担当。"韩先才说，他对语文教学的科学认识和深入研究就是在那时打下了坚实的基础。后来，教研员换成了谢和平老师，他给韩先才布置了很多关于全市高中语文教学的任务——上公开课、做学术交流、组织语文活动、进行高考研究、制作各年级质量检测试卷、评课……推动他在更大范围、更深层次认识语文和语文教学。

2010年，韩先才到山东昌乐二中学习培训，该校"271"课堂和新课改理念给了他极大冲击，让他更新了教育观念，素质教育、学生观念从此成为他的执教坐标。他还学会了及时记录和总结反思，并对反思进行提炼深化，形成论文等成果。

2011年，46岁的韩先才经学校破格推荐，被评为四川省骨干教师，同年又遴选为四川省首批教学名师，正式成为四川省教师队伍"百千万工程"的培养对象。千名教学名师正是将来百名省特级教师的摇篮，韩先才从此将"特级教师"作为奋斗目标。

后来的三年时间里，韩先才每年都要到西华大学参加两次省级骨干教师和教学名师集中培训。"省级培训使我增长了理论知识，明确了专业成长的路径和方法，懂得了提炼教学成果等更高层次的专业发展要求。"也正是这两项培训，"逼"着韩先才完成了一项科研成果的申报和一项省级课题，并撰写出了《让学习和研究成为起跑的助力》等文章。

因为培训，韩先才结识了四川省教科院的段增勇老师——全省高中语文教研"掌门人"。此后十多年里，韩先才多次向段老师请教、与段老师交流，"他说得最多的就是要做真正的语文人，语文人要多读书"。从段老师身上，韩先才看到了语文老师的细腻与执著，见识了语文老师的风度与精彩，感受到了语文的味道和语文人的温度。

2014年8月，韩先才被评为四川省特级教师。随后，国家开通了中学教师职称晋升的新通道——正高级教师，再次激发了他向上拼搏的动力。当年，他便担任了"四川省韩先才高中语文名师工作坊"坊主，带领攀枝花市30位青年骨干教师开展区域语文教学研究。他们一边研究教学，一边研究理论，集中深入研读了王荣生教授的《阅读设计要诀》，获益匪浅。韩先才相继主研了"三助五段式云课堂教学机制建设"课题，主持研究了国家级课题子课题"高中语文群文阅读培养学生思辨能力实践研究"、省级电教课题"基于云课堂的高中语文群文阅读教学研究"，深入学习了关于群文阅读、整本书阅读、思辨性阅读的著作和大量文章。

这些阅读和研究，极大地提升了韩先才的教育教学理论水平。2019年，因为教学、研究、青年教师培养和团队建设等工作均有突出成果，韩先才被评为首届四川省教书育人名师，并成功晋级为正高级教师，成为攀枝花市语文教育的一面旗帜。

6. "当老师，至少要做一个有想法的人"

在大众观念里，所谓"名师"，一定是能将诸多学生送入理想大学尤其是名校的老师。

韩先才很早就达成了这样的目标。攀枝花第七中学建校40余年，已累计有五六十名学生考上了清华大学、北京大学。最辉煌的1998年，一共考取了13人，韩先才教的班上就有3人。

相较于名校录取率，韩先才更看重的是他的语文学科能教给学生什么，特别是离开学校、步入社会后仍然有用的东西。

"语文当然重要，但这种重要不是说可以直接为你带来多少经济效益。人文学科的作用，就在于启发思考、提高素养，可以让人心境更开阔、人格更有魅力。"韩先才经常对学生讲："如果你想要把生命过得更有质量、更幸福，就一定要把语文学好。"

学生小左的成长令他十分感慨。1993年，小左以优异成绩考上了华西医科大学（今四川大学），也一直念完了博士。但他对中医也特别感兴趣，就买来《黄帝内经》等中医经典书籍，自学完成了中医相关课程，如今成了成都中医药大学附属医院的著名中医专家。"多亏了韩老师在中学时代帮我打下的语文底子,我才读得懂那些大部头的中医经典书目。"在后来一次师生相聚中,小左真诚的话语让韩先才更感使命在肩,"语文教学就应该有'语文味',语文老师也应该有传承中华优秀传统文化的使命和担当"。

韩先才很欣慰自己成了潜移默化影响学生的好老师。"从小,我就梦想成为钦慕的语文老师的样子。"他说,这一路上看到语文界诸多前辈的优秀表现,激励着他见贤思齐。

自站上讲台,韩先才从未想过更换职业。在他看来,教师专业成长,是需要有职业理想的。"这个理想不一定要多么高大上,不一定非要做教育家,但至少要做一个有想法的人,努力做一个优秀的人。"他寄语正在从教和有志于从教的年轻人:当老师,第一要热爱,绝不能仅仅当作养家糊口的职业;第二要踏实,能静下心去钻研;第三,还要有一点情怀,"做教育,还是需要一些看起来傻傻的人"。

"汉之广矣,不可泳思。江之永矣,不可方思。"[1] 借用《诗经·国风·周南·汉广》中的名句,韩先才形容语文教育"学海无涯"。"在语文教育这条宽广的大河里,我有幸撷取到了几朵浪花,希望后来者可以找到更多渡河手段和工具,更加从容自在地徜徉其中。"他谦虚地说。

---

[1] 陈戍国点校:《四书五经(上)》,岳麓书社,2023年,第235页。

"愿与学生同学习共成长"
——记特级教师、正高级教师邹大平

人物名片

> **邹大平**，男，四川省邻水中学正高级教师，四川省特级教师。历任四川省邻水中学备课组长、教研组长，班主任、年级副主任、政教处副主任、教育科学研究室主任，现任邻水中学工会副主席。先后荣获"四川省教书育人名师""四川省优秀教师"，广安市"先进个人""师德标兵"，邻水县"优秀教育工作者""先进个人"等荣誉称号。

1. 跳出"农"门　站上讲台

1988年6月，还未满15岁的邹大平面临一个选择：初中毕业的他，是继续念高中，还是考中师、中专？

那个年代，读高中、考大学的渠道虽然畅通，但继续寒窗苦读三年却未必能如愿的不确定性，让学生和家长更青睐"考上就等于吃上'国家粮'"的中师、中专。后者的录取分数线也远高于前者。

邹大平的成绩在学校名列前茅。"当时，我对自己未来的规划并不清晰，虽然想考邻水中学，将来读大学，但班主任的建议，让我最终填报了'中师（含邻水中学）'志愿。"邹大平顺利地被四川省邻水师范学校录取。"我不后悔这个决定，因为它让我跳出了'农门'！"

邹大平出生在邻水县一个普通的农民家庭，兄弟姊妹4人，小时候他最深刻的记忆就是"饿"，"家中土地少，秋收的粮食交了公粮后就所剩无几"。他回忆，读师范学校前，他基本没吃过米饭，每天的主食就是红薯、玉米和麦粑。在这么艰苦的条件下，他父亲却非常支持孩子们读书，"只要你们考得起，我砸锅卖铁都供到底"。

中师学校致力于培养基础教育全科教师，各门学科优秀教师轮番上台传授知识与技能，这给邹大平打开了一扇全新的认知"窗户"。

在此之前，邹大平一门心思扑在语数外等文化科目上，音体美等科目就没怎么学。在师范学校的第一堂音乐课上，邹大平一开口，老师就竖起大拇指，夸他"嗓音好"，唱歌有天赋。音乐老师的赞誉给了他莫大鼓励，从此就跟随老师学习乐理、刻苦练声，三年下来，歌唱水平突飞猛进。对语文的热爱也是在中师期间培养的。初中时，邹大平对普通话毫无概念，而且说得很不标准，经过师范学校语文教师的调教，加之有一副好嗓子的加持，他很快成为班级的"朗读专业户"。

这两项特长也让工作后的邹大平更快地在邻水县教育系统崭露头角。1991年，作为新教师的他，代表邻水县教育系统赴达县地区（今达州市）参加了首届中小学师生艺术节；2000年后，每年的春节团拜会、师生大型文艺晚会，他都担任主持；他还在各种诗歌朗诵、歌咏比赛中担纲主力，并获得过广安市朗诵比赛个人第二名。

师范毕业后，邹大平被分配到邻水县龙桥中心小学。因为在音乐方面早早展露出来的才华，让领导对他产生了先入为主的评价："小伙子不错，可以在中心校当音乐专职教师！"

没想到，对校长的"偏见"，邹大平并不认可，心底里也不服气："难道我还不能教语文、数学了？"三年后，他铆着一股劲，考上了成都成人教育学院，脱产进修中文专科。

1996年，邹大平专科即将毕业，联系到当地最好的邻水中学实习。分管教学的副校长接过他的简历，一看"专科生"，本想拒绝，又看到他在大学担任"学生会主席"，遂转念给他一个机会。

那年暑假，邻水中学正好面向全县中小学考调2名教师，共有十几人报名，大多有教过初中、高中的经历，邹大平是唯一以小学教师身份参考的。没想到，他最终竞争获胜、脱颖而出。

从此，邹大平便开启了他的中学语文教育之路。

2. 下苦功夫钻研　成长远超预期

在邻水中学，邹大平先被安排教初中。学校"传帮带"氛围和机制比较好。新教师每学期都要上"合格课"，邹大平记得第一次上课，备课组的其他三位老教师都到现场听课、提意见，修改打磨后，教研组的老师又来听课、点评。"当时，每位老师对课堂教学都有各自的看法、评价，我作为新教师，有些无所适从。"他说。

但邹大平是一个学习力、领悟力很强的人。很快，他就掌握了语文教学的基本技法，并有意识地形成自己的教学风格。他回忆，到第三学期，上《杨修之死》一课时，他就能轻松驾驭多种教法了，诸如多种朗读方式、学生讲故事、读写训练等都能在课堂上得到充分展示。

正好，邹大平有了一次外出学习的机会。四川省青年教师优质课展示活动在广汉举行，学校派他去观摩学习。正好有代表乐山市参赛的李镇西老师上《孔乙己》一课，这给了他很大冲击。"切入点很好，从'孔乙己大约的确死了'这句看似矛盾的话入手，引导学生探究，并结合孔乙己出场、外貌、语言等描写，循序渐进得出结论。"邹大平说，整节课环环相扣、一气呵成，"换作我们，至少要四五个课时才能完成的教学量，李镇西老师一节课就讲透了"。

回到学校后，邹大平开始反思自己的教学，"语文教学，特别是讲一篇课文，要善于'以线串珠'，由一个小的典型问题切入，把整篇课文串联起来，切忌面面俱到"。他在课堂上大胆尝试、实践，不断总结、提高，很快就收到了意想不到的成效。

这期间，邹大平在师长的鼓励下，通过函授的方式，取得了西南师范大学（今西南大学）汉语言文学专业本科文凭。2004年，他开始教高中语文。

在邹大平看来，和初中相比，高中语文的教学对教师的专业知识要求"高得多"。刚开始，他也诚惶诚恐，生怕自己知识储备不够而"误人子弟"。那时，可参考借鉴的教学资源不多。他便到处去搜集、购买来一堆省内外高中语文名师的录像光盘，用一个暑假的时间，把自己关在屋子里，挨个观看别人是怎么上课的，揣摩领悟他们的教学设计，并从中提炼、温习各种知识点。

正是凭着这股"舍得下苦功夫"的钻劲儿，邹大平很快站稳了高中讲台，得到了学生和家长们的认可。

当然，他也不是没有挑战，"因为是第一次教高中，对高考命题的把握就要差一些，不确定自己的教学能否帮助学生击中高考的'箭靶'"。

邹大平清晰地记得，2006年暑期，邻水遭遇了极端高温干旱天气，一个多月时间里气温没下过40℃。他带的第一届学生正好步入高三复习阶段，师生们咬紧牙关硬是"熬"了过来，没有一个人掉队。

他采取专题复习的形式，把近10年高考试题中涉及的知识点、考点全部罗列出来仔细研究，再重新打散、分类、凝练，一个专题一个专题地给学生讲，并把知识点所对应考查的高考试题拿给学生当堂训练。就这样师生同心，他带的第一届学生高考成绩远超预期，一名学生还夺得全县理科第一名。

有了第一届的基础，第二届就教得顺风顺水、重点突出了。比如，针对"字音字形"版块，他将容易考的、学生容易错的全部整理出来，每天让课代表写5个在黑板上，让学生练习、识记。2008年高考，邹大平教的那个文科班中，20多人的语文成绩超过了120分，其中最高分为127分。

从教多年，邹大平所带班级班风正，学风浓，成绩优，多次被评为"先进班集体"。他所教学生中有3人被北京大学录取；所带班级的语文高考成绩在同层次班级中每届都夺得第一，2009届、2010届、2013届、2016届、2019届、2020届高考均有学生夺得语文单科全市或全县第一名。

3. 因材施教　亦师亦友

工作三十余年，邹大平从事语文教学的同时，也长期担任班主任，深得学生们喜爱。

谈到班级管理的秘诀，他说，针对不同的学生，管理方法要有所区别。"比如初中学生，年龄小，自控力较差，说了可能管不到一会儿，就要从严。而针对高中学生，对他们的管理就可以宽容一些。"邹大平透露，曾经还有学生给他提意见，觉得他对学生"太宽容了""自习课都安静不下来"，但他发现，在相对宽松的班级环境，学生思维也会更加活跃，有利于特长生、尖子生的培养。

后来，随着交通的便利和城镇化进程的加快，不少优质生源向教育发达的城市汇聚，留在邻水就读的大多是基础较弱的农村学子。针对这群孩子，邹大平的管理又有新的变化。

"此前，学生基础好，会更多地让他们自学；而现在，课堂上教授、引导、关注得更多一些。"他说，对现在这群孩子，首先要降低期望值、放慢进度，"一定要让学生自己得出结论、悟出道理"。因此，他会想各种办法、打各种比方，或者迁移联系其他知识来帮助学生增强印象。

在日常生活中，邹大平与学生亦师亦友。他善于走进学生心灵深处，许多学生利用短信、QQ、微信、书信等方式向他倾诉内心的烦闷与惆怅，学习上的困惑、与父母之间的隔阂、与同学之间的矛盾、与老师之间的摩擦等等学生们都愿意与他交流。他也会主动和学生交谈，直至将他们的真实想法和家长沟通，让家长做好子女的参谋，支持子女的发展。除此之外，他还让家长走进学校、走进课堂、走进宿舍，参与班级的教育教学活动，并取得了良好的反响，这项研究成果还获得"四川省家庭教育优秀成果二等奖"。

小许是邹大平在邻水中学教的第一届学生，后来留学欧洲，涉足经贸、旅游、教育等行业的她回忆，邹老师普通话标准、声音好听、字也写得好，是当年学生们崇拜的偶像，"他教给我们很多做人的道理，比如要想成为'人上人'，获得别人的认可、尊重，自己首先得强大，机会都是留给敢于拼搏、永不放弃的人"。

　　无论教书还是育人，邹大平都走在前列，学校在对他充分信赖的同时，也给予他更多重任。2013年开始，他相继担任学校政教处副主任、教科室主任、工会副主席等职；在做好日常语文教学的同时，又分管年级工作，学校安全、资助、学生社团或教科研工作。有时，还要承担学校活动主持人的培训、学生演讲比赛的指导。因为常年早上6点到校、晚上11点回家，睡眠不足严重影响了他的身体健康，患上了胃病，1.70米的个子体重还不到50公斤。但他毫无怨言，仍然每天乐呵呵地奋战在教学一线。

4. 紧扣教学做研究　　课堂生动展才气

　　做教研，邹大平并非有意为之，而是"无心插柳"之举。

　　2006年，为帮助学生复习，在认真梳理、研读历年高考试题的过程中，他发现了一些规律，有了一些感悟，就试着写下来，于是，第一篇科研论文《巧读古诗词》就顺利发表了。

　　这给了他莫大鼓舞。原来科研并非高深莫测、遥不可及。后来，他加入了"农村高中语文课内阅读研究"课题组，阅读大量文献、改变课堂教学方法、收集学生反馈，最后整理各项数据、结题形成报告……这个过程，让邹大平得到了一次完整的做课题研究的训练。该课题获得了广安市二等奖。凭此成果，邹大平2010年顺利获评"省骨干教师"荣誉称号，并被选入"四川省中小学名师学习班"（简称"名师班"）。

　　而真正对教研"渐入佳境"，邹大平将其归功于在名师班的学习。那几年，他和其他4名学员，在一位大学教授手把手的指导下，从课题的申报开始，一个环节一个环节地训练、实践，经过无数次讨论、修改、提升，最终圆满完成了一项高质量的省级课题。

　　在邹大平看来，一个好的课题一定是来源于教学又能反哺教学的。比如，他在做农村高中语文课内阅读研究时，发现学生对有些课文提不起兴趣，甚至有学生在语文课上做数学题。针对这些问题，他并不是去批评学生，而是去反思，为什么会有学生不喜欢上语文课……当他尝试着把教材中年代久远、不合适的内容，换成比较新的、更接地气的文章后，学生们的兴致明显得到提高。

在激发、调动学生学习兴趣上，邹大平读中师期间习得的各项技能就显出了优势。当讲到恰当处，他抬手一挥，"唰唰"几笔，一幅或惟妙惟肖、或意境深远的简笔画就跃然黑板上；上《虞美人》一课时，他一展歌喉，清亮动听的歌声听得学生欢声雷动；他播音腔一般的普通话、潇洒飘逸的书法，也往往被学生追捧、模仿……

"一名教师的综合素质越全面、展示得越充分，就越容易得到学生的认可，学生也能更喜欢你的课，愿意在你的引导下好好学习。"邹大平说，受自己读书期间老师们的影响，他主张"快乐学习"，课堂中不时穿插一些轻松幽默的内容，教学方式方法也灵活，"吹拉弹唱，十八般武艺，只要有利于教学、有助于提高学生兴趣，我都愿意用上。"

5. 榜样激发成长无穷力量

查小山2015年入职邻水中学，在语文教学上曾拜邹大平为师，"邹老师非常亲和，我从未见他发过脾气，无论是分管年级工作，还是对待普通教师，他都非常有耐心。教学上，他经常挂在嘴边的一句话就是'教考结合'、要注重'一课一得'"。

近几年，邹大平在给全校同事分享成长经验时，着重谈到了三点：第一，要热爱学习。教师不能只要求学生爱学习，而自己不思进取，不管采取什么方式、途径，参与听课或评课，都要抓住一切机会学习，不仅学习别人的技法，更要学习名家的智慧。第二，要勤奋敬业。教育是漫长的事业，需要日复一日年复一年地持续付出，你教书育人的回报与你舍得花在这份事业上的时间成正比。第三，要与时俱进，不断更新自己的教育理念和教学方法，要敢于跳出自己的舒适圈，摒弃过去效率低下的教学模式，大胆尝试新的方式，只要其有利于提高课堂效率、有利于学生成长成才。

"成功离不开自己的勤奋，也需要一点机遇，最重要的是要有目标。有时，榜样的作用会激发出无穷的潜力。"邹大平以自己的经历为例，2000年左右，邻水中学先后有两名数学教师被评为"四川省特级教师"，他心生羡慕，渴望有一天也能像他们一样，于是就暗自发奋并坚持不懈地努力。"如果，你也想成为一名优秀的教育人，让你的教育生涯过得精彩又有意义，不妨现在就确立一个目标、做好相应规划，从当下开始吧！"他对年轻教师们说。

第四篇
究·善思笃行

"道之未闻,业之未精,有惑而不能解,则非师也。"要想学生学好,教师必须好学。一名成功的教师不应只是经验丰富的"花匠",还应是善于反思研究的学者。只有不断研究,才能适应时代之变、教育之变、学生之变,才能实现自我创造与超越。

追寻真而正的语文教育人生
——记特级教师、正高级教师黄明勇

人物名片

> **黄明勇**，男，成都七中督学、正高级教师，成都市特级教师。教育部国培高端研修项目四川语文工作坊主持人，四川省先进工作者，四川省（高中语文）名师鼎兴工作室领衔人，四川省教育学会学术委员，四川省教育学会中语会常务理事、学术委员会副主任，四川省教育厅四川师范大学基础教育研究中心特聘专家，成都市学科带头人。主持和主研国家、省市各级课题多项，公开发表各类文章近200篇，近年在《中学语文教学》《语文教学通讯》《中学语文教学参考》等中文核心期刊发表论文80多篇，有10篇教学论文被人大复印报刊资料《高中语文教与学》全文转载。出版著作多部。

1. 家人给予爱的力量

黄明勇出生在宣汉县大巴山深处的天宝乡，出门望去，除了山还是山。喊山、跑山、哭山、吃山……人与山的对视，人与山的对峙，构成了他童年孤独而忧伤的记忆。

两位家人对他的成长产生了深刻影响。

黄明勇的父亲曾任当地的村支部书记，读过书，明白"知识改变命运"的道理，特别重视教育。为了给村里孩子们建学校，他带领大家砍树、抬石头、背泥瓦，没日没夜地干，还不小心被木头砸断了背脊骨，落下了终身残疾。

对自家孩子，他更是从小就注重品德修养，鼓励追求进步，家里再困难都拼命供他们读书。黄明勇姐弟4人，每个人都读到了高中。

宽厚仁爱是父亲留给黄明勇记忆最深处的品质。"我从未看到过他跟谁吵架，对任何人都和和气气，仿佛在他心底，找不出一丁点儿恨。"在黄明勇记忆里，但凡有村民生疮害病、经济困难、揭不开锅，父亲都会竭尽所能去救济。

黄明勇的父亲还看管着当地的林场，对重庆来的知青，他像对待自家孩子般慈爱，手把手教他们干农活，后来又想方设法帮助他们考学、返城。知青们都亲切地称呼他为"黄爸爸"。

黄明勇的大姐，成绩优秀，从宣汉中学毕业后，囿于时代之变，未能继续读大学，便回乡当了一名乡村教师。

"姐姐不但人漂亮，还会画画、刺绣，写得一手娟秀的字。更重要的是，姐姐心地非常善良。"黄明勇经常见她给学生做饭、梳头、洗衣、捉虱子。当他后来走上教师岗位，大姐对他讲的两句话让他铭记至今：一定不能打学生，要真正关心学生；对任何学生都要公正，一视同仁。

黄明勇的大姐比他大20来岁，对这个小弟弟的成长，她倾注了许多心血：弟弟爱看课外书，就给他订《少年文艺》杂志；弟弟上高中没有英语书，就翻几座山去帮他借来皱巴巴的课本；有一次，她揣着仅有的一点工资，步行一天到县城，给弟弟买了一背篓的书回来……

在黄明勇眼里，父亲就如大巴山林中的古柏，宽厚苍劲，张开粗壮的枝叶庇护着他深爱的人们和家庭；姐姐如山丛中青幽的兰草，虽身处蛮荒之地，却开出了高贵的花朵。

"每当我遇到困难、精神消沉，就会想起父亲的宽仁、姐姐的善良，心中所有的不愉快都随之消散。他们是我走好人生之路最原初的精神力量。"黄明勇说。

2. 多位好老师带来温暖

1979年，黄明勇在父亲组织修建的村小完成了小学学业，顺利进入姐姐所在的天宝乡中心校读初中。他天资聪慧，又勤奋刻苦，三年后以第一名的成绩毕业，也是学校唯一考上高中的学生。

黄明勇所念的天生中学，地处河谷热闹的场镇。和当地学生相比，从高山上走下来读书的他就相形见绌，不仅个子矮小、衣着简朴，学业上也差了一大截，"我此前从未学过英语，连26个字母都认不全"。

但一年后，他的成绩就从刚入校时的倒数一、二名，急剧跃升至班级前几名。"这多亏遇到的都是仁爱、善良的好老师！"黄明勇感慨地说。

英语张鹏老师，教书很有激情和感染力。他发自内心地爱着每个学生，对所有学生一视同仁，绝不因农村来的学生成绩差、穿着差就嫌弃他们。他给黄明勇补习功课，耐心纠正每个字母的发音。

语文杜老师，虽然在乡镇上教书，却非常注重仪表，常年西装革履，皮鞋擦得锃亮。"他字写得特别好，还经常在报刊上发表文章，让人感觉格调高雅。"在少年黄明勇崇拜的目光里，语文老师就该是这个样子。

有一次，杜老师叫黄明勇上台给全班同学念他的作文，这让他受宠若惊。"要知道，当时我作文写得并不好，杜老师却给我机会，以此激励我。"从此，黄明勇更加盼望上语文课，作文也越写越有劲。他当了老师后，也把这种方法用在学生身上。

地理周老师，虽然是一名代课老师，书却教得特别好。高一上期考试结束，在校园的一棵树下，他摸着黄明勇的头，慈爱地说："你跟我去年教的那个娃娃很像，神态相似，连答题思路都一样，他考上了中师，你好好学，一定也能考上大学！"听到这话，黄明勇像被注入了莫大的动能，学习有了使不完的劲，"我当时在班上还是一个'差生'，周老师竟然这么真诚地夸奖我、认可我"。

在老师们的关爱、激励下，黄明勇的成绩越来越好。参加高考预考时，他一下子从全班 60 多人中脱颖而出，取得第一名。随后参加全国高考，又成为该校当年唯一考上大学的应届生，把老师们都惊呆了。那一年，他才 16 岁。

1984 年，带着简单的行李，黄明勇从大巴山走进了南充师范学院（今西华师范大学）。到了大学，他才感受到自己与身边同学在家境、经济上的差距。强烈的自卑感向他袭来，更切肤的是寒冷。冬天到了，他没有毛衣、棉衣，只能穿着一件单衣；床上只有被盖，没有褥子，晚上冻得直发抖。

班主任杨老师知道后，悄悄给他送来一件军大衣。这件军大衣，一直陪伴了黄明勇大学四年，"我白天穿在身上，晚上垫在床上，真的是给了我无尽的温暖"。

3. 奠定扎实的语文专业根基

黄明勇读中文系，晚上寝室"卧谈会"时，听到来自成都、重庆等大城市的学生张口一本文学名著、闭口一个名家后，他一下子意识到，自己"书读少了"。

知耻而后勇。下来后，他干了一件事，挨个去敲中文系老师办公室的门，请他们开书单。拿到书单后，他制订了一个详细的阅读计划，随后把所有空闲时间都"泡"在图书馆里,如饥似渴地阅读,广泛涉猎。"我现在能以教语文为生,正是靠大学这段埋头苦读的时光,打下了坚实的基础。"他说。

一年后,黄明勇看过的书就赶上了同学,甚至超过了他们;在"卧谈会"上也从最初的不敢开口,变得侃侃而谈。他找到了专业学习的自信。

有一位姓段的同学喜欢写诗,经常神秘地朗诵他自创的作品。黄明勇很羡慕,感到很新奇,他也想写诗。段同学便带他来到嘉陵江边,指着不远处说,你看建筑工地上被夕阳映照的脚手架是什么?黄明勇回答,脚手架呀。他说,不,那不是脚手架,是城市的手臂,托起了明天的希望。"原来这就是写诗!我一下子豁然开朗,找到了通往诗歌圣殿的幽径。"他从此也爱上了写诗,在校园结社办刊,在食堂朗诵诗歌,和同伴到江边芦苇丛野炊,看着岸边的意象发呆。

黄明勇对写作的爱好就在那时养成,并坚持至今。走上讲台后,他依然笔耕不辍,经常写诗歌、评论,并"下水"与学生同题写作文。"你教学生写作,自己都不写,怎么知道学生的思维瓶颈呢?"

随着阅读和思考的深入,黄明勇越来越喜欢现当代文学和文艺理论。教当代文学的冯老师,博览群书,激情满怀,经常在周末举办文学讲座,听的人很多,还经常邀请学生同讲。有一次讲张贤亮专题,冯老师问:"哪位同学读过张贤亮《男人的一半是女人》?请上来讲。"黄明勇好想上台,可不敢举手。旁边一位女同学鼓励他,你不是很喜欢张贤亮吗?还写了论文,上去讲啊。可他还是没有勇气。突然,有人用锁发针锥了他大腿一下。他猛地站起。冯老师说好,请上台。黄明勇便稀里糊涂地上去,讲完,全场掌声雷动。

大学后期,黄明勇在心里明晰了一个目标,"将来当作家、写文艺评论、走学术道路"。他还考过北京大学"当代文学"专业的研究生,专业课成绩达到了惊人的 91.5 分(满分 100 分),也正因为此,南充师范学院中文系本打算将他留下当老师,后终因政策之变,未能如愿。

4. 在低谷中振作攀越

1988 年,黄明勇被分配回宣汉县东乡中学(后改名为宣汉二中)教书。

那是一所建在山坡上的学校,虽然离县城不远,但却找不到一块平地,连操坝都没有。宿舍与教学楼之间、初中楼与高中楼之间,靠一条陡峭的小路相连。"每逢下雨,走在上面,三步一跤两步一滑。"黄明勇记不清在那条滑溜溜的小路上摔过多少次。

住的地方也极其简陋。所谓宿舍,其实是把一间空荡荡的教室中间隔断,黄明勇和另一位新分来的老师各住一半。宿舍里就只有一张床、一张办公桌和一把藤椅。老师们普遍在县城有房子，隔壁新老师也住县城，每当夜幕降临，宿舍里就黄明勇孤零零一个人，想找个人说话都难。强烈的孤寂伴随着梦想的失落，无数次在黑夜里啃噬着他的心灵。他写过一首诗表达当时的心境："阿黄的隔壁是一间空屋/空屋的隔壁是阿黄/晚上，听老鼠赞美粮食的声音/此起彼伏。"

原本的理想是当作家、做学问，如今却被分回穷乡僻壤当了一个教书匠，那段时间，黄明勇情绪非常低落，陷入了颓废之中。

可能是因为孤独太久了，有一天，他早起散步，小径上的景象让他突然意识到："不能再这样颓废下去，你是一个有知识、有理想的人，要早起锻炼、好好生活，继续拾起自己的梦想。"他写下一首诗《来到这个平静的早晨——读海子偶感》："昨夜如被盖一般叠好/整理一下/被梦弄得凌乱的头发/拉开关闭许久的心扉……"

重新振作起来的黄明勇开始学着买菜做饭、种花种草。当然，最重要的是重新开始读书。学校顶楼有一个图书室，他就去那里看书。图书管理员又惊又喜："这么多年，你是第一个来借书的，想读什么随便拿。"他看了许多语文教育教学专业的书籍和文章，梦想着能在《语文教学通讯》上发表文章。

几年后，学校调来了一位管教学的尹主任。尹主任学中文，教政治，爱思考、爱读书。他发现学校的年轻人很无聊，就倡导组织了一个青年教师读书会，并安排黄明勇做召集人。黄明勇当然特别高兴，一串联就有十多位老师积极响应。间周二定时开展活动，轮流主持，共读一本书，每个人都要发言。活动持续了两年，共读了几十本书。

"我就在那时系统阅读了不少西方心理学、教育学理论著作。'罗森塔尔效应'就是那时知道的，这对我后来的教育行为影响很大。"黄明勇把学到的教育理论不断运用到实际教学中，看到学生成绩一届比一届好，也慢慢找到了教书的成就感。

5. 多年坚持与努力得到认可

黄明勇在东乡中学教书那几年，正是全国市场经济活跃初期，人心思变，教师工资和地位都不高。"我每个月工资62.5元，遇到物价飞涨，就只够吃半个月。每周能吃到一份肉菜就不错了。"回忆那段日子，他唏嘘不已。

这种情况下，不少教师纷纷转行。黄明勇身边的一些同事，也调到了学校隔壁造纸厂、砖瓦厂、化肥厂当工人。

黄明勇也动过念头，他自学了法律，并在宣汉县首届公务员考试中，报考了检察院，取得了第一名；因为在《通州日报》发表过文章，县委也想调他去给领导当秘书。

就在他犹豫要不要放弃教职时，学校安排他和语文组同事到达川市听一堂公开课。上课的是大名鼎鼎的钱梦龙老师，讲《论雷峰塔的倒掉》，整堂课设计精巧、环环相扣，如行云流水。多年后，黄明勇都记得这堂课的精彩。

更让他难忘的是这趟达川之行彻底改变了他的从教轨迹。

研讨会后，黄明勇到街头闲逛，不经意就到了达川市第一中学（今达州市一中）门口。这是达县地区最好的学校，黄明勇好奇地走进去。来到教务处，他随口问一个领导模样的人："学校还差语文老师吗？"对方看了他一眼，回问了一句："你都读过什么书？"黄明勇一口气说了很多他喜欢读的书。那位领导微微一笑："明天早上你来试讲一堂课吧。"

第二天一大早，一拨人都来听他上课。黄明勇讲《庖丁解牛》，半小时后，那个领导就说："我们调你，你能来吗？"黄明勇简直不敢相信自己的耳朵，连连点头。

后来，他才知道，那个领导就是时任达川一中的校长何泽林。何校长退休后与黄明勇在成都相聚，聊起第一次见面的情景，他笑着说："当时一看你就像个教语文的。"

1994—1999年，黄明勇在达川一中工作了5年，"这算得上是我教育人生中最得意的5年，校长器重、学生喜欢、同事认可，彻底找到了做教师的职业幸福和成就感"。

学校安排他教两个班，跨年级，还当班主任。黄明勇一点都不觉得累，浑身有使不完的劲儿。有次考试，整个年级1000多份作文卷，他一个人改完。为了解学生情况，他周末步行几个小时到乡村家访。第一届教下来，学校就安排他年年教高三，且挂牌教补习班。

在20世纪90年代末，黄明勇教的一个普通班就能上重点本科线20多人，创下了学校历史之最，圆了很多农村孩子的大学梦；他还教出了两个"清华北大"学生，其中一位，如今已成长为全国知名的科学家。

1999年，四川省组织首届高中语文教师赛课活动。经过层层选拔，黄明勇过五关斩六将，夺得了达县地区（今达州市）第一名，并代表全市到省会成都参赛。

那天赛课地点在成都市石室中学，上课铃一响，一朗诵课文，黄明勇就进入状态。他讲的是《诗经》二首，当讲到"坎坎伐檀兮"一句时，学生翻译为"叮叮当当地砍伐檀树啊"，他说不对，依他的农村生活经验，砍树不可能是叮叮当当。《诗经》中的拟声词很原生态，砍树就是"坎坎"的声音，应译为"砍呀砍呀砍伐檀树啊"。学生们听了点头，听课老师和专家们也纷纷点头。下课铃不知不觉响了，黄明勇这堂课上得非常成功。

赛课结束，"东道主"石室中学马上点名要留他，成都其他几所著名中学也欢迎他去，有的还承诺分给他一套房子，并当场要把钥匙给他。黄明勇感动得热泪盈眶，"那种被认可、欣赏的感觉终生难忘"。最终，他选择了成都市第七中学（以下简称成都七中）。

6. 在"夹磨"中淬炼成长

当年的成都七中，虽然已是全国四所样板学校之一，但却非常低调，低矮的校牌被林荫街葱茏的树荫遮蔽，几乎看不到。

黄明勇到来之后，立即被安排教高三，而且接的还是一名全国优秀教师教的班级。为了帮助他顺利站稳脚跟，班主任、科任老师提前给学生做了细致的工作，整个备课组也欢迎他的到来，让他备感温暖。

如果说，是达川一中发现并挑选出了黄明勇这匹"千里马"，那么成都七中则通过丰硕的养料和严苛的训练，让他很快就能驰骋疆场。这种培养方式就是通过各种课型的"夹磨"。

第一年，成都七中以张道安老师为代表的各科老专家天天去听黄明勇的课。有一天，正值隆冬，外面飘着雪。黄明勇起床看天气，顿感轻松，心想，今天专家们应该不会来听课了吧。结果他一走进教室，专家们早已整整齐齐坐在教室后排，"我顿时被震撼到了！不是因为压力，而是对老一辈教育人关怀后辈那拳拳之心的崇敬"。

黄明勇上了很多课。刚去不久就赶上学校一年一届的教育研讨会，他被安排上《茅屋为秋风所破歌》。备课时，他几乎翻阅了能看到的杜甫以及研究杜甫的所有文章；备课组的老师一次次听他上先行课，反复提意见。指导他的文仲瑾老师要求非常严格，对教案的细节、上课的流程、提问的方式都要一一指点。听了几节先行课，他都板着脸。终于迎来了正式献课，那天，不但全语文组的老师来听，还有来自全国各地的老师来听。这盛况，是黄明勇从未经历的。但他一上课就被杜甫感染，讲得十分投入。下课铃响了，他看到近乎严苛的文仲瑾老师笑了。他知道，自己又成功了。

对黄明勇来说，"夹磨"的过程慢慢也成了他享受语文教学的过程。成都七中老组长刘朝纲老师听他上了转转课《归去来兮辞》后很高兴，夸他讲解陶渊明"静穆的伟大和非静穆的伟大"有深度。"刘老师后来又让我参加省级课题'西方方法论与中学语文教学研究'，鼓励我说，成都七中的语文老师不仅要当教书匠，还要当教育家。"黄明勇至今铭记着刘老师的这番话，把每堂课都当成献课，把"夹磨"当成享受，"每堂课都是我的节日，上一堂课就是我生命的一次成长"。

担任语文学科教研组长后，黄明勇积极发挥自身的主观能动性，并特别注重凝聚集体智慧。每周四上午是成都七中固定的语文集体备课时间。集体备课一般以备课组为单位，提前一周安排教学任务。"人人参与讨论，分工合作，智慧碰撞"，"评课没有恭维，只有真诚建议；发言没有等级，只有真理辨析"，老师们经常为一个观点争得面红耳赤，但转瞬即言谈和欢。

成都七中毕业学生李玉楼在《记语文组的先生们》文中写道："黄明勇老师和他带领的语文组如窗外那壁生机盎然的爬山虎，每一位先生都是一双坚定稳健的脚，牢牢地抓紧成都七中这片土地，与学生共成长，用最沉静青翠的颜色调和喧哗艳丽的校园。"

7. "玩语文"与"原初阅读"

在成都七中，黄明勇做了一件事，把自己此前所有常态课的手写教案、教学设计等，一个字一个标点地输入电脑。一边录入整理，一边研究、反思，"我就看哪些教学语言还不够精练、哪些地方设计有重复，哪些要留下、哪些要增删……"，对每篇教案，他还加上总结点评，渐渐地，就提炼出了他对语文教育教学的理念和风格。

"玩语文"便是最早提出的理念。"这首先源自我对高中语文选修课教学困惑的思考。"黄明勇介绍，必修课侧重文章的细读以及知识和能力点的细化运用；选修课则重在专题探讨和个性化解读，引导学生拓展阅读。他认为，选修课的组织形式可以打破传统课堂时空观念，采用开放的课堂组织形式，"这为'玩语文'提供了试验场"。

他提出了高中语文选修课"三四式"教学范式，即三个结合型（"前课""正课""后课"相结合、"大课""小课"相结合、文本阅读和综合实践活动相结合）课堂组织形式和四种自主性（探究性阅读、批注书阅读、比较式阅读、读书报告会）学习方式。

后来，"玩"的理念又体现在他的小说、散文、梳理探究、作文等不同课型案例中。"学习语文需要慢功夫，需要长期的滋养、熏陶、积累、积淀、感悟，任何急功近利的做法都是徒劳的，一言以蔽之，需要'玩'，玩文字、玩语文可能是学习语文的最佳状态。"黄明勇在《好玩的语文课——黄明勇老师教语文》一书中写道。

他同时也强调，这个"玩"不是娱乐，而是学习语文的一种态度、方法和价值观，是开放的语文教学观的实践，是对功利教育的扬弃，"'玩语文'是实现语文成绩提升、语文素养积淀和个人生命成长的重要途径"。

"原初阅读"是黄明勇近几年提出的一个独具创生性的教学理念。

他谈道，所谓原初阅读教学，即从学生的原初阅读问题出发，针对学生的思维瓶颈，设置语言认知情境（包括语言冲突、文体特征、语义结构），引导学生克服学习功利主义，从而在阅读体验中获得理解力的提升，进而让学生达成更高层次的阅读体验。"一个人的阅读理解力源自其原初阅读体验的积淀，而不是训练策略的熟练。"

基于此理念，他在实践中探索出原初阅读教学范式：问题发现—主问聚焦—认知情境—教师启迪—问题解决—以文化人—精练巩固—类文阅读—整本书阅读—读读写写—读书报告会。

在"原初阅读"基础上，黄明勇又进一步提出"原初写作"概念，针对高考作文写作模式化的问题，提倡"真生活"和"新思维"。他谈道，高中学生的写作，一般分为"练笔"和"考试作文"两类，学生常常在"练笔"中写得灵动、情感充沛，写"考试作文"就容易陷入模式化，"原初写作就是要打通这两者间的障碍，让学生无论是'练笔'还是'考试作文'都能做到语言、情感自然地流淌"。

8. 不仅要当教书匠，还要争当教育家

工作迄今，黄明勇公开发表学术论文及文学作品100多篇，其中，在中文核心期刊发文80多篇，被人大复印报刊资料全文转载10多篇。这不仅让很多基础教育界的老师望尘莫及，也令一些高校教师自愧不如。

他是如何做到的？又有哪些经验可供分享传递？

在黄明勇看来，教师做课题研究，首先要读大量的书籍，并且是理论方面的书，这是最难的，"写文章，必须要有理论视野。实践是理论指导下的实践，不是盲目做事情，要弄清楚为什么"。

为了弄清语文教育的本质，黄明勇早年间阅读了大量的理论书籍，比如西方文艺理论、格式塔原理，这对他后来语文阅读教学影响深远；还阅读了整体教学、缺憾教学等理论。

其次，教育研究一定要落地。"课题一定要来自实际教学的问题和痛点，不是为了贴标签。"黄明勇提出的所有教学理论、思维概念，都是有课例支撑的，

目的都是提高教学成效——从效果看，学生分数要提高；从效益看，要促进学生人格成长；从效率看，要让学生在单位时间内学到更多知识，且不增加负担。

最后，搞教育研究，还需要有氛围，要团队一起做、一起往前走。黄明勇是教育部国培高端研修项目四川工作坊主持人、四川省中小学名师鼎兴工作室领衔人、成都市名师工作室领衔人。带团队搞科研不是一件容易的事，团队中成员各有所长，如何发挥每个人的优势，调动起大家的积极性？黄明勇的做法是自己带头，写文章、做讲座，开书目带领大家一起读，并寻找项目给老师们搭建展示才华的平台。

在他看来，工作室（坊）建设和教研组工作一样，不能靠行政力量推动，也没有物质奖励，怎么办？"只有靠领衔人的人格魅力，靠相信的力量。"他说，"老师们都是读过书的文化人，你只要信任他、相信他、尊重他，他就能做好。这也是现代管理中，最能激发员工积极性的办法"。

黄明勇认为，做真课题和真研究，是一名有追求的教师从匠人走向名师的正道。"做课题研究不是说为了去评什么奖、晋什么职，更重要的是能实现学术的自由、专业的自由，当我们把很多问题想通了，所展现出的就不再是雕虫小技。"他举例，不同的课文，面对不同的学生群体，在不同的教学环境，可以有不同的教法，关键看要达到什么样的教学目的，"这种游刃有余就来自教师长期的积淀、深刻的研究，否则就只能见子打子"。

9. 继续淡泊平和地走在语文大道上

再过几年，黄明勇就要退休了，在这个年纪，他完全可以不上或少上课，但他喜欢课堂，一直坚守三尺讲台，"我个人对教书、教语文，是发自内心的喜欢"。

这份眷恋源自他心中自小被滋养并温存的"仁爱"：有父亲的耳濡目染，有姐姐的叮咛嘱咐，更有在不同学段给予他温暖的老师们的行为世范。

"我真的非常幸运，一路上遇到了很多人格高尚、具有大仁大爱的'贵人'，正是有他们的关怀、帮助、赏识、提携，我才能从大巴山一步步走到省会成都，站上成都七中这所全国名校的舞台。"黄明勇说。

无论是在乡镇学校，还是在达州、成都等城市学校，黄明勇都把心中的爱毫无保留且毫无差别地传递给每个学生。这些在爱心滋润中长大的学生，即使毕业多年仍记得黄明勇在课堂上说过的一句话、批改的一段文字，甚至在茫茫人海中一眼把他认出。

黄明勇在宣汉县东乡中学教书后期，有一天走在人来人往的大街上，或许是因为那段时间精神不振、营养不良，突然双脚一软，晕倒在地。在他失去知觉的刹那，隐约听到了好几声"黄老师"的呼喊。待他苏醒过来，才发现躺在医院的床上，护士告诉他，"你教过的两名学生正好路过，把你送了过来"。迄今，黄明勇都不知道那两名学生是谁，但那时，他就暗下决心，以后无论生活多么艰难，都要把教育这份工作坚持下去。

后来又发生的一件事，让他更加笃定这份信念。

那年他在成都赛课结束，回达州的火车上，与一名毕业多年的学生不期而遇。师生俩都很激动，学生找到他的车厢，闲叙甚欢。那个年代，车马很慢，在南充站停靠时，黄明勇肚子饿了，就下车吃碗面，没等他返回，火车竟然启动了，而他的手提包还在座位上。没追上火车的他心急如焚，包里可是他十几年手写的珍贵的教案、笔记，而此时学生早已回到自己车厢，根本不知道发生了什么事。

当年，没有手机，通信不方便。着急的他便通过公共电话告知了达州的朋友，请她早早到火车站等这趟列车。终于等到了，却发现他座位上那袋东西早已不见踪影。回到学校的黄明勇十分沮丧，懊恼不已。

一周后，他下课回家，突然发现宿舍门口多了一个袋子，打开一看，正是火车上丢失的那袋教案，还有一张纸条，"黄老师，我来看您，您不在，就把东西放门口了"，落款者，正是火车上偶遇的学生。

黄明勇百思不得其解，学生是怎么知道他错过火车的呢？直到多年后师生再次相聚，他才知道，当年师生在车厢畅叙情谊时，对面坐着一位农民工打扮的男子，也在仔细聆听他们的谈话，并记住了学生的车厢和座位号。见黄明勇没追上火车，就主动将袋子拎到了学生车厢，最终得以物归原主。

听到这里，黄明勇十分感慨，冥冥之中，他觉得，正是教师这份职业打动并感染着社会上的芸芸众生，让他得以在一次次意外中收获惊喜。

来到成都七中后，学生们对他发自内心的崇拜，让他更加热爱这份职业。他写的诗，学生们会争相传抄；他讲的话，会成为学生间流传的名言金句；他出的书，也有学生自发去购买，并推荐给家长。学生毕业后，也常常与他在短信或微信里诗文唱和。

一路走来，无论身边人事怎么变迁，黄明勇都坚守着心中语文人的理想，"一名教师不仅要拥有学识、才华、思想，更重要的是要拥有胸怀天下、海纳百川、慈爱他人、悲天悯人的博大情怀。阅读、思考、写作、交友、课堂、感恩、迁善，这是一个真正的语文老师要走的正道"。

淡泊宁静的黄明勇将继续走在语文大道上。

会见春风入杏坛
——记特级教师、正高级教师姜维平

人物名片

> **姜维平**，男，四川省南山中学正高级教师，四川省特级教师，四川省中小学教育专家培养对象，四川省中学语文研究会理事、学术委员会委员，四川省暨绵阳市新课程改革高中语文学科专家组成员，绵阳市教科所客座教研员；全国中语会"第三届全国优秀语文教师"，绵阳市教育系统"优秀教师"。编写出版了多种高考备考教学用书；参与包括高考在内的各级各类语文命题或审题工作。在国家、省级报刊上发表教学教研论文50多篇，有的被人大复印报刊资料全文转载，多数收入"中国知网"等学术期刊数据库。

1. 在时代浪潮中与师范结缘

"我能走上教师岗位，是在那个特定时代条件下，自然而然做出的选择。"姜维平说。

1977年7月，他高中毕业，去向只有一条，下乡当知青，于是不得不背起行囊，前往重庆市奉节县的农村与贫下中农一起干农活，想象着"广阔天地、大有作为"。

很快，"恢复高考"的消息传来，整个山乡沸腾了，特别是"老三届"的知青们，憋着一股劲儿地复习，要抓住这来之不易改变命运的机会。

作为应届生的姜维平也参加了年底的高考，尽管成绩赶不上"往届生"，但也在千军万马中挤上了专科录取分数线，并于1978年4月被万县师范专科学校（今重庆三峡学院）二年制录取，专业是中文。

"命运就是这样,有时由不得你做主。高中毕业,我只能下乡当知青;当知青后,也想不到还能参加高考;高考填志愿,对未来的职业也没有明确的目标,想着只要能考上就行。"姜维平感慨道。

不过,冥冥中,他与师范、与中文却有着剪不断的缘分。他的母亲是一名教师,因为从小在校园里长大,他接触书籍的时间比别人早、数量比别人多,对教师这一职业也有着天然的亲切感。

在吊岩坪下的"万专"期间,姜维平和身边的同学一样,如饥似渴地读书、学习,"当年的氛围就是这样,所有人都在努力,都埋首苦读,想着把失去的时间找回来"。那两年里,姜维平读了很多书,大多是苏联时期的文学名著、史学典籍等,这些正统文学叙事和话语体系的书籍,强化了他的兴趣、训练了他的思维方式。"那时受批判现实主义的作家影响很大,特别喜欢他们的作品,比如夏衍等,对虚无缥缈的东西不感兴趣。我就觉得,一个作家能够眼睛向下、关注到社会弱势群体,是非常了不起的。"他说。

参加工作后不久,他又考上了四川教育学院,脱产进修中文本科。当时,他继续啃读大量书籍,在习得大量前沿文化知识的同时,也打开了眼界,培养了他开放、灵活的思维。"不再固守一种思维,对各种新思潮、新事物都容易接受,也愿意接受。"姜维平说,这也帮助他后来从容面对不同的教育环境和教学手段,始终能做到游刃有余。

2. 站上讲台　尽到本分

1980年5月,姜维平被分配到四川省奉节中学(今重庆市奉节中学)任教,教初中语文并担任班主任。1987年,当他完成两年本科研修后,再次回到奉节中学教高中,之后担任教研组长,直到1994年离开。

这14年的时间,是他教书生涯的起步阶段,也是他扎根基层,熟悉乡土学情,不断提升学历、钻研教材、思考教法、夯实基础的十余年。

"谈不上什么高尚的理想,就想着既然当了老师、站上讲台,就要尽到本分,把学生教好。"刚到奉节中学,姜维平一方面虚心向老教师请教,有空就去听他们的课;另一方面,自费订阅了《语文学习》《语文报》等报纸杂志,一遍遍研读上面的文章,学习借鉴全国名优教师的教案教法。他说,"我至今还记得当年阅读到《语文学习》上推介我们四川优秀青年老师李镇西专栏文章的情景"。

姜维平回忆,工作之初,对于怎样把课上好、上出特色,还谈不上自主思考,更多的是学习、模仿,"因为年轻,课堂就显得比较活跃,组织学生开展了很多生动有趣的活动"。

后来教高中，姜维平开始对教法有了一些自主探索。"但仍然是朦朦胧胧的，不成体系，也不成熟。"他说，和教初中相比，他更加关注学生的学习结果，更加注重教学过程与结果的统一，"通俗说，就是'花架子'少了，课堂更加务实，更注重学生最终的成绩。"

这期间，在日常教学之余，姜维平已有意识地反思、总结自己的教学设计，并尝试着对课本名篇进行分析解读，相继有近 10 篇研究文章在《语文教学之友》《万县师范专科学校学报》《四川教学研究》《中学语文》《语文月刊》等杂志上发表。

比如他写的《谈短篇小说的人物出场》一文，综合分析了宋元话本《碾玉观音》、英国作家毛姆短篇小说《全懂先生》，以及中国古典四大名著和鲁迅小说中重要人物的出场方式，案例丰富、观点鲜明，发表在《中国当代文学函授专刊》1984 年第 12 期"学员作品选辑"上，成为他教研文章的"处女作"。

那时，他开始试着对高考作文进行研究。在 1994 年发表于《三峡学刊》上的《高考作文强化训练的战略对策》一文中，他认为，从战术上抓作文技能技巧训练固然重要，但更重要的是应从战略上重视，包括强化作文意识，注重思想修养和知识积累，注重思维训练，尤其是辩证思维和创造性思维的训练等。

3. 崭露头角　唤醒生命

1994 年，在基层教师"孔雀东南飞"的时代背景下，姜维平来到了绵阳市南山中学，这一干就是 26 年，直到 2020 年退休。

"一个人的成长发展历程中，总离不开一些关键事件或关键人物的助推。"姜维平说，助推他成长的关键事件和人物在他入职南山中学第一年时出现了。当年，绵阳举行全市青年教师赛课，学校临时推荐他上场，没想到一炮打响，获得了第二名。

姜维平记得，他上的是一节作文课，主题是"议论文的逆向立意"，他提出了三种逆向立意的方法："重新界定命题中关键概念的含义，或赋予概念新的含义""重新全面、多角度地审视原正面命题，做出新的判断分析""重新用变化了的新标准来衡量、判断命题"。

这个话题也是他此前多年思考和实践的内容，有丰富和信服的案例，让现场专家和听课者都眼前一亮。时任绵阳市教科所语文教研员的王丽蓉也因此记住了他，从此经常给他"派活儿"，比如约稿、办讲座、编资料、做课题、参与命题、主持阅卷等，一来二去，姜维平在工作中展现出的语文素养和业务能力，得到校内外语文同行们的认可、赏识；他多年执教重点班，众多学子考入北京大学、清华大学等名校，圆了名校梦。

"要感谢这段时光，教研员的带领和提携，让我真正入了基础教育研究的门，并开始对语文教育教学进行一些系统的探索和思考。"在《退场拾屑录——姜维平语文生涯40年纪念文集》后记中，姜维平写道，他的专业成长过程中"总有贵人相助：教研员的指导、校长们的支持、同行们的帮助。这是千万不能忘记的"。

在南山中学20多年时间里，他在教学之余，笔耕不辍，相继完成并发表了40多篇教研论文、教学札记、课例分析、试题点评以及课题研究报告等，直到退休后的2023年，其《群文阅读课堂教学评价标准断想》还正式发表。他的教研内容涉及了语文教学的方方面面，仅高考作文这一话题，就在不同年份、从不同角度进行了深入评析，如《高考命题作文审题要领》《多媒体与高中作文教学》《"发展等级"与"新概念作文"》《2003年高考作文反思》《高中个性化作文的当下困境》《高中个性化作文教学的导写规律》《熟悉"熟悉"——2009年四川高考作文题简析》《"综合"准确，"角度"才好——以高2014级绵阳一诊作文题为例》等。

在南山中学，姜维平的课堂教学也变得更加务实灵活、有效有用。"简单说，就是更加聚焦高考、研究高考，更加注重'教考一体''教考合一'。"他说，语文课，不能完全把应试的那一套用于日常教学，也不能完全脱离考试考纲随心所欲，"我的地盘我做主"，"一名优秀的高中语文老师，一定也是'教考结合'做得很好的老师"。他总结出日常教学实践的基本原则，即"一个中心，三个基点——提高课堂教学质量，教材、学情、考情"。他认为，一个语文教师尤其要做一个明白人，名师不重要，重要的是做"明师"。

他谈道，人们往往对南山中学等绵阳地区的高中存有误解，认为是在搞"题海战术"，拼命挤占学生的休息时间，换来高分成绩。"事实上，无论是学校层面，还是每个学科层面，我们采取的教学策略都是和上级教育部门的要求、和时代对高素质人才的需求合拍的，尽可能做到素质教育与高考升学的良性互动，从来不是不顾教育教学规律和学生身心健康，只冲着高考分数去的。"姜维平说。

在他看来，教育，即助力文明传播、助力生命成长。他非常认同叶圣陶先生"教育是农业而不是工业"那句话。教育的对象不是流水线上的产品，而是拥有灵魂的生命；作为母语教学的教育者，尤其不能成为流水线上的员工，给学生标准化的锻铸与包装，而是要唤醒生命，启迪智慧，做到全面奠基，又发展个性，让学生做成长的主人。

4. 博览群书　独立思考

得益于求学时代养成的良好习惯，姜维平参加工作至今，每天无论多忙、多累，都要抽出时间看书、看报，"读书已成为一种不可或缺的生活方式"。他热爱阅读、涉猎广泛，难能可贵的是，阅读让他头脑清醒，不随波逐流，不盲目迷信，不照搬套路，养成敢于质疑追问、善于独立思考的品质。无论对文本解读、学科教育，还是语文教师面临的困境、新课改的得失等，他都有独到的见解。

在谈到高考作文的定位时，他结合"素质教育"的时代背景，认为"素质"与"应试"不能完全对立，素质教育不能没有考试，素质教育的成果也必须通过考试来加以检测。要认清作文教学中"素质"和"应试"教育的规律性特征，找准二者的结合点，进行有序有法有效的训练，使学生作文素质和作文分数同步提高。

20世纪末，当一些专家批评中学语文教学成效"少慢差费""误尽苍生"及语文教材"内容陈旧、面目可憎"时，他以《师者何为》为题，勇敢地站出来为广大一线语文教师鸣不平："面对各级语文考试的'标准答案'，面对日益精确、日趋精密的冷面杀手式的教育量化评价，语文所应有的深刻而丰富的人文精神与情感内涵丧失殆尽，师者个人的声音也被剥夺，敬业有志又乏力无术的语文教师们，又该何为？"这则发表于1997年《中国青年报》和《群言》杂志的教育短评，引起广泛共鸣。

在全社会呼吁"培养学生创新品质"时，他认为，语文教师必须首先解决教育创新的观念问题，要将新的文学、语言学和教育学理论与语文学科教学实践有机结合起来，真正把学生置于教学活动中的主体地位，把保障学生的"心理安全"和"心理自由"作为营造创新环境和氛围的核心，从而提高学生语文整体素质，让学生成长为拥有创新品质和创新能力的现代人。

当多媒体技术方兴未艾时，姜维平巧妙地将其与作文教学联系起来，认为它"有利于解决学生作文陈述性知识和程序性知识的准确认知；有利于学生深入快捷地理解作文难题，并利用多媒体提供的多种信息立意选材；最能实现一般教学情况下难以实现的'个别化教育'"。

2006年，四川首次实行高考自主命题，牵动千万人的心。姜维平作为亲历者，不仅回顾总结了与同事们"静下来、沉下去、抓落实"的备考过程，还首次谈到了"科学备考"的理念——遵从教育规律和考试规律，尊重考生实际，促使师生发挥出最大潜能，尽可能地避免教与学的各种浪费，以取得最优的教学结果。

新一轮课改蓬勃开展的2010年，校园社团活动已成为各类学校普遍重视的一项校园文化建设活动。对此，姜维平在一篇文章中谈道，学校社团本质上应是一个学习的团队，校园社团应该定位为交往互动式学习组织，才比较符合促进学生全面发展的新课改理念。之后，他主持的"校园社团建设"课题获得2010年度省政府普通教学成果奖。

经过几轮课程改革后，如今的高中语文教育都有哪些变化？"万变不离其宗。"在姜维平看来，尽管每次都有不同的提法，诸如"学习任务群""整本书阅读""群文阅读""大单元教学"等，但通过语文教学培养并考查学生的那些语文基本素养和关键能力并没有多大变化。"比起正确地做事，做正确的事情更重要。"他引用现代管理学之父彼得·德鲁克的话说，确定恰当的教学内容，就是做正确的事；选择恰当的教学方法，就是正确地做事，"内容不正确或不恰切，教什么的问题不解决，再好再正确的方法也是无效的，是本末倒置的。"

5. "想不想把事情做好"最重要

姜维平在全国、省市级教研活动中数十次担任各种评委，连年担任中央电教馆、四川省"一师一优课"及"学科德育精品课程"的专家评委，见识了许多课型课例，也指导过不少青年教师在全国、四川省赛课活动中获得第一名。

在他看来，赛课是年轻教师崭露头角的一个重要途径，也是青年教师专业成长中的"关键事件"。"有人批评赛课是表演，经过提前彩排，不是常态课的表现，实则不然。"姜维平说，一名教师参加赛课，前期要花大量的时间准备，首先要深入研读教材，不仅仅是读某一篇课文，对整个单元、整本书的内容都要烂熟于心；其次要熟读教参，把握重难点；最后还要广泛阅读课外的相关材料。

"比如针对群文阅读赛课活动，教研组就会分工协作，安排大家与参赛者共读，并组织交流、讨论。"他说，这个过程，其实就是一次微型的课题研究、一次研究性学习，不仅是参赛者，所有老师都会有收获，都能提升他们的素养和能力，自然也能惠及日常课堂教学中的学生。

2006年11月，姜维平带领南山中学一名青年教师赴宜宾参加全省高中语文教学研讨会暨赛课活动，当得知其他一些参赛者违反规则，偷偷与借班上课的学生见面、联络，甚至提前试讲后，他不为所动，坚决反对本团队也这样做。最终，在他精心指导和团队打磨下，这名教师凭借过硬的实力赢得满堂喝彩，实至名归获得第一名。

什么样的课才算一堂好课？姜维平说，他非常认同北京师范大学教授肖川提出的"真诚、深刻和丰富"的标准，"反对课堂作秀，反对形式主义；真诚是第一位的，教师只要真诚地解读、真诚地引导、真诚地面对学生，就能够赢得课堂，顺利完成教学任务"。日常课也好，参赛课也罢，他和南山中学语文同行们都在朝着这个标准努力。

而在这个日新月异的新时代，网络媒体发达、数据算法当道、信息观点爆炸，从事教育的年轻人，又该如何对待自己的职业，做一名好老师呢？

"无论时代怎么变，教育人的本质不能变，即传道授业解惑的职责、立德树人的初心不能变。"姜维平说，中国传统语文教育强调"文以载道"，作为一名语文老师，培养学生的语言能力和思维能力固然是重要的，但最为重要的还是立德树人，帮助学生提高自我修养，树立正确的人生信念。

而一名教师的专业成长，他认为最关键的是取决于自我内心的叩问，"想不想把这件事情做好"，"有没有板凳要坐10年冷的毅力"，当教师在遭遇"自我确认""自我超越"危机时，所做出的决策和行动更多地取决于教师自己"怎么办"，取决于教师这一主体的自觉选择。他说，"一个教师要经常澄清'我是谁，我为什么教，我要把学生带向何方'等根本性问题"。

他以自身成长经历勉励年轻教师，一定要多读书，这是最重要的。"语文人的人生就是读书、读人、读生活。要在信息洪流中有自己的见解，做到有情而不'滥情'。"他说，凡是有名气的语文老师，没有一个不是爱读书的，"可以这样说，不爱看书，就当不了好的语文老师。这是唯一的路，没有其他捷径可走"。

回顾40年语文教育生涯，姜维平感触最深的是"感恩、坚持和自豪"这三个词。首先，感恩助力他成长的多位关键人物，感恩给他提供发展平台的南山中学、省市语文界，更感恩这个给予一代人机遇的和平与发展的时代。其次是坚持，"作为教育人，要教书育人就要先丰富自己，坚持读书，博览深思，融通古今智慧；坚持观察和思考，有点一己之见；坚持写作，立意行文，书尽个中所得"。最后，姜维平说，作为一名一线普通的语文教师能够参与的教育教学之事，他都有幸参与了，有着多数同行不曾拥有的丰富的语文教育经历，他为自己投身教育40年而感到自豪，为当初的人生选择而无怨无悔。

碧海青天"语文人"
——记特级教师、正高级教师黄礼先

人物名片

> **黄礼先**，女，四川省绵阳中学正高级教师，四川省特级教师，四川省学术和技术带头人后备人选，四川省高中语文骨干教师，绵阳市学科带头人，绵阳市优秀骨干教师，绵阳师范学院文学与对外汉语学院汉语言文学专业客座教授。主持或主研并结题国家级课题2个、省级课题2个、市级课题2个、校级课题1个。在《语文教学通讯》《现代语文》等核心刊物上发表论文10余篇。

1. 遇到好老师，梦想当老师

当一名语文教师，这是黄礼先中学时就埋在心底的梦想，更准确地说，源自对两位语文教师的崇拜。

1979年，13岁的她考上了荣县五宝中学。遇到的第一位语文老师是来自重庆的女知青徐黎明，徐老师二十多岁，身材高挑、皮肤白皙，轮廓分明的脸上架着一副金丝眼镜，漂亮又有气质。

徐老师的"朗读教学"给黄礼先留下了深刻印象。上陶铸女儿陶斯亮的《一封终于发出的信》时，她给学生朗读示范。相似的人生际遇，让她读得声情并茂，热泪盈眶，有几处甚至哽咽不能语。学生们被她带入了一种境界，也跟着抽泣。黄礼先被震撼到了，语文课竟然可以这样感人！

文理分科后，黄礼先遇到了班主任兼语文教师尹驰英。人到中年的他，高大魁梧，风度翩翩。一口洁白的牙齿，总是藏不住笑意；深邃的眼眸、高扬的额头，总显出智慧和魅力。

"尹老师的课,或激情洋溢,或思辨精辟;听他的课,真是一种美的享受。"黄礼先说,尹老师还给他们订了很多报刊,并把自己的杂志和书放在教室"阅览角"供学生们阅读,"这些书籍,在当时不啻一道精神大餐。"

尹老师让语文成绩优秀的黄礼先当班长,但小姑娘那时胆量很小,说话声音也不大,尤其在公共场合,一说话心就怦怦地跳。尹老师就鼓励她:"人总要面对很多人说话的。不要怕,你是班长!"慢慢地,黄礼先可以从容面对全班同学"振振有词"了。

1981年高考,黄礼先因为生病落榜了。她感到辜负了老师的栽培,家里经济条件也无力支持她复读,那个暑假,黄礼先心里非常难受。就在她最无助、最彷徨的时候,尹老师来到了家中,鼓励她复读,并说服了她的父母,还伸出援助之手。黄礼先得以重返校园。

"师者父母心。尹老师以无私的爱和高尚的人格感动着我。我也要做尹老师一样的人,教出很多优秀学生。"第二年,黄礼先高考志愿全部填报了师范院校,并成功被四川师范大学中文系录取。

2. 学生眼中的"知心大姐姐"

大学毕业,恩师尹驰英已调往"省重点高中"荣县中学任副校长。在他的感召下,黄礼先也来到荣县中学教书。

尹驰英十分关心这名乖巧、听话"学生"的专业发展,他开玩笑地对黄礼先说:"礼先,礼先,以'礼'为先,要多向他人学习啊!"

黄礼先铭记于心。一方面,主动向恩师请教班级管理、课堂教学中的困难、困惑;另一方面,虚心向学校前辈、同事学习。

时任荣县中学教研组长的四川省特级教师朱德中对她的影响极为深远。他给后生晚辈上示范课,在《赤壁赋》课堂上,不看一眼教科书,从容流利地背诵课文,板书如书法作品般遒劲……深厚的学识、温文尔雅的气质,让黄礼先惊叹极了。"我顿时明白了一堂好课就是一名优秀语文老师的象征。"她在心底暗下决心,也要上出这样优秀的课!

为此,黄礼先更加刻苦修炼内功,总结多类课型的特点,借鉴各种教学方法,并积极尝试运用。第一学期末,学校就推荐她参加自贡市教育局和中语会联合举办的中学语文教改实验课竞赛,她执教的《邹忌讽齐王纳谏》获得了三等奖。

刚入职,学校就安排黄礼先担任班主任兼语文教师。面对学校的信任和栽培,她既感到担子沉重,也充满信心,"我相信,只要亲近学生,真心跟学生做朋友，没有解决不了的问题"。

20 岁的黄礼先和 15 岁左右的学生相遇，那是一段青春与青春对话、梦想与梦想碰撞的美好时光。她带领学生们开展各种活动：春游、社会实践、体育比赛、文艺演出、生日烛光晚会……学生们把她看作"知心大姐姐"，师生间有了更多的心灵交流，有了更多的默契，班级凝聚力也增强了。校运会，学生们努力夺金牌；歌唱赛，学生们卖力拿第一；学习上，学生们勇敢争上游。其他科目教师评价黄礼先带的班级："课堂气氛活跃，学生思维灵动，很有潜力。"

当然，也有不顺利的时候。有时会因为师生边界模糊，个别学生不服黄礼先的管教，"有个学生把我气哭了，参加工作后还专门给我发来短信道歉"。后来，在年级组长等同事的帮助下，黄礼先调整了教育策略，在与学生亲近的同时，也注意树规矩，用真诚打动学生。

1989 年，黄礼先所带班级在预考、高考中，上线人数均位居年级第一；有个学生还考上了空军飞行学院。黄礼先的教育生涯，翻开了闪亮的第一页。

3. 勇于尝试，熟练驾驭各类课堂

随着教学实践的深入，黄礼先逐渐认识到，单纯地亲近学生只是爱的表层，一个教育者的爱，内涵应该更丰富。语文教师是一本书，为了不让学生很快读完，就要不断地增加页码；为了不让学生读乏，就要不断地增添情趣。

首先，奔着"一堂好课"的目标，要努力彰显语文的魅力。她尝试着大胆取舍、重组教材内容，尝试着坚持制作和使用幻灯片，尝试着引进新颖的教学形式。在她的课堂上，曾推行过"一帮一学习模式""五读学习法"，尝试过"起承转合课堂教学模式""情感教育模式"……"初生牛犊不怕虎"，黄礼先敢于尝试，很快就能熟练驾驭各类课堂，成长为学生喜爱又有一定特色的语文老师。

当逐渐吃透教材，广泛阅读了其他教辅教参后，黄礼先就冒出了一些想法："全国各地的学生千差万别，为什么我们就不能自己编写教辅材料呢？"说干就干，她拉上志同道合的同事一起研讨，确定大纲，分好专题，分别查找资料……那时没有现代打印复印设备，给学生准备试卷材料，全靠手刻钢板、油墨印刷。虽然经常加班熬夜，手磨起了茧、沾满了油污，但黄礼先却累并快乐着，所教班级的成绩也逐渐和其他班拉开了差距，在年级中脱颖而出。

再后来，随着与外界交流的增加、眼界的开阔，黄礼先有意识地开始反思自己的教学行为。有了思考，就有了写的念头。1994 年，她写的《未成曲调

先有情——一堂作文课纪实》发表在自贡《教育与教学》上，这给了她莫大鼓舞。1996 年，她成为"中国阅读教学研究会"会员，1999 年，又成为全国中语会教学改革研究中心的研究员。她尝试跟着中语会课题"课程·课堂·主人"做研究，撰写了《提高认识，优化思维，言情为文》《论"导"在提高语文教学效率中的实施》《教出文学作品的"味"来》等十几篇论文，这些文章或参加交流，或见诸报刊，或获得市级、省级、国家级奖。

随着反思、研究的深入，黄礼先总结形成了自己这个时期的教学特色：以亲近人、传道立人为理念，以民主个性、教学相长为思想，以感知美、体验美、创造美为过程，以随机创新为技巧，以微笑为艺术，动之以情，晓之以理；授之以知，启之以思；示之以例，导之以法。"我认为，内涵的东西是传统，是文化，不能变；技巧的东西是形式，是手段，可创新。"她说。

在教学和教研方面崭露头角后，2000 年，黄礼先被荣县中学推荐到四川师范大学"课程与教学论"研修班学习。这次进修，也成了她教育生涯的转折点。

4. 站上新平台，接受新挑战

在省城进修期间，黄礼先认识了很多来自全省各地优秀的教师，也见到了不少高校、教科院所的专家，随着眼界一同打开的，还有更高、更广阔的舞台。

四川省绵阳中学向她抛出了"橄榄枝"。彼时，绵阳市提出科教兴城战略，给予基础教育学校较为灵活的"人才引用"政策。正处于快速发展时期的绵阳中学，提供给了黄礼先等一大批教师较好的工作环境。

很快，黄礼先便被绵阳中学这片教育乐土传递的氛围感染，"大家精心耕耘，互帮互助，没有所谓的'文人相轻'，只有共同的目标——追求教育教学的至高至美境界"。

四川省特级教师蒋武聪，以小练习单元驱动和作文"积分制"教学，提升了语文组的整体教学效益；另一位四川省特级教师熊系吉，个人课题"'三段一课'教学法实验"获四川省教学成果三等奖，还主持研究市级课题"高中语文〈读本〉导学法"，带着一批骨干教师学习研究，总结提升，锻炼培养了一大批教师的研究能力。

在优秀前辈的榜样带动下，黄礼先也把在荣县中学的教育教学经验进一步总结、提炼，结合新的学情，重新审视并优化自己的教案、教法，并积极参加年级、学校组织的赛课，勇敢接受同事和学生的检验，在一次次备课、磨课、赛课中，不断精进教学素养和技能。她撰写的论文《试论文学教育的审美性》获市级、省级教师论文评选一等奖。2005年，绵阳市教科所又推荐她代表全市在四川省高三语文研讨会上就写作教学交流发言。

2006年，黄礼先的教育生涯站上了一个新的台阶。绵阳中学任命她担任语文教研组长。

"在此之前，我埋头教书，努力做一名优秀的语文教师，突然间，就给我安排这个头衔，还要带领近80人的团队开展教研工作，我一点经验都没有，感到肩上的担子很重。"学校的信任逼着黄礼先思考语文教师角色以外的事。在校长和两位省特级教师前辈的指点下，她渐渐明白了自己的角色——不仅仅是一名语文教师，还应该是教科研的组织者、教研组建设的推动者。

经过认真思考，黄礼先理出了头绪并找到了工作抓手，重点抓好三个环节——教学、教研、教师。教学是硬任务，教研是软指标，教师是主体。师源性因素在教研组的建设中至关重要，而教研组担负着教师发展的重任，是教师成长的摇篮。教研组长的团体意识、亲和力和执行力则是团结教师、促进教研组发展的法宝。

当时，绵阳中学的语文教研组是一个年轻的团队，平均年龄不到35岁，教师们有激情、有才情。黄礼先一是结合学校的"打磨智慧课堂""教学大比武"等活动锻炼教师；二是积极给老师们搭建平台，争取外出学习的机会；三是带领大家开展课题研究来造就一批优秀语文教师。

一项国家级课题的成功立项，给了黄礼先和团队快速成长的契机。

5. 主研国家级课题，教学渐入佳境

2006年，绵阳中学语文教研组承担的国家级课题"创新写作教学研究与实验"的子课题"阅读与写作的关系研究"成功立项，绵阳中学也成为总课题组的"实验学校"。

当年10月底，总课题组在北京香山举办"创新写作教学论坛"，作为语文教研组长的黄礼先带着子课题实施方案，代表学校前去参会。

北京之行给她留下了深刻印象。"这是我第一次参与到国家级课题的研讨，既新奇又充满了对新知的渴望。"黄礼先见到了总课题组组长、全国中语会理事、著名创新写作教学专家赵明教授，"他看上去非常儒雅"。她认真聆听了多位专家的报告，还与全国各地实验学校的教研骨干进行了交流。

专家、同行们关于创新写作的观点，让她更加坚信：语文是美，是学生生命意识的自我唤醒；而实施美育、唤醒学生生命意识的重要途径之一就是写作。写作是"输出",学生对生活有了感悟,对真善美有了认识,就有表达的愿望。

在北京期间正赶上香山红叶节,返程时,黄礼先给两个班的学生每人带回一份红叶明信片。那一片片美丽的红叶,那一句句隽永的话语,让人悦目爽心。回校的第一堂课,她以此设计成别开生面的写作课。她把教学环节预设为入境、激趣、增知、品味、流韵,借用多媒体辅助教学,通过情境创设,激发学生的兴趣,引导学生求真、求善、求美,以达到知、情、意的统一。

久别重逢的喜悦,老师的真挚关怀和那美丽的红叶明信片,把课堂气氛营造得像春天似的,自然也就涌现出了许多情真意切、语言动人的好文章。这篇课堂实录《片片枫叶情》,后来被收录在赵明教授主编的《我这样教写作》一书。

回校后,黄礼先立即组织教研组成员,成立教研骨干队伍,围绕"阅读与写作的关系",紧锣密鼓分阶段、分专题展开研究。2007年初,课题顺利开题,并得到绵阳市教科所领导和专家的支持和肯定;2008年10月,总课题组长赵明教授,以及省、市教科研专家齐聚绵阳中学,成功召开了课题中期研究报告会。

"课题是教研组发展的根本,也是教师个人发展的契机。主持这一课题,也促使我反思、总结,进而再实践创新。"黄礼先说,这次课题研究,不仅让她开阔了视野,结识了全国中语会的专家、全国教研组同行,熟悉了课题研究的各环节和全流程,更重要的是,"逼"着她出了不少成果。几年来,黄礼先结合教学实际,撰写了一系列论文、教学实录和教学案例。撰写的《培养学生创造力刍议》《试论人性化的写作教学》《借我一双慧眼》《试述多媒体在写作教学中的运用》等40多篇文章或获奖或发表。

绵阳中学一大批青年教师也在课题研究中快速成长,成为课题组优秀实验教师。黄礼先所带领的语文组教师撰写的教研论文、教学设计、教学案例,制作的教学课件等共有300多项,分别获市、省、国家级一、二、三等奖,或在省级、国家级刊物发表。苟文彬、严小青、敬琳三位老师参加全国"创新杯"写作课堂大赛均获得一等奖。周佳欣、李斌泽、龙青山等七位老师参加全国写作课堂录像课大赛也斩获一等奖。在学校的支持下,黄礼先还广泛听取意见、整合资源,组织骨干教师先后编写了校本教辅资料《语文智能大提升(系列)》、课题研究实用成果《高中实用创新写作教程》,整理编辑了教师科研成果集《足迹》《魅力语文》等。

6. 课题成果反哺教学实践

黄礼先担任绵阳中学语文教研组长整整 10 年时间，这既是学校跨越式发展的 10 年，也是黄礼先个人辛勤耕耘、成果丰硕的 10 年。"学校力争上游，也'逼'着我们老师优秀。可以说，我是跟着学校发展的步伐一同在奔跑。"

对课题研究，黄礼先有很多心得。按立项层级，课题分校、市、省、国家等级别，"无论课题大小、级别，都基于解决实际问题的需要，问题即课题"。她说很多教师一提到课题研究，就觉得"高大上"，离自己很远，事实上，教师在教育教学中遇到的很多困惑、问题，都可以作为课题研究的对象，"你提出问题，分析问题，最后解决这个问题，就是做课题"。

她以自己主持参与的研究为例，当发现课堂有问题，就提出"高中语文各类课型有效教学研究"，并申请到省级课题；备课组、教研组工作如何开展？如何出成果？基于此申请并立项"语文备课组文化建设及研究"课题；新课标颁布后，在新课程开发上又遇到问题，就申请立项"高中语文校本课程的开发研究"……

因为课题源自教学实践，成果也必将反哺教学。国家级子课题"阅读与写作的关系研究"让学生们从中获益匪浅。黄礼先一直践行"亲近"教学理念，倡导"人性化的写作教学"，引导学生观察、体验、感悟、表达。

几年来，她利用专门的阅读课，引导学生开阔视野，积淀文学素养，提升审美情趣；利用"网络博客"，开展生活写作；借助学校"子云亭"文学社的一刊一报，给学生提供发表的平台；推荐学生优秀作品发表在《读与写》《同学少年·作文》《语文报》《作文导报》等报刊上；组织学生参加"圣陶杯""语文报杯""语文报寒暑期大看台""索谷杯""文心雕龙杯"等各类全国中学生作文大赛，近千人获一、二等奖；编辑出版了学生各级各类获奖作品集《放歌绵中》《青春飞扬》。绵阳中学也因此多次被评为"作文教学先进单位"。

"我把课题研究中的感悟和思维火花记录下来，有的升华形成文章；反过来，又把这些思想感悟运用于实践，指导教学，班级成绩自然就上来了。教师和学生都变得优秀，得到了成长。"黄礼先说。

7. 特别适合当老师的"黄妈"

无论是与黄礼先初次接触还是久已相识的人，都会被她轻言细语的交谈和温柔的性格打动，在绵阳中学，上到校长、中层干部，下到普通同事、学生，都亲切地称她为"黄妈"。

"黄妈，我觉得你特别适合当老师！"不止一个人对她说过这样的话。黄礼先自己也特别喜欢当老师，因为喜欢，所以发自内心热爱；心中愉悦，脸上自然经常挂满微笑。"我认为，一个教育者内心充满真善美，就会快乐自己，也快乐他人。快乐自己是自善自美，快乐他人是至善至美。"她说。

不过，鲜有人知道的是，如果有心，黄礼先完全有机会走上另一条不一样的人生路。早在荣县中学，她就被吸收进了民盟组织，担任过民盟荣县总支的组织委员，荣县政协常委；到绵阳中学后，她又担任了一届涪城区政协委员、两届绵阳市政协委员。有不少领导推荐她从政、"走仕途"，但她都婉拒了，"我还是喜欢教书，喜欢和学生在一起"。

但她也感激这些经历，"见识了更多优秀的人，开阔了视野，更重要的是得到了来自组织的关怀与帮助"。

有人问她，评上省"特级"和"正高"职称，站上教师职业生涯的"顶峰"，支撑她实现目标的动力是什么？

她谦虚地说，这其中有机遇也有偶然。"如果非要说什么'秘诀'的话，那就是，认真做事，不求回报，但最终却得到了丰厚的回报。"黄礼先觉得，人生要看长远一点，不要计较眼前的得失，要在发展中力求改变，"每一次普通的改变，都可能会让你变得不普通。"

她举例，"教研组长"这个岗位其实要做很多服务性工作，要想每件事都有回报是不可能的，"我就踏踏实实一件件地做。别人不想做的，我去做；领导安排的，只要我能做，就答应；有的事情我可能做得不够好，也努力学着去做……就这样，点点滴滴、日积月累，成就了现在的我"。

"陀螺不鞭打，就不会旋转。"黄礼先感激学校对她的高标准、严要求，她也愿意用这种方法去"逼"着年轻人成长。她把许多教师召集进课题组，"像妈妈一样，追着他们写论文、磨课、录课、上公开课，每年派出去参加研讨会、赛课、交流发言等"，青年教师们就在这些"夹磨"中，快速成长。

她认为，一名教师的专业成长，一定要坚持教学和教研"两条腿走路"，除了站稳讲台、教好书，还应该重视教学研究，"教研是一名教师专业成长的重要助推器"。首先，要打破对教研的畏难情绪，做课题研究不是让你"另起炉灶"，一定是源于教学实践，又反哺教学实践；其次，要能吃苦，一边教学一边做课题，其实是很累的，需要持之以恒的毅力；最后，要舍得花时间，耐得住寂寞，做课题的成果来得慢、等得久，要甘于坐冷板凳。

当然，她也谈到现在的年轻教师所处的时代和社会环境已不复从前，在规划自己的职业发展时难免迷茫。"在每个时代，每个人在成长中都会面临很多困难或诱惑，都会面临诸多选择，关键是你做决定的初衷和决定后的行动。"黄礼先结合自己的人生抉择，提出16字建议——"顺从本心，分清主次，智慧选择，精心谋事"。每个人都有追求更好生活和成长环境的权利，作为教师，从乡村调到城镇，从县城调到省城，只要是通过个人的奋斗，都无可厚非，但无论在哪儿，都要做到爱岗敬业，都不应放弃读书学习，"语文学科要求知识广博，老师更要与时俱进。多学习，提升自己的理论素养；多研究，提升自己的学术技能；多总结，丰富自己的专业成果；多反思，形成自己的教学特色"。

黄礼先从小就喜欢语文，喜欢看文学作品。那个年代，能看到的课外读物很少，家乡小镇上开了几家连环画租阅店，她和几位要好的同学几乎把所有的作品看了个遍。

"我喜欢美的东西，而语言文字，就特别美。语文教学，就是要给学生以美的熏陶，培养学生审美、鉴赏与评价的能力。"黄礼先认为，语文是对一个人的发展最重要的学科，生活上、工作中，用得最多的就是语文，语文需要活到老、学到老，"我常对学生说，要追求'言值'而不是'颜值'，你能用优美的语言表达情感，不仅作文容易得高分，生活也更容易成功。有一颗语文心的人，其人生一定不会乏味。"

语文润泽生命。黄礼先更愿意把自己视作一名"语文人"。语文人，应该要有语文气质和品格。她曾在一篇文章中写道，"语文人，原本就应该是一个个内蕴丰富的个体，是心有悲悯情怀而又洒脱不拘、胸有碧海青天而又恬淡如月的大写之人"。

黄礼先，正是这样一位"语文人"！

奏出师生相长的惬意乐章
——记特级教师、正高级教师任本德

人物名片

> **任本德**，男，四川省宣汉中学正高级教师，全国教育科研先进教师，四川省特级教师，四川省教书育人名师，四川省百姓学习之星，达州市中小学学科带头人，宣汉县"百佳"教师。从事高中语文教学30余年，课堂教学倡导"问题探究·身心体验"。主研教育科研成果荣获省级奖10项、市级奖12项。先后在《人民教育》等教育教学刊物上发表论文30余篇。

1. 求学之路

任本德的小学是在离家不远的村小完成的。村子是宣汉县蒲江区东南乡的炉坪村，因出门就见坡，被村民戏称为"外蒙古"。

学校建在半山腰上。教师张大贵是学位唯一的老师，还是个民办老师。

在任本德的记忆中，张老师从不打骂学生，脸上时常挂着慈祥的笑容，一遍遍地教学生拼读、书写，说话、写话，"我的汉语拼音的功底以及书写的规范都得益于他打下的良好基础"。

和大多数老师一样，张大贵也喜欢成绩优异的学生，他对任本德有着特别的宠爱。有一次拼音写话，他在黑板上写下一段拼音叫学生写汉字：

Liùduì yǒu gè xiǎo péng yǒu（六队有个小朋友），
Měitiān shàngxué zǒu qiántóu（每天上学走前头）。
Gèzi bù gāo zhìqì dà（个子不高志气大），

Xuéxí chéngjì tā zuì yōu（学习成绩他最优）。

拼着拼着学生们都把目光投向任本德，张老师也笑盈盈地看着他："你们都拼出来了吗？这个人是谁呀？"同学们齐刷刷地喊出任本德的名字，闹得他满脸通红。这件事让他记忆犹新。

到了四年级，只有"初小"文化（相当于小学三年级）的张大贵不能往上教了，又没有其他老师愿意来，张老师就叫他高中刚毕业的儿子来代课。小张老师十五六岁，也是个孩子，下课后，小孩子的游戏他全都参与。"玩到兴致处，他常常会用双手将我们一个个地高高举起，快速地旋转。"回忆起当年快乐的场景，任本德不免想起《长大后我就成了你》中的经典歌词。

后来上了初中，任本德进入距离家15公里远的中心校，每个星期天背着一周的粮食和腌菜到校，两腿酸痛还未彻底消除，星期五下午又得赶回家。

住校的五天里，管理他们的是一位叫李存道的老师。李老师以前在村小任教，后来眼睛坏了，不能上课，就被调到中心校当宿管员。早晚自习，中午午休，晚上查寝，还要负责给全校学生蒸饭。而他也把大家管教得服服帖帖的，为什么呢？除了威严，更重要的是对孩子们好。他把一分一厘积攒起来的中午蒸饭费拿来，隔三岔五地给学生们"打牙祭"——蒸上一盆粉蒸肉，每人分得几片，肉香会弥漫好几天；他也会将节余下来的住校费给成绩优异的学生发奖，一支钢笔或圆珠笔，一个本子，那时都是心爱之物，能得到的学生自然是满心欢喜。

"古人说，'经师易得，人师难觅'。教我的这些老师，他们朴实无华，一辈子默默无闻地在大山深处耕耘，最终又悄无声息地离开人世。也许，他们学识不渊博，功底不深厚，教艺也不精湛，但是，从他们骨子里透出的对孩子的爱，对教育事业的忠诚，却足以温暖孩子们一生。"任本德感慨地说。

初一结束，任本德的母亲不幸去世。家中缺乏劳动力，他不得不休学一年，帮父亲打理100亩茶园。除草、打药、采摘……和大人一样，任本德什么活都干，"最难受的是六七月份除草，太阳毒辣、草木葱茏，弓腰驼背一整天，就像蹲在蒸笼里一样"。

复学后，任本德转学到了县城另一所初中。体验了干农活的艰辛，他倍加珍惜学习时光，发奋读书，一年后就从刚去时的"赶不上趟"，一跃成为全年级的第一名。

初中毕业，任本德填报的志愿是"中专"，但当年班上复读生很多，且他们只能填报中专，班主任李瀚渝老师就建议他更改为"中师"，以确保顺利升学。"当年，我对未来的职业也没有很明确的目标，就听老师的话，稀里糊涂地学了师范"。1989年，任本德以全县第二名的成绩考进了宣汉师范学校，成为村里第一个提前吃上"国家粮"的人。

2. 进取之路

一个人的成长路上，总会遇到一些引路的关键人。任本德遇到的第一个关键人就是中师学校的班主任周柯老师。

周老师中师毕业后留校，他追求上进，报名参加自考，已经考过了六七门课程，还有几门迟迟考不过。他见任本德成绩优异，就鼓励他参加自考。就这样，师生俩亦师亦友、共同学习、互帮互助，三年不到，两人都顺利考完了所有课程。任本德也成为宣汉师范学校第一个中师未毕业就拿到专科文凭的学生。

毕业后，他被分配到宣汉县红岭中学教初中。刚去时，学校只剩下一间简陋的宿舍，几个老师正在里面玩牌，见任本德进来，老师们一边帮他收拾屋子，一边开玩笑地说："别看我们现在耍得欢，这个寝室可是很出人才的哦，住这里的前两人都通过参加成人本科考试走了出去。"

说者无心，听者有意。任本德一听，竟然还有这条进取之路！随后两年，他一边完成教学任务，一边暗暗将此作为奋斗目标。那时消息闭塞，他不清楚成人高考的考纲，也找不到参考资料，就把此前专科自考的书翻出来复习。

考试头一天，他赶到达县地区（今达州市）住店，正好与两位宣汉师范学校的师兄住一间房，看着他们带来的书和资料，傻眼了："原来还有复习资料！可我一个字都没看过！"

怎么办？任本德心想今年肯定没戏了。但他又不甘心。那两个晚上，两位师兄都安心睡下了，他却彻夜未眠，抱着他们的书，一目十行玩命地读起来，恨不得把书本上的内容往脑袋里灌……没想到，这种"临时抱佛脚"的复习，还真起了效果，任本德成功上线，随后便进入四川省教育学院中文系脱产进修。那两年里，他的知识储备、人文素养、教育理念和方法都上了一个新的台阶，爱好写作的他还在省城的报纸上发表了诗歌、散文作品。

回到宣汉，他被重新分配至宣汉县第二中学，直接教高中。这对他来说，是一个不小的挑战。因为，在高中教师队伍里，人们习惯称大学科班毕业的教师是"黄埔军校"出身，而中师毕业生则是"游击队"。

任本德清楚地知道自己知识结构零散、不够扎实、不成体系，所以"转益多师是汝师"，谁的课他都去听，虚心学习、反思、体悟。当年，宣汉二中也确实集结了一批优秀语文教师：侯作文、涂德元、廖相坤、吴光荣等。

除了虚心学习，任本德还不怕"露短"，每学期都争着上公开课。第一次公开课，时任宣汉二中校长郑雄策听得直摇头，恨不得把他从讲台上拖下来。任本德也不沮丧，虚心听取别人意见，积极改进教学设计。第二次，郑校长再来听课，惊讶地竖起大拇指："这是上次公开课上的任本德吗？进步、变化这么大！"任本德听了备受鼓舞、信心大增。

就这样，在前辈们的指点下，任本德经过五六年、两三个轮回，站稳了高中讲台。到后来，他的课也经常有年轻教师带着凳子来听，他也逐渐成长为别人的"师傅"。

"古语说'名师出高徒'，但我想说，高徒也能成就名师。"任本德希望遇到更优秀的学生，成就更优秀的自己。2012年，他参加进城选调考试，以第一名的成绩进入宣汉中学任教。对他的加盟，时任宣汉中学语文教研组长、四川省特级教师、四川省首批正高级教师的刘廷富说，"优秀的人才就该走到一起来"。

从此，在宣汉中学这个大家庭里，任本德如鱼得水，开启了职业生涯的跨越发展。10多年来，他送走了四五届毕业生，所教学生考上清华大学、北京大学的有20多人，考上"双一流"高校的学生若干。

"从走上教育岗位那一刻，我就告诫自己，不能因为自身的浅薄、无知而误了讲台下几十个求知若渴的学生。"任本德说，他的小学六年都是代课教师教的，自认基础教育是残缺的。从教后，唯有不断学习、奋勇进取，才能给予学生满意的教育，"正是这份责任和使命，催逼着我不断广收博取、一路向前"。

3. 教研之路

著名教育家苏霍姆林斯基说："如果你想让教师的劳动能够给教师带来一些乐趣，使天天上课不至于变成单调乏味的义务，你就应当引导每一位教师走上从事研究这条幸福的道路上来。"[①] 任本德走上教研道路，却颇有些"临危受命"之感。

大约在2000年，宣汉二中创达州市重点学校，其中一个必要条件就是要有市级教育科研项目。英语组牵头申报了一个课题，经达州市电教馆立项。但

---

① ［苏］苏霍姆林斯基：《给教师的建议（修订版）》，杜殿坤译，教育科学出版社，1984年，第494页。

学校创"市重点"成功后，课题研究却搁置了。课题负责人换了一拨又一拨，但思路混乱，提炼不出成果，方案还是方案，没法结题。2006年，达州市电教馆下达最后"通牒"，若再不能结题就宣布该课题终止，并全市通报批评。

时任校长顾林找到任本德，要求只有一个——必须顺利结题。他接手了庞杂的研究资料，与每一个参研人员交流探讨，并到宣汉县电教馆借阅了大量成功课题的研究报告。从一名教科研新手，摸着石头过河，慢慢总结提炼，多方听取专家意见，数易其稿，最终课题不但顺利结题，还获得了四川省教育厅教学成果二等奖、达州市政府教学成果二等奖。一名语文老师，接手一个英语课题"烂摊子"，变废为宝，一时在宣汉教育界传为美谈。

从此，任本德与教研、教改结下了不解之缘。2008年，他被任命为宣汉二中教科室副主任，也因此比一般教师多了不少学习观摩的机会。他先后去过辽宁盘锦、河北衡水、山东昌乐、山东即墨、山西新绛等课改先行地区学习取经。回来后，他带领教师们借鉴昌乐二中构建的"271"课改模式，并在一个年级逐步推开。2010年，四川省实行高中新课改的第二年，达州市高中新课改现场会在宣汉二中举行，学校被认定为"达州市高中新课改样板学校"。

进入宣汉中学后，任本德在时任教学副校长章云格的带领下，引入山西新绛中学的课改模式，组建了四个实验班，命名为"生本三维导学课堂教学模式"。他与课改老师们一道，每节课督导，每周开反思会、总结会，最终四个班都超额完成了升学任务，同时还促进了学生的自主学习能力、自信力、社交能力、团队合作能力的提升。根据该课改实验完成的科研课题"生本三维导学课堂教学实践探索"荣获达州市教育局年度科研成果一等奖。

"教育是一门科学，科学就该探究它的规律。学生到学校来是'读书''学习'，而不是被动接受、听课。"任本德谈道，以往可能更多的是教师进教室就讲、讲完就练，不断地刷题；现在则要转变为让学生先熟悉教材，带着疑问、期待听课。基于这个理念，他后来陆续在所教班级实行"读—辩—练—讲"教学模式，核心就是先学后教、先练后讲。"我们不是大搞应试教育，不是培养考试的机器，而是探索如何培养具有自主学习能力的时代新人。"他说。

多次课改的实践探索，让任本德对课堂教学也多了一份理解，并积累起丰富的指导经验。他多次指导教师外出赛课，获得不少荣誉，对教研的认识也更加深刻，"对学校而言，教学与教研是鸟之双翼，不可偏废。教研反哺教学，给学校发展带来持续动力，促进学校内涵、深层发展"。

任本德举例，宣汉二中的生源基础较差，大部分学生升学无望，于是学生厌学、违纪现象屡见不鲜，解决问题的症结在于给孩子们找条出路。于是，学校构建了"文化+艺体"两腿并走、花开并蒂的育人模式。"我们把它作为一个课题来研究,方案的设计、艺体校本教材的建设、艺体学习的评价与激励等等,这些内容直接指导了艺体教育实践,使艺体成为学校鲜明的特色,也同时成了课题成果内容。"他自豪地说,该课题最终获得省政府成果三等奖。

在宣汉中学,早几年,学校进了一大批年轻教师,教学新手初站讲台,教学质量如何保障?学校将其作为一个重要课题来抓。"我们通过'青蓝工程'、听评课、集体备课、撰写反思笔记、课堂观察、技能培训竞赛等系列手段促进初任教师快速成长。"任本德介绍,青年教师的成熟期大大缩短,很多人陆续被评为教坛新星、市县教学骨干和教学名师,不少人还走上了管理岗位。这项课题成果,后来荣获四川省人民政府第四届优秀教学成果二等奖。

"教育科研不是假大空,不是文字游戏,它能实实在在解决学校管理和发展的问题,也能帮助教师快速成长。"任本德认为,一名教师如果写一辈子教案,只能当一个教书匠;但如果坚持写三年反思,就有可能成为名师。

4. 写作之路

无论是在宣汉二中还是宣汉中学,任本德都有一个"笔杆子"的雅号,同事们夸赞他会写文章、文采好。

但从小到大,他对自己的写作能力却并不自信,"小时候家里穷得一张有字的纸都找不到,小学、初中除了课本,连教辅都没有一本,更别说课外读物"。任本德回忆,中考作文要求写一本自己喜爱的书,他没有读过课外书啊,就"编"了自己喜欢《半月谈》——那也是在老师办公桌上翻过几页而已。

直到进了中师,他才读到生平第一本课外书,是路遥写的《人生》。渐渐地,他也试着写一些散文、随笔,并在达州市级报刊上发表。

真正开始大量写作特别是给媒体撰稿,是入职宣汉二中后的事。当年,任本德班上有一名学生冯克玲,考进中师读了一个月后,又退学回来读高中,学习成绩名列前茅。"我觉得这个孩子值得表扬与鼓励,一是人生的自主选择,二是学习的踏实勤奋。"任本德撰写了一篇人物特写《一心向学的冯克玲》,并刊发在《达州日报》上,这个孩子后来考上了理想的大学。

任本德也因此在学校出了名。后来学校的活动新闻稿,领导就布置他来写。"既然干上了这个工作,我就想把它干出名堂。"任本德把报纸上的新闻翻来覆去地读,揣摩报纸的风格、用稿特点,也积极参加报社组织的写作培训班,慢慢地摸着了一些门道,学会了找亮点、选角度,很快就在《教育导报》《精神文明报》《德育报》《中国教育报》等更高级别的报纸上发表了多篇校园新闻。

2008年"5·12"汶川特大地震发生时,地动山摇,宣汉二中召集全体教师,迅速把学生从寝室、教室撤到操场,清点人数,随时通报灾区情况,讲解地震原理,消除恐慌。当晚,老师们一起陪着住校生在操场过夜。面对此情此景,任本德觉得应该把师生众志成城、共渡难关的精神面貌传递出去,于是,他一边陪伴学生、一边敲打键盘,连夜发出了一篇报道。第二天,《教育导报》用了半版刊发了这篇文章——《摇晃两分钟 坚守一昼夜》。

2016年,宣汉中学百年校庆,任本德担纲宣传报道工作。他策划"百年宣中"微信号、撰写对外倡议书、设计宣传橱窗、编辑《今日宣中》校报特刊……前前后后忙了大半年,圆满完成了既定任务,达到了预期效果。

后来,任本德还承担了在大型集会时为学校领导起草讲话初稿的任务。"为几任校长服务下来,我认为收获比付出多得多。"他说,无论是写规划、汇报,还是总结,因为要时刻站在学校全局的高度思考问题,所以他会比普通教师对学校工作、对教育教学管理多一分理解和认识。既知道普通教师的艰辛,也知道做领导的苦楚;既理解一般教师的小我,也知晓领导构建的大我。

"如此,就会把一些事情想得更周到,悟得更透彻。在教育的道路上,就走得更坦然、更愉悦!"他说。

5. 育人之路

在任本德看来,教育的本质就是爱,而爱的本质就是奉献,"做教师工作,像船夫一样循环往复,如果没有一点爱心,是很难开心地坚持下去的"。

还在读中师时,作为班长的任本德就劝回过一个家境贫困的同学,并发动全班同学资助她。这名同学最终完成了学业,也成长为当地一名优秀教师。

任本德在宣汉二中工作时,有个学生受朦胧诗派的影响,热爱写作,习作不少,他先找到自己科任老师讨教,时间长了,老师爱理不理;找其他老师,也多是冷遇。最后他找到任本德,任老师耐心地跟他谈阅读感受,一首一首地帮助他分析、修改,他逐渐改变文风……高中毕业时,他就出版了自己的文集,后来入职了一家媒体工作。

还有个小女孩,患有小儿麻痹症,手指蜷曲,双腿罗圈,行动极为不便,但她坚持读完了高中,虽然她每次考试只能得几十分,但她这份执着、对生活的热爱,却让任本德十分佩服,他把她的事迹写成文字投递给了当地媒体,自己也不时给予一点资助,"希望能给她灰暗的人生带去一丝光亮,让她脆弱的心灵得到些许慰藉"。

随着时代的变迁，社会流动性增大，不少家庭的稳定性受到冲击，也给当今的学校教育增添了难度，尤其是班主任开展工作时如履薄冰。

有一年高三，任本德班上转来一个学生，他学习基础差，习惯不好，成天愁眉不展。两个月后的一天，他坐在座位上呆若木鸡，浑身颤抖。任本德把他叫到办公室，他一个劲儿哭着说："不想活了，不想活了！"

待他平复下来，任本德问他为什么？他反问老师："任老师，你认为我最大的优点是什么？"任本德一时愣住了，这个学生字写得差、成绩差，身体也单薄，有什么优点呢？最后他只能敷衍地说："你长得帅。"

没想到学生突然两眼发光，头像小鸡啄米似的猛点："就是啊，就是啊，就是长得帅惹的祸！"原来，他自认为长得帅，刚来时，同桌女生多关心一点，他体会错了，就去跟女生表白，遭到了拒绝。于是自尊心备受打击，甚至杯弓蛇影，认为全年级的人都知道自己被拒绝，难以承受。

任本德陪他转操场，跟他讲人的自我认识，以及别人对自己的认知。告诉他，这个世界上，除了你的父母，没有谁时时刻刻关注着你，很多事情时间就是最好的药方，只要把心思转移到学习上来就逐渐烟消云散。最终，男孩的情绪稳定了下来。

还有一个女生，只要考试，就不吃饭、不喝水。究其原因，怕上厕所。为什么呢？听她妈妈说，孩子刚上初中时，一次考试，想上厕所，老师不允许，最终拉在了裤子里，从此落下了病根。任本德了解后，在连续几次周考中，就有意安排邻桌的几个学生举手请假上厕所，他都爽快同意，做给她看。下来后再辅以交流，这名学生的饮食渐渐正常了。

任本德个子不高，脾气很好，整天笑眯眯的。很多同事刚见到他，都担心他当班主任"镇不住场子"，却没想到他带的每个班都顺风顺水，即使没有老师监督，学生迟到了，都规规矩矩在走廊上做下蹲、俯卧撑。

"我认为，班级管理最重要的是科学、民主、公平。"就此，任本德还写了一篇文章发表在《中国教育报》上——科学，就要强化班级文化熏陶，比如思考好好学习的理由，设计班旗、班徽、班训，选择班歌，撰写班级誓词等。民主，就是遇事多与学生商量，与学生一起拟好班级管理条例，违纪的处罚办法是大家共商的，不是强加的，学生就能做到自觉遵守；与学生一起商议选出得力的班团干部，并不时加以培训，教给他们管理方法。公平，就是一视同仁，奖惩、资助、劳动任务等只按规则办事，不搞双重或多重标准。

"高中学生，逐渐成人，能够明理，可以春风化雨，而不需疾风骤雨。当然，惩戒也需要，但学生只要认识到错误，就能心甘情愿接受处罚。"任本德说，老师如果一味粗暴地呵斥、体罚，学生一旦反抗，只会让老师更加难堪。

有人感慨教师工作辛苦，每天起早贪黑，劳心劳力。但任本德认为，教师的确辛苦，但不应是痛苦，而是苦中有乐，"回忆我 30 多年的从教生涯，我是快乐的、满足的，从未后悔当年的选择"。

给予他快乐源泉的，就是一届又一届学生。他说，学生无止境的求知欲望是他勤奋学习的不竭动力；学生在课堂上的奇思妙想，在作文（日记）中的质朴灵动，在课堂外旺盛的创造力，填补了他自身认知与思维的空白。教室里，教师找到了"粉丝"、忠实的信徒，甚至是崇拜者，得到普遍的赞誉和认可，至少可以弥补在社会生活中的失落，填补虚空的内心，何乐而不为？课堂外，冷不丁地听到一声"老师好"的亲切问候，年节时收到来自学生的深情祝福，这又何尝不是一种精神上的快慰？

每天清晨，伴和着学生琅琅的书声，沉浸在翰墨幽香里，师生一起遨游书海，共享人类文明，一同奏出相生相长的交响乐……在任本德看来，人生最为惬意的场景莫过于此。

艰难困苦　玉汝于成
——记特级教师、正高级教师高泽兰

人物名片

高泽兰，男，四川省仁寿县铧强中学正高级教师，四川省特级教师，四川省骨干教师，眉山市高层次人才，眉山市师德标兵，眉山市教科研先进个人，仁寿县优秀语文教师、优秀班主任，仁寿县高三中心组指导教师，仁寿县优秀共产党员，四川省第六届普通教育教学成果奖评审专家。主研省级、国家级科研课题5项，获省教科所二等奖1项，省政府三等奖1项，市政府三等奖1项，市电化教学成果一等奖1项，国家级一等奖1项。主编和参编教学用书10余部，有30余篇教研论文在省级和国家级报刊发表，多篇论文获省级、国家级一、二等奖。

1. 辗转求学多磨难

高泽兰出生在眉山市仁寿县龙马镇一个偏远的小山村，家境贫寒，父母都是地道的农民，他们用勤劳的双手努力供养着4个孩子。

他的小学是在当地村小读的，"教室四面漏风，课桌是用冰冷的石头砌成的，板凳也要从自家带去，老师走马灯似的换了许多"。

兄弟几人中，高泽兰学习最好，小学毕业后，继续到镇上初中念书，后来还考上了当地的高中龙马中学。"那个年代，初中毕业，成绩最拔尖的就考中师、中专，马上能端上'铁饭碗'，而我成绩中等偏上，只能去读高中。"说起当年的情形，高泽兰不无遗憾。

因为家庭困难，交不起住校费，高泽兰选择了走读。家距学校7.5公里，每天天不亮他就起床，打着火把上学；晚上回到家时，又就着昏暗的煤油灯继续看书,甚至为了节约一两灯油,还在月光下写过作业。

尽管如此刻苦,但高泽兰的学习还是受到了影响。1983年,他高中毕业,在第一轮预选考试中就被刷了下来。那一年,他的家庭又遭遇变故,父亲积劳成疾不幸去世。雪上加霜的境遇由不得他继续复读,只得回家和哥哥弟弟们一起干农活。

那两年时间里,他耕地,挖土,栽秧,割麦,打谷子……什么活儿都干过。想着未来要像父辈一样"脸朝黄土背朝天"地当一辈子农民,高泽兰内心充满了绝望。

这时,当过兵的大哥站了出来,他懂得知识改变命运的道理,对高泽兰说:"老四,你去复读考大学,我借钱都支持你!"1986年春天,在大哥的带领下,他向龙马镇农村基金会借贷了120元,又在本村一名老师推荐下,返回龙马中学补习了一学期。无奈功课丢下了很久,高考放榜,他距离上线差了20多分,只得又回家干活。

时间来到了1987年春天,仁寿县青少年宫高考补习班招生,打听到高泽兰成绩还不错,就动员他去补习,且学费全免。高泽兰高兴地去了,但仍然铩羽而归,第二次高考,他差12分上线。

心灰意冷的他决定放弃了,"看来我是没有读大学的命了",家里也给他说了一门亲事,准备让他结婚并安心留在农村生活。这时,高泽兰收到了一封高中同学的信,同学告知他,仁寿一中办了补习班,学费全免,每个月还有生活补助。

高泽兰心中的希望之火又升腾起来,他二话不说,辞别家人,背起行囊再次来到县城复读。终于,天道酬勤,1988年7月,第三次参加高考的他被南充师范学院(今西华师范大学)中文系两年制专科班录取。

拿到录取通知书的那一刻,他不禁泪流满面,在历经了5年劳累困苦、3年寒窗复读、3次高考选拔后,命运之神终于眷顾了他。他感谢家人的支持,也感激自己的坚韧和不屈,正如中国台湾作家罗兰所言,"苦难是成功途中的考验。懦弱的人必然在苦难之下被淘汰,只有坚强的人才会走完自己认真想的路程"[①]。

2. 初出茅庐遇"贵人"

考上大学,一家人高兴的同时也暗自发愁,一贫如洗的家庭已拿不出钱供

---

① 罗兰:《罗兰小语(上)》,海天出版社,1988年,第97页。

他读书。母亲带着他，把亲戚朋友、全村人都借遍了，才勉强凑齐了1000多元的学费。去南充学校报到的车费也是朋友赞助的。

高泽兰清楚地记得，报到那天，下着瓢泼大雨，当他一身单衣、"落汤鸡"般地出现在学校时，接待新生的老师又惊讶又心酸，"你这样子，不像个大学生，倒像个'讨口子'啊"。

生活的艰辛、求学的不易，让高泽兰倍加珍惜在大学的时光。通过勤工俭学、周末做家教等方式，他的大学生活费有了保障。剩下的时间，除了上课，他就泡在图书馆，如饥似渴地阅读大量文学、教育学、社会学、心理学等书籍，读书笔记就整理了近20万字。他还参加了书法兴趣社团，练得一手好字。

正是这段清贫但充实的日子，为高泽兰即将展开的教书生涯奠定了坚实的基础。

1990年3月，高泽兰回到母校龙马中学顶岗实习，一两周下来，他广博的知识储备、风趣的讲授风格和朝气蓬勃的精神就征服了班上学生。正好校长的孩子也在他班上，回家少不了给父亲"吹风"，"这次实习的高老师教得很好，我们很喜欢"。听得多了，校长决定亲自到班上来"检验"，没想到两堂课听下来，果然名不虚传，"是块教书的好料子"。

于是乎，高泽兰实习刚结束，校长就主动问他，是否愿意回到母校教书。本来，作为专科毕业生，一般只能分配到初中学校，但高泽兰的优秀表现，让校长心生惜才之意，决定向上级教育部门打报告，"破格"招进来。

高泽兰当然很开心。正式入职，学校就给他委以重任，教1993届两个班的语文，并担任一个班的班主任。高泽兰全副身心地投入带班、教书中，在自己钻研琢磨教材教法的同时，也虚心向老教师请教，"记得当年语文组有位张均仁老师，他是四川大学'老牌'中文系毕业的，文化底蕴深厚，听他的课简直是一种享受"。每周，高泽兰都要去听他好几节课。

第一届学生教下来，成绩超出了所有人意料：他所带班级语文平均分竟然超越了县城其他高中，夺得了第一名；班上汤火箭同学（现西南财经大学教授）的高考总成绩还排到了全县第二。初出茅庐的高泽兰品尝到了教书育人的乐趣和成就。

随后几年，他被作为不可或缺的骨干力量，连续带了三四届补习班，每一届也都不负众望，无论班级还是语文学科，都夺得了全县第一、二名的好成绩。

这期间，高泽兰自身的专业成长也没有落下，他通过函授的方式，于1997年6月取得了四川教育学院中文专业本科文凭。

3. 宵衣旰食创品牌

1997年，由澳门特别行政区首任行政长官何厚铧及其好友冯志强捐资、仁寿县人民政府筹建的国办高完中——铧强中学建成投用，并面向全县选拔考调最优秀的教师。"本科学历、35周岁以下且连续三年高考成绩名列全县前三……"这些条件，高泽兰通通满足，当仁不让地成为铧强中学7名创校元老教师之一。

尽管学校是崭新的，教师团队也雄心勃勃，但最初的招生却并不乐观，老百姓仍习惯将孩子送到已创出口碑的仁寿一中、二中等更好的学校。第一届，铧强中学只招收到3个班的学生，且大都是高泽兰和同事们坐着拖拉机、三轮"蹦蹦车"走村串户宣讲才招来的农村孩子。

但，正是这群"挑剩下的"娃娃，三年后却一鸣惊人，在全县放了一颗"超级大卫星"。仅高泽兰担任班主任的2班，就有6人考上当年全国排名前十的"985工程"大学。

这是如何做到的呢？

"首先管理上非常严格，也非常细致。真可谓是与学生同吃同住，比对待自家孩子还上心。"高泽兰回忆，那三年，他每天早起督促学生起床、陪学生早读，晚上十一二点还在查寝；经常叫学生到办公室谈心，随时了解他们的心理动态；到了周末，还挨家挨户去家访，帮助学生家庭解决实际困难。

不少农村孩子家庭贫困，有的大冬天都只有一件单衣。高泽兰看在眼里，十分心疼，他和年级上的几名老师商量，每人每月捐出50~100元，成立基金，帮助那些品学兼优的寒门学子。后来，高泽兰当选眉山市人大代表后，还积极联络企业爱心人士，资助这些学生上大学。

教学上，高泽兰更是兢兢业业、宵衣旰食。他崇尚"处处留心皆学问"的教学理念，强调知识的日积月累。为了激发学生学习语文的兴趣，早在龙马中学，他就在班上成立了"龙飞"文学社，经常带学生采风写生；到铧强中学后，他又成立"天马"文学社，主编多本文学社刊，以促进学生语文素养的提高，"知识积累了，素养提高了，考试成绩的提高自然就不在话下"。

为了找到一套适合自己学生的复习资料，高泽兰跑遍了全县所有书店，都不满意，最后和语文组同事合计，"干脆自己来编一本"，遂把市面上找得到的近30种教参书全买了回来，再分类型、分专题地借鉴编写。

"那是高三前的暑假，正值全年最热的三伏天，又没有电风扇，师生们热得汗流浃背，却一个个干劲十足，摇着蒲扇坚持上课、学习。"回想起当年的场景，高泽兰不禁动容。

功夫不负有心人。铧强中学第一届学生 165 人参加高考，105 人上了本科和专科录取分数线，特别是重点本科上线率位居全县第一。高泽兰和同事们的辛苦付出有了回报，也帮助学校打响了铧强优质教育的品牌。

4."教书""科研"两不误

随后 20 多年，高泽兰扎根在铧强中学，像勤恳的农夫，也像辛勤的摆渡者，日复一日、年复一年地将一届届学生送往大学彼岸。岁月的痕迹逐渐爬上了高泽兰的双鬓，但他对学生无微不至地关怀、对高质量语文教育执著地追求却一如既往、澎湃如昨。

在相当长一段时间里，高泽兰年级主任、班主任和语文学科教师"一肩挑"，虽然工作繁重，但他的业绩却有口皆碑，所带班级语文平均成绩从未下过仁寿县前三名。2013 届所教的 10 班学生刘洋夺得了当年全县高考文科第一名；2016 届作为年级主任兼班主任，他与同事们创下了学校至今无法超越的一本上线 249 人的辉煌战绩。

2008 年汶川特大地震发生后，高泽兰作为眉山市对口支援九寨沟县第一批教育团队成员，在九寨沟中学支教服务一年，他把先进的教育理念和管理方法也带进了民族地区。

此前，九寨沟中学让学生各自回寝室午休，且交给保卫科的门卫负责监督，"门卫哪管得下来，闹哄哄的一片，效果很差"。高泽兰就向校长申请，每天由他守着学生在教室里睡觉。刚开始，校长有些犹豫，后来同意在他班上试点。没想到，两周过后，其他班主任也坐不住了，纷纷要求加入"教室午休"的管理行列。

刚接手九寨沟中学的那个班，成绩最好的学生总分才 363 分，比他在铧强中学教过的最差的学生还要低。高泽兰也不气馁，他通过各种方式给学生"打气"，给他们讲此前教过的优秀学生成才的故事，激发他们走出大山的信心。他还经常与学生家长交流、沟通，取得对方对教育的理解和支持。

两年后，好消息传来，在他和第二批支教老师的接力帮扶下，他教过的那个班有 13 人考上了本科、47 人考上了专科。还有学生专门给他寄来感谢信。

在同事眼中，高泽兰不仅教书育人"有一套"，搞教学研究也是一把"好手"。空闲之余，他喜欢写点文字，并尝试着把教学过程中的反思和心得记录下来。

1999 年，他为高三学子加油助威的一篇文章《高三学生你能行》刊发在

《眉山日报》副刊上，彭山中学的一名高中生看到后深受鼓舞，给他寄来书信，想与他结交为"笔友"，并称他"高泽兰姐姐"。原来，因为素未谋面，这个学生误以为他是一名女士。

高泽兰亲切地给学生回了信，并把这个有趣的过程写成了一篇散文《笔友印象记》，发表在《仁寿教研》上，一时在全县传为美谈。

2002年，铧强中学成立教科室，以加强学校的科研工作，高泽兰被任命为负责人。作为主研人员，他相继参与"信息技术与高中教学整合效果的研究""高中生自主学习心理障碍与教师指导作用的研究""创新教育模式下的教学软环境研究""创新作文教学研究与实践""农村中学教师教育技术能力运用研究""普通高中课堂有效教学策略的研究"等国家级、省级课题的研究，均取得了优异成果，并获得国家级和省、市政府科研成果奖项。

除了教育专业写作，高泽兰日常也写写诗歌、散文、杂文等，以保持思维和笔头的"敏锐"。比如在《再说"东施效颦"》一文中，他从逆向思维的角度，对这个千古流传、妇孺皆知的故事提出"新解"：东施之所以模仿西施，是深知自己丑陋，她的自知之明难能可贵；自知丑陋的东施并没有怨天尤人，而是努力奋斗，她对美的追求和向好精神也值得肯定；东施模仿西施时的勇往直前、毫不瞻前顾后的勇气也值得一学。

高泽兰借此勉励青年教师，"工作、学习和生活中，总会有这样那样的不足和错误，但如果有东施那样勇敢面对并改正缺点、错误的决心和信心，就一定能收获更加亮丽的人生"。

5. 脚踏实地天酬勤

尽管高泽兰评优晋级与多年来培养出众多名优大学生不无关系，但在他看来，教不同的学生会有不同的成就感，并非一定要教出清华大学、北京大学的学生才算成功。

"对农村家庭来说，学习成绩好，考上大学特别是名牌大学，大概率就能改变一个家庭的命运。但在我们老师这里，却不能只盯着那少部分绩优生。要善于发现每个学生的优点，一视同仁、因材施教。"高泽兰举例说，2000年，他班上有个男生，文化课成绩倒数第二，但长得高大健硕、体格很好，空军招飞时，竟然过五关斩六将，成为全县数十个报名者中唯一体检合格者。经过老师们对他文化课的集中辅导，这名学生成功考上了空军长春飞行学院，与后来的"英雄航天员"王亚平成了同学。

"情商比智商更重要！求知固然重要，但做一个对社会有贡献、对他人有帮助的人又何尝不是成功者呢?"高泽兰经常给学生点滴浸润做人做事的道理。

令他欣慰的是,那些优秀毕业生们都记住了他的话,并以实际行动践行着教诲。当得知高泽兰正在教的班上有学生经济困难、不得不利用寒暑假打工挣生活费后,两名铧强中学第一届优秀毕业生(熊婕羽、许燕)二话不说,慷慨解囊,承诺资助两名贫困学生每人每月1000元生活费,直到考上大学。

2019年,卸任学校教科室主任行政岗位后,高泽兰本可以申请不再一线上课,但他仍然坚持教一个班的语文,并一丝不苟地教学,"作为特级教师,我有责任和义务给年轻教师做好榜样"。近几年来,高泽兰每年都会受邀到眉山市东坡区、青神、丹棱、洪雅等地做讲座、上示范课。

在指导年轻教师的过程中,他发现,年轻教师工作有干劲,也很努力,但有时方法却不恰当,教学技巧也不够灵活,对教材的研究还不够深入,特别是对学生的研究比较缺乏。

"当年我们教书时,下课后就跟学生娃儿打得火热。而现在有些教师却跟学生之间'搞不拢',师生之间总感觉有层距离。"高泽兰认为,这可能也是当下师生关系不和谐、容易发生冲突的一个原因。他呼吁老师要多亲近学生,走进学生的心灵,这样学生才能"亲其师而信其道"。

走进高泽兰的办公室,首先映入眼帘的就是墙上他手书的4个大字"天道酬勤",这也正是他求学、从教30多年的生动写照。"我相信知识改变命运,学习成就未来。"高泽兰说,尽管他求学历程十分坎坷,但最终也实现了理想,"只要你勤奋,脚踏实地,就一定有收获。"

正如他创作并书写在备课本扉页的两首诗表达的那样:

"藏头诗"
高山仰止在蜀郡,
泽被后世言感恩。
兰亭曲水流觞意,
君当自强事竟成!

心　愿
如果是一个音符,
我会在琴弦上弹响。
如果是一颗星星,
我会把教室的黑暗照亮。

是溪水就要不倦地流淌，
是浪花就要不停地歌唱。
即使生而为一棵草，
我也不辜负青春的太阳。
哪怕生命没有了分量，
我也决不放弃拥有的时光！
这是一名教师的心愿，也是一位共产党员的教育誓言！

第五篇

道·以文化人

师者,所以传道授业解惑也。语文教育自古就有文以载道、以文化人的优良传统。对语文教师而言,育己和育人是不可分割的整体。他们终身学习、笔耕不辍,汲取文化精髓,挖掘课程内涵,建构学科素养,在丰盈教育人生、提高人格修养的同时,也弘扬着胸怀天下的至公大道。

典则俊雅 兰薰桂馥
——记特级教师、正高级教师王典馥

人物名片

> **王典馥**，男，四川省隆昌市第一中学正高级教师，四川省特级教师，四川省有突出贡献的优秀专家，省级"国培计划"培训专家，内江市首届拔尖人才，内江市首批学科带头人，内江市"十佳"优秀教师。曾任内江师范学院中学语文教学法课程特聘教授，《语文报》特约主持人，《作文与考试》特约顾问。公开出版个人教学专著和独立主编教研著作近20部。在《语文教学通讯》《中学语文教学参考》等报刊发表文章近600篇。

1. 苦难磨灭不了梦想

1977年夏天，王典馥高中毕业了。正赶上恢复高考的他满怀憧憬想考大学，却不料因当时一项"留城证"政策而错失了报考机会。

因为家境贫寒，19岁的王典馥不得不与同样待业在家的哥哥干起自谋生路、养家糊口的各种活计。拖板车、扫碎石、修公路、当搬运、收破烂……"什么脏活累活都干过"。到了春节，为了赚钱，王典馥还连续三年到集市上写春联出售。因为写得一手好字，肚子里又有"墨水"，他写的春联备受老百姓喜欢，摊前总是挤满了人。

生活的艰辛，并没有磨灭王典馥追求上进、找一个体面工作的愿望。在最艰难的日子里，他没有放弃读书，没有放下手中的笔，经常受邀帮助公社撰写广播稿、新闻稿，还在当时的《四川农民报》《内江报》发表诗文。

1980年初，王典馥在公社干部的推荐下，到了当地一所工厂子弟校代课。同年10月，改变他命运的机会来了：四川省教育委员会发布公告，面向全社会公招教师，以补充"自然减员"的教师队伍。

王典馥喜出望外，按捺住激动的心情，在代课之余偷偷抓紧复习，最终以全县第三名的成绩被录取，并于当年12月被分配到隆昌县（今隆昌市）圣灯中心校，成为一名光荣的人民教师。

王典馥报考的本是初中语文教师岗位，但校长先安排他教小学三年级的数学、音乐并兼班主任。他二话不说欣然接受。

第二年六一儿童节，学校要求每个班都要出节目表演，刚刚踏上教育之路、从未组织过学生文艺节目的王典馥犯了难，但他"不服输"的劲头上来了。班上音乐委员唱朝鲜民歌《小白船》很动听，他就虚心向学生请教，自己学会后，又去教全班同学，还自己摸索会了风琴伴奏。儿童节当天，当他带领孩子们上台演出结束，师生们都报以热烈的掌声，并向他投来钦佩的目光。

一年后，王典馥改教小学四年级语文；两年后，他又被委派到中心校下辖的一所农业中学担任初中语文教师。至此，他终于回到了自己擅长的语文学科，开始扎下根来。

1987年9月，王典馥调往当地一家煤矿企业子弟校，本想就此开启教育的一片新天地，却没想到"走错了路"。"当年的子弟校虽然效益不错，但却是自成体系的独立王国，感觉走不出来了。"那段时间，他非常苦恼，"就教一个班，30几个孩子，施展的平台太窄。"

那还不是一段短暂的岁月。至2001年离开，王典馥在那所子弟校整整待了14年。人的一生该怎样度过？"当他回首往事的时候，他不会因为虚度年华而悔恨，也不会因为碌碌无为而羞愧……"[①] 保尔·柯察金的话给了人生低谷期的王典馥以力量，他决定在这期间做好两件事：教好书，多读书。

这个决定不仅让他重新振作，提升了学历、素养，还在日积月累地读书、学习中，逐渐找到了一条适合自身发展的教育研究道路。可以说，正是这段时间的潜心钻研、不断积淀，奠定了王典馥成长为语文名师、特级教师的基础。

2. "草根教研"

1984—1987年，王典馥在日常教学之余，就已经在内江教育学院（今内江师范学院）进修，提升学历。这期间，他遇到了不少好老师，在他们的影响下，他喜爱上了古代汉语和现代文学，买了大量的书籍来阅读。

[①] ［苏联］尼·奥斯特洛夫斯基：《钢铁是怎样炼成的》，钟煜彰译，天地出版社，2015年，第224页。

学古代汉语没多久，王典馥就尝试着写一些小论文，并发表在《语文知识》《语林文英》上。他研究的内容也非常深刻、独到，如在《"离骚"新解》一文中，他在司马迁、班固等古代历史学家研究的基础上，对"离"字增加了"陈述、陈说"的新解释——离，陈述，诉说；骚，忧愁；"离骚"之意，即是屈原以诗歌形式在陈述他心中的忧愁。对"参差"这个古代联绵词，语文工具书列出的义项只有三四种，而他却有全面研究，给出了九种解释，并以《"参差"九解》为题发表在《语文知识》上。

"专科进修的这三年，帮我打下了扎实的中文功底，是我开展科学研究的起点。"王典馥深有感触地说。

1987年后，王典馥在"研究"的道路上一路狂奔。他开始摸索进行学科教研，对象是初中语文的教法和考法，没想到"成果令人惊喜"。

1993年，王典馥的第一本研究成果《初中语文学法导引及应试测评》由四川大学出版社出版。付梓前，他将书稿邮寄至时任中国教育学会中学语文教学专业委员会理事长、人民教育出版社总编辑刘国正指教，后者很快回函并欣然为他题写了书名。不虞之喜，令王典馥非常激动。他主编的第一本著作很成功，受到全国语文同仁及学生读者的广泛好评。

随后两年，他再接再厉，又主编出版了一本关于中学作文教法的著作《考场赛场文通》。该书邀请了全国著名教育改革家魏书生题写书名、全国著名语文特级教师蔡澄清作序，由成都科技大学出版社出版后，社会反响很好。一位在长春留学的日本中学生购买到该书后，主动给王典馥来信，称赞该书的妙处，还交流自己学习中文的收获，寄来几篇用中文写成的习作让他指导。

1995年起，王典馥将重心转向教学理论研究，先后出版了《素质教育探索与成功教改之路》《教育教学教研成果概览》《走向新世纪教改探索成果》《地方名校与教改人物经验研究》《当代先进教育教学方法的研究与实践》等著作，其中，尤以《素质教育探索与成功教改之路》成果最为瞩目。

"这本书算是我教研成果的一座高峰。"王典馥介绍，这是一本介绍全国各地名校开展素质教育改革经验的著作，作者来自全国20个省（市、区），篇目300多篇，总字数200多万字。令他十分感动的是，时任全国政协常委、著名语言学家、语文教育家张志公教授当时生病住院，也从医院专函寄来了题词。除了刘国正、魏书生两位先生题词外，还有两位大家也分别题词祝贺：时任教育部中小学教材审定委员会委员、全国语文教学法研究会理事长、中国语文教学法理论的奠基者朱绍禹教授，时任中国阅读学研究会理事长、著名阅读学家董味甘教授。

1996年8月，朱绍禹特邀只有中学一级教师职称的王典馥参加在东北师范大学举办的全国语文学习科学研究会年会，并在会上隆重介绍他的研究成果，这让时年38岁的王典馥受宠若惊，也备受鼓舞。

埋头教研的十几年，王典馥总计撰写各类文章、著作数百万字。至今回想起来，他感慨自己是高度自觉的"草根教研教师"：因为自己并非专职的教研员，也没有做课题写论文的任务，完全就是在阅读了大量书籍、有了一定思考后自发萌生出的写作冲动，形成涓涓细流，静静涌出山外。

3. 师道传承

踏上教学研究这条路，王典馥说他第一个要感谢的是专科进修期间的辅导教师薛运辉。在20世纪50年代，薛老师曾任西南师范学院（今西南大学）学生会主席。他鼓励王典馥："你读了这么多书，还不如有感而发，尝试写一些小块文章。"

薛老师的话点醒了王典馥，他勇敢地迈出了写文章投稿的第一步。当收到第一笔5元钱稿费时，每月工资只有36元的王典馥欣喜若狂。更让他感到振奋的是，自己的读书成果和体会竟然变成了有价值的内容，经过发表、传播得以让社会上更多的人受益。

爱上语文、古代文学和古代汉语，王典馥深受其初高中语文老师的影响。初中老师谢太光是"老三届"，学数学出身，但文学功底特别深厚；高中老师吴韦音也非常"传奇"，王典馥写一篇4~6页的作文，他写在作文后面的批语就有2~3页，且一字一格，非常方正。

求学路上的好老师，深刻影响着王典馥后来的从教之路、研究之路。他也把好老师的精神印记传承给了后面的学生、青年教师。

2001年，王典馥在隆昌县教育界已小有名气。在别人的举荐下，他终于从施展平台狭小的子弟校调入隆昌县第一中学，从一名初中教师站到了高中教室的讲台。

从未教过高中的他，刚开始还有些忐忑。但很快，前期丰富的教研积累让他找回了自信。"专业知识的应用更加自如，课堂教学的良好效果也水到渠成。"王典馥这样评价前期教研对自己教学带来的正向推动作用。

几年后，王典馥就在隆昌一中站稳了脚跟，并开始指导青年教师。阳霞是他指导的第一位"弟子"，和其他教师通过听课传授经验不同，王典馥更多关注她的教学方法和对课堂驾驭的能力。阳霞成长很快，教学教研业绩突出，还成功夺得四川省高中语文群文阅读赛课一等奖。

如今，阳霞已调入内江师范学院从事语文教学法的研究和教学。在她看来，王老师不仅教给了她怎样上好课的方法，更重要的是被他身上具有的与老一辈教育工作者一脉相承的治学态度、人格魅力折服。

2007年后，王典馥一直担任学校语文学科教研组长，带领全校四五十位语文教师磨砺成长、创造辉煌。通过教研活动指导的年轻教师越来越多，成绩也越来越显著。他观察发现，现在的年轻教师幸运的是不缺手把手教的"师傅"，但普遍缺失教书育人的敬业精神和扎实的专业功底，"比如备课，有的青年教师习惯到网上到处抄抄，很少独立思考"。

结合自己的成长经历，王典馥对有志于成为优秀教育工作者的年轻人提出以下建议：

第一，要有热爱教育的职业情怀。"可能最初找一份工作，是奔着谋生去的，但一旦当上了老师，就应该全身心地投入事业中。"他谈道，语文教师应该有职业情怀，这就是人性的温度、人格的高度、人文的厚度，"作为教育人，不一定要多么高尚，但绝不能太功利和短视。"几十年来，为了培养学生喜爱读书的好习惯，王典馥将自己出版的和专门购置的图书无偿赠送给自己的学生，总计不下三百本。

第二，要有职业道德，这是基本规范。学高为师，身正为范，既然做了教师，就必须以教师的相关规范来统率自己的教、学、考以及处理好社会人际关系。每一届，他都因热爱的职业情怀和仁爱的育人品格深受学生爱戴，留下了"典典老师""王伯伯""行吟诗人"等雅称。

第三，要有扎实的专业功底，并能发挥自己的独特优势。"比如学中文的，你的语言积淀、文学功底一定要扎实。最好还要有与众不同的专业见长领域。"他说，一些年轻教师参加工作后，就放弃了专业知识的提升，慢慢吃完大学的"老本"，久而久之就会被同事超越，甚至被学生抛弃。

第四，要有共情共鸣意识。一名教师再有知识厚度、学识高度，如果学生不喜欢，那你怎么教也提升不了教学质量。教师要有教学必备的情感亲和力，学会拉近与学生的距离；还要有令学生崇拜的教学感染力，让学生"亲其师信其道"。

"春来草自青，水到自然成。"当一名教师能做到有情怀、不功利、不浮躁，业务上不断钻研，情感上赢得学生共鸣，自然而然就会成长为一名优秀的教育工作者。王典馥的成长历程也证明了这一点。

4. 诗意化的教学

"我叫王典馥，听起来跟英语单词'wonderful'谐音，所以，我的名字也是'令人惊叹的、极好的'……"谈到高中语文老师，学生王运佳对王典馥第一节课的自我介绍印象深刻。

"看上去有点严肃，但实际上是一位温和、有趣的老师。浑身散发着一股书香气息。"她说，学生们都很崇拜他，特别喜欢他的课。毕业时，王运佳还收到了王典馥以她名字创作的古诗贺卡："诞于王氏者，定然有运达。文韬亦理略，舍君又谁佳？"

王典馥在课堂教学上非常擅于启发学生，主张与学生建立"诗意化"的课堂关系，师与生要有共鸣。他认为，语文教学就是要让学生能想、能说、能做，所以他一有机会就给学生搭建展示的平台。如每个假期返校后，让学生轮流上台分享假期见闻；作文教学时，搞"中国好标题"比赛，学生自己当评委；阅读教学中，讲到关键处，让学生分组讨论，再轮流分享。

"要相信学生，其实他们是非常愿意展示自己的，也有一些独到的见解。"他提倡学生要"三动"——主动提出问题，不要等着老师包办；学生之间要互动学习，取长补短；最终，形成生动活泼的课堂局面，催生学教效果。

上海交通大学博士、目前在华东师范大学任副研究员的曾信凯是王典馥带的第一届高中学生。他回忆，王老师管理班级事无巨细，非常敬业，"我们班曾经连续两次在全校近60个班级管理评比中夺得第一名"。

"王老师指导学生写作文很厉害！"曾信凯说，他那一届同学中，王老师指导了三四十篇作文获奖，其中获得全国中学生作文比赛特等奖有2人；还推荐了不少学生作文在全国报刊上发表。

而这一切，跟他丰硕的教研成果不无关系。"教学和教研并不矛盾，关键是要搭好桥。"王典馥说，教研不神秘，基层教师不要去搞大课题，要结合教学实际，务实而为。他结合指导学生写作文的思考，开展了"高中作文生本教学研究"，提出学生作文一定要生活化（结合身边的世界）、境界化（要有高度、格局）、审美化（语句表达优美）、个性化（文体、选材与众不同），"做到了这四点，学生作文自然就脱颖而出"。

在隆昌一中从教20年来，王典馥所教学科高考成绩6次名列全市第一或第二名。多名学生获市高考第一名，众多学生考入清华大学、复旦大学、中国人民大学、南京大学、武汉大学、中山大学等名校。学生作文多次获全国读书教育活动及语文报杯等多项全国级竞赛特等奖、一等奖和四川省中学生作文大赛一等奖，近 100 篇学生优秀作文在《中学生》《语文世界》《语文报》《中学生作文指导》等全国有影响力的报刊发表。

5. 永远的"文学梦"

2005 年高考期间，某网络媒体发起了"高考作文同题大赛"。刚把第一届高中学生送入考场的王典馥，欣然提笔，以广东卷《纪念》为题，写就了一篇饱含深情思念母亲的精妙散文。

"年年思念儿自知，最是大雪飘飞时……"在这篇题为《思念最是雪飞时》的作文中，王典馥笔尖蘸泪回忆了母亲去世后给家人留下的一笔珍贵遗产——生前亲手打做好的 98 双新布鞋，随后的几十年里，王典馥和哥哥、姐姐们就穿着母亲留下的布鞋，踏上未来人生路，走出了幸福新生活。

这篇散文，被该网络媒体评为优秀文章全网刊发，高考专家一致判为满分作文，后来又在新华网等权威媒体推送。这次"下水"作文，也是王典馥深厚文学功底的缩影。

从小他就热爱写作，心底藏着一个文学梦。即便在高中毕业后最困难的那三年，他也没有放下手中的笔，利用每天走村串户收破烂的间隙读书、写作，《秋思》《"东方风来满眼春"从何而来》等文学作品相继发表在《四川农村报》等报刊上。

当上教师后，他一心扑在教学和科研上，暂时把文学创作搁在了一旁。2016 年，58 岁的他决定重新拾起"文学梦"，这一次，他选择了古体诗创作。

"隆昌市诗词楹联学会 2016 年成立时，我被推举为副会长，但我心里很忐忑，因为当时我并不会写古体诗。"王典馥说，他不想"忝列其中"，就开始了旧体诗词的自学写作。

这时，他深厚的古代文学和古代汉语造诣一下子显现了出来。仅仅几个月后，王典馥原创的三首诗就发表在《中华诗词》杂志上。得到认可的他再接再厉，文思泉涌，陆续有古体诗、散文诗、现代诗和散文等体裁的 200 余篇优秀作品见诸《中国教师报》等近十种有影响力的报刊和人民网、新华网、中国作家网等媒体，原创作品还获得中共四川省委宣传部、四川省教育厅"中华经典读写诵"系列活动创作三等奖、中国作家协会《诗刊》社等主办的全国"乡村诗歌"征文活动原创组诗优秀奖。

"作为一名语文教师，不仅要会教、会研，还要会写。"王典馥用实际行动给学生做出了榜样，更践行着他一生笃定的追求，真乃"典则俊雅，兰薰桂馥"。

守住教书育人的"至美大道"
——记特级教师、正高级教师蒲儒刈

人物名片

蒲儒刈，男，成都市郫都区第一中学正高级教师，四川省特级教师，四川省教书育人名师，四川省最具风采班主任，成都市特级教师，成都市学科带头人，成都市劳动模范，成都市作协会员，郫都区有突出贡献的优秀专家，郫都区政协委员，郫都区作协理事，成都市暨郫都区两级名师工作室领衔人。以"思维教育"为主线，开展教育教学和科研，有国家级、省市级8项课题结题，其中3项获奖。出版著作10余部。参编国家、省市多部中小学选择性必修教材。参与市名师送教，省市级赛课、评审活动多次。所主持的名师工作室被评为市优秀工作室。

1. 读师范：无奈的选择

当老师，蒲儒刈一开始是相当排斥的。

他出生在四川省阆中县（1991年撤县设市）老观区峰占乡一个普通农民家庭，从小就是块"读书的好料子"，在学业上有超乎同龄人的聪慧，以至于小学四年级上期刚结束，班主任赵老师就问他："娃子，想不想跳级去读初中？"

当年，峰占小学的附设初中班，到处物色"好苗子"创品牌，成绩拔尖的蒲儒刈（其时名为蒲如贵）便被看中。"有点意外，更多的是欢喜。"第二期开学，带着一丝小得意，他坐进了初中班教室。

又赶上学制改革，初中读两年后就升学。凭着优异的表现和成绩，同伴全票通过加上老师推荐，蒲儒刈上了高中，但却与片区最好的老观中学失之交臂，不得已去了临近的双河乡（后更名为"龙泉乡"）的何三坝小学办的"戴帽高中"念书。

"当年所谓'开门办学'，提倡把学校办到老百姓家门口，小学办初中、高中的现象比比皆是，但教学质量和正规高中比就差了一大截。"两年后，蒲儒刿毕业考试成绩虽然全校第一，但却没有十足把握考上大学。

教语文兼班主任的曾老师鼓励他再复读一年，倔强的他不愿意，"总觉得复读是一件丢脸的事情"，于是就退而求其次报考了中专。那是1979年，全国唯一允许高中毕业生可填报中师、中专志愿的一年。蒲儒刿的梦想是读中专矿业或医学。

成绩出来了，又是学校考中专序列的第一名。谁知，录取时，中师"捷足先登"，阆中师范学校两年制专业班优先把他招了进去。

通知书送到乡邮电局那天，众人都兴高采烈，向他祝贺，唯独他无精打采，压根儿不想去领。最后还是别人把通知书送到了家里。

因为，在自己的人生选项中，他从未考虑过当老师。四年前，蒲儒刿的姐夫正是从阆中师范学校毕业，被分到了一所乡村学校当老师，"我很早就听闻并目睹了姐夫的工作状况，太苦了，自然环境差，收入低，把人都累成了严重胃下垂"。一想到将来也要过姐夫那样的清苦日子，他心里就惶恐不安。

但那时国家有政策，被录取而不报到者，三年内不得再报考。无奈之下，蒲儒刿只好拎着行李来到了阆中县城。其年，他刚满16岁。

2. 意难平："攻苦食俭"终圆梦

在20世纪七八十年代，阆中师范学校是一所享誉全省的老牌中等师范学校，汇聚了一批毕业于北京师范大学、华东师范大学、西南师范大学等"师范六子"的优秀教师。

但蒲儒刿尚不明白这些，他还沉浸于不得志的苦闷中，茶不思，饭不香，"毫不夸张地说，当时的我看不到学习、生活的意义，对未来失去了方向和追求"。失意的他还将名字中的"如贵"改成了现名。

当别人将中师生活安排得多姿多彩时，他则一个人"躲"进图书馆，天天以读书排解胸中的苦郁，小说、诗歌、散文、字帖，古今中外，或书或报刊⋯⋯狼吞虎咽，什么书都读。图书管理员是一名毕业于黄埔军校、素养极高的严姓长者，写得一手漂亮篆字，见其读书如饥似渴，还书从不逾时，特许他借阅按规定不得借走的各类书籍，包括数十元一册的精装本《柳公权玄秘塔》等。

除了读书，另一个排解的方式就是锻炼。他坚持跑步，打篮球，打乒乓球……一场运动下来，常常汗流浃背，兜头一盆冷水，顿时神清气爽。

所谓无心插柳，这段自由阅读和"劳其筋骨"的时光，开阔了他的视野，丰富了他的知识，也锻炼了意志品质，为将来的教育工作做好了学识和体魄的储备。

但"未能考上大学"的执念和"未被中专录取"的不甘却并没有那么快消散，以至于在刚上讲台的一两年里，听到别人叫他"蒲老师"，心里都极其别扭，"恨无地洞可钻"。

1981年，蒲儒刿中师毕业，分配回老家峰占乡教书，那是一个非常偏远的山乡，地处巴中、广元、仪陇与阆中多地交界处，距阆中城区80公里。

交通不便，信息闭塞，艰苦条件抚不平他胸中的沟壑，他立志通过成人自考走进大学，实现未竟的理想。那几年，他一边工作，一边坚持学习和锻炼。除了保障必要的日常开支，工资全部用于购买书籍、订阅报刊。

功夫不负有心人。4年后，蒲儒刿成功考入中央广播电视大学四川阆中班脱产学习，同时兼修四川师范大学中文系自考课程。随后三年，他一鼓作气拿到了专科、本科文凭，获得四川师范大学中文系文学学士，并得到了包括万光志（启功关门弟子）在内的著名学者指导。他还获得"中央广播电视大学四川省级优秀毕业生"荣誉称号。十多年后，他又继续回四川师范大学文学院攻读专业学位，获得教育硕士学位。

回顾自己受教育的历程，蒲儒刿感慨"很曲折、有遗憾，更多的是收获"，他感激这段"攻苦食俭"的经历，不仅磨砺了身体和意志，更养成了阅读的好习惯。从此，读书成为他不可或缺、伴随日常的生活方式。

3. 善教书：形成"扎实而灵活"的教学风格

学而有成，机遇来临。时任阆中县教育局局长的刘大丰欣赏蒲儒刿的学业成绩，将他调至文成中学教高中，距离城区的路途一下从80公里缩短至8公里。得到认可的蒲儒刿也转变了对教师的职业观念，开始认同并拥抱这份工作。

事实上，刚到峰占乡教书那几年，尽管内心排斥，工作上他却一点不含糊。"上岗前，姐夫就告诫我，要尽快进入角色，不要辜负了学生。"蒲儒刿教过小学、初中，也当班主任。他的教学效率很高，学生作业布置和批改都是当堂完成，课堂秩序井井有条，"哪怕我外出几天，学生自主学习，班级正常运转"。

在文成中学，他继续延续此前对学生的管理模式和教学风格。当然，刚刚教高中的他，也面临一些挑战。

一个挑战是知识上的，"虽然脱产进修让我一定程度上具备了教高中的知识储备，但还不够系统，仍存有盲点"。他继续加强学习，完善学科知识结构。

另一个挑战来自学生。在蒲儒剡看来，高中学生的身心特点与小学、初中生不同，他们理性，有一定的独立见解，"对老师的教育方式，如果内心不认同，强迫他们去做，则适得其反"。

有一次，与他搭班的年轻英语教师，气冲冲回到办公室，眼泪汪汪。一问，才知道与班上学生起了冲突。原来，英语教师熬更守夜，用蜡纸刻印的复习资料，有学生不但没做，还当作演算数学的草稿纸用。"我这么辛苦地付出，学生为何不领情？"

蒲儒剡是班主任，得知消息也火冒三丈，狠狠批评了学生。冷静过后，他开始反思，学生为什么不做试卷，这之中有一个学生还是班上的"尖子"呢，平常很听话……经过谈心，他渐渐了解到学生们的想法：老师发的复习资料他们都会了。

这件事，也让蒲儒剡意识到，对学生的教育管理，不能高高在上、不问青红皂白地蛮干，要多倾听学生的心声，站在他们的角度考虑问题，既要照顾大多数，也要关注个体差异。

在文成中学的五年时间里，蒲儒剡的教学成绩非常突出，全县44个高中班，他所教班的语文单科平均成绩能排到全县前几名。有阆中中学毕业未考上大学的学生也慕名到他班上补习。

1993年，在政府支持社会资本办学的时代背景下，蒲儒剡被调派到阆中市群力中学（民办）任教（其人事关系留在阆中市东风中学）；4年后回到东风中学，直到2000年后调往成都。

这7年时间，蒲儒剡一直当班主任、教语文，还兼任学校教务主任。教学成绩一如既往地优秀，所教学生有的考进阆中市的理科前几名，阆中市市长亲自到校祝贺。他也被评为阆中市优秀教师。"如果说在文成中学我站稳了高中讲台，那么在群力中学和东风中学，我则逐渐形成了'扎实而灵活'的教学风格，并在历届学生的评价中愈发确认而自信。"他说。

为什么要到成都？获得专业成长和人生更好发展当然是最重要的原因，而另一个缘由，则源自他青少年时期就留存在脑海中的画面。

小时候，蒲儒剡的叔叔在云南部队任职，透过他的来信，小儒剡很早就了解到外面的新鲜事物；16岁那年，他到叔叔家住了半年，亲身感受了城市的繁华和便捷，"举个最简单的例子，大城市有音乐厅，可以听音乐、看演出"。喜欢高雅音乐的蒲儒刬说，这是他向往的生活。

4. 诗与思：构建想象力与思辨力融合的语文世界

到成都第一年，蒲儒刬就见到了成都市中学语文教育界的不少老前辈，得到了石室中学张作富、徐敦忠等语文"大咖"的点拨，也被推荐参加了赛课，"看到了差距，也明晰了奋斗的目标"。

2001年，他正式入职郫县第一中学（今郫都区一中）。38岁的他笑言进入了人生"后半段"，决定把根深深扎在教育土壤里，扎扎实实教书，全副身心育人，努力构建具有"蒲氏"风格的语文教育新天地。

刚到郫县一中，学校交给他一个理科普通班，三年下来，他还给学校"惊喜"：几个平行班中，他班上有8人考上了本科（其他班有的为零，有的只考上两三人）；他教的语文单科成绩，不少学生都能达到120分，最高为134分。

出类拔萃的表现一直保持到了他退休。在郫都区一中工作的20多年里，蒲儒刬的教育教学业绩始终在高位运行。当班主任，所带班级学生有3次夺得郫都区理科第一名；当语文老师，教的学生有4次夺得全区第一，最辉煌的是2013届，他教的班级语文单科平均分达到了108.2分，比肩成都最好的学校成都七中（108.9分）。

如此骄人的成绩是如何实现的呢？这就不得不提到他首倡并践行的"语文思维教育"。

早在阆中市东风中学工作期间，《语文教学与研究》杂志就发表了他的一篇文章《"思路教学法"略论》。他说，语文教学的常规套路就是划分段落、概括段意、提炼中心思想等，这不仅让文本阅读呈现出散乱、零碎、撕裂等状态，还可能让学生心生厌烦，"相比这些，分析整理文章的思路更有趣味、更有价值"。

在阆中，他已经在记叙文、议论文等文本教学中大胆运用思路教学法，相继给学生刻印按文体分类的系列讲稿，颇有心得，"思路教学法具有符合'感性的具体—抽象的规定—抽象的具体'人类认识路线的特点，便于培养学生思维能力，兼具人文色彩"。

到成都后，随着理论认识的深入和课堂实践的积淀，思路教学法符合逻辑地演绎出想象力开发、想象力和思辨力协同开发的"语文思维教育"，他将其凝结为令人回味无穷的两个字——"诗"与"思"，并贯穿在各类语文课堂实践活动中。

"诗"对应着想象力，道出了语文教育的追求：以"意象"为基点，开发形象思维能力，涵养诗意人生，丰盈精神世界；"思"对应着思辨力，指明语文教育的理性轨道，以"概念"为原点，发展和提升学生的抽象思辨能力。"想象力统治着世界，思辨力编织着生活。语文教育就是要构建一个想象力与思辨力融二为一的完美的思维世界。"蒲儒刬说。

在他看来，诗与思融合的语文思维教育，既开发了形象思维能力和抽象思维能力，又以人的情感和理智作为动力支撑，兼顾了智力和非智力两大系统，而这两大系统都以人的左右脑作为物质或生理基础，这样它无疑满足了教育培养"全人"和"全才"的要求，满足了培养创新型人才的要求，能逻辑自洽地完成把学生培养成全面发展的人的教育使命。

"语文是为生活和人生的。诗与思融合的语文思维教育最终指向的是师生的生活以及他们的整个人生。"蒲儒刬谈道，诗的课堂是具体可感的生动课堂，思的课堂是条理清晰的结构化课堂；诗与思融合的语文课堂是有血有肉、有情趣有根底的课堂；师生共同拥有这样的课堂，便拥有了和谐而平衡的课堂生活和常态生活。

在课堂和各类教学活动中，蒲儒刬把想象力和思辨力作为语文思维教育的两大主脉。最初阶段，他把诗歌作为训练想象力和思辨力的切入口和主打文本，从静态的文本探究到动态的课堂活动，开展系统尝试；后来又进一步向散文、小说、戏剧以及实用类文本做迁移和拓展。最近十年，他又将中华优秀传统文化作为教育资源和载体，用于语文教育，其对语文思维教育的研究和领悟进入新的天地。

5. 读元典：为人们精神困境及思想出路建立坐标

十多年前的一次省级培训会上，四川省社科院研究员查有良先生对台下包括蒲儒刬在内的100多名"四川教育专家培养对象"说："你们这些搞教育的，动辄谈西方教育理论，有几个认真读过《礼记·学记》《论语》等中国传统教育理论典籍？"

这犹如"当头棒喝"，蒲儒刬决定对中华传统文化元典进行较为系统深入的学习和研究。

为什么是"元典"？"中华传统经典书籍那么多，不可能全部读完，但元典是有限的。"在蒲儒刬看来，《论语》无疑是中华民族精神文化之母，应是元典学习的首选，不可不读；老庄原著作为中华优秀传统文化元典的有机组成部分，是思维教育和思维能力培养不可或缺的教育资源，也应该成为每个中国人的"必读书","中国人的精神底色如何,中国的文化软实力如何等,都可以从中找到答案"。

2013—2017年,围绕省级课题"以《论语》为基点的思维教育应用研究",蒲儒刾及其团队开展了两个方面的研究:一是教师对《论语》和《孟子》等有关原典的阅读研习,二是师生《论语》课堂阅读教学的研究。

课堂教学上,蒲儒刾领衔编写了试用教材《在孔子的屋檐下——〈论语〉思维教育导读》,以个体的"人"为原点出发,从"思"的四个维度——"自我之思""自我与他人""自我与社会""哲学之思"展开构建。全书共22课(条目),每一条目下设置"原文呈现""难点注释""大意试译""思维评析"和"故事解读"五个模块。

值得一提的是,引导学生研读《论语》之前,蒲儒刾强调了一个价值取向问题:"以使学生习得有效的思维方式方法、全面培养他们的思维能力、整体提升思维品质为价值取向,区分元典中正面价值思维文本和负面价值思维文本,引导学生对负面价值思维文本进行批判性思考,重点对正面价值思维文本进行开发和学习。"

2018年,蒲儒刾和团队又开启了成都市名师专项课题"以老庄为基点的思维教育应用研究",并最终结集成课程教材《至美与大道——〈道德经〉〈庄子〉精粹选读》。"我们以老庄原著基本思想、基本思维方式方法为主轴,对照孔孟为代表的儒家思想和西方先哲相关思想,最终与当下人们精神困境以及思想思维出路建立交集或坐标。"蒲儒刾介绍,该书抽绎出"认识自己""真人真知""争与不争""为善去恶""有用无用""内外之化""美与丑""生与死""天道与人道""自由与超越"10个话题,让学生通过儒、道文本比较阅读与思考,更深刻体察到道家的思想、思维特色,为个体成长提供强大的思想资源。

他举例说,新时期的学生,对"为什么要读书"的认识发生了变化,高考已经不是学生的唯一上升通道,有的学生可能会出现"学习动力不足""价值虚空"等情况,甚至有心理疾患,"老庄思想不失为帮助学生和家长拨开心灵迷雾的一剂良药"。

"《至美与大道——〈道德经〉〈庄子〉精粹选读》读本,表面看结构很简单,但仔细体会,就会发现它呈多向度的开放性互生和共生的逻辑,透过核心阅读、对比阅读、拓展阅读三个'面',催化着学生与老师共进退的认知、思想和美的成长。"四川师范大学二级教授唐代兴评价道。

6. 谈育人：刚柔相济　学会等待

在蒲儒刵获得的诸多荣誉和头衔中，有一项叫"四川省最具风采班主任"的称号。

从教 40 余年，蒲儒刵小学、初中、高中各学段都教过，无论面对哪个年龄段的学生，无论是农村还是城市学生，他都秉持"真诚、平等、信任"的育人观念。

学生在校时，蒲儒刵尽心尽力地付出，赢得了孩子们的敬重，成为他们心目中学识渊博、善解人意的长者；毕业后，至今仍与蒲儒刵保持联系的学生不在少数，"老蒲"或是他们情感倾诉的对象，或是共同探究学问的朋友。还有不少于两位数的学生邀请蒲儒刵担当他们的证婚人，见证人生中最重要的时刻。2019 届有学生严重抑郁，蒲儒刵坚持陪伴、疏导而不是简单规避责任式地劝其离校，使之不仅能顺利毕业升入高校，毕业后还找到了一份不错的工作，孩子们的人生之路越走越宽。

"治班育人，每位班主任都有自己的心得和方法，没有放之四海而皆准的准则，我只是找到了最适切自己和学生的相处模式。"蒲儒刵说，这也是一个不断摸索、试错和改进的过程。

在郫县一中带第一届学生时，因为年轻气盛，也可能"太想做出成绩"，蒲儒刵坦言在班级管理上"用力过猛"，过于简单化、规则化，曾导致学生逆反，师生关系一度紧张。

蒲儒刵是个爱学习的人，有了问题，善于从书本中去反思并寻找答案。他持续研读有关素质教育、积极心理学等理论书籍和实践读物，联系学生实际，有的书籍如《教学勇气》《真实的幸福》《礼记·学记》等，还多遍阅读，渐渐地，他意识到，时代在进步，学生对象发生了变化，班主任育人的观念也得应时更新。

"每个人都是独一无二的个体，我们要关注人的全面发展，学业知识的长进仅仅是一个方面，还有身体的强健、心灵的阳光，以及应对社会综合复杂局面的能力。"想明白这些后，蒲儒刵不再把眼光仅仅盯在学业分数上，而是注重平等对话，关照学生心理，并通过"家校联系卡"等形式与家庭保持密切联系。

"总的来说，就是在班级管理中做到刚柔相济，宁可柔和一点，多给学生一些成长的空间和时间，要学会等待，因为我们面对的是未成年人。"他特别提到，要多关注男生群体，因生理、心理的差异，男生在各类考试、竞技比赛中往往逊于女生,"家庭、学校、社会都应重视这一现象,并在教育模式、评价体系上寻求变通和适切。"

如何看待教师职业?年轻教师如何快速入门、做出成绩,成为学生心目中的好老师?从最初的排斥,到后来的拥抱、热爱,蒲儒刬以自身的心路历程劝勉后来者:"当你感到困惑和迷茫时,不妨暂时停下来,好好问问自己,是否还要在这一行继续走下去?"

如果不能确认,就应该早点撤退,"教育无小事,最起码我们不能误人子弟";如果答案是肯定的,那就要"沉下心",把自己真正"浸泡"进来,只要坚持做下去,就一定会有收获与成长。

"当然,人最难的就是坚持,尤其这一路上还可能面临诸多困难和名利诱惑。"蒲儒刬谈起早年他在阆中工作时,工资很低,每个月除去一家人用度,就剩不下几个钱,好不容易有了购买房改房的政策,总价只需1.2万元,但他手中的积蓄却只有500元。"那一刻,我真切体会到了'百无一用是书生'的悲凉。"有切肤之痛的他,甚至有过冒着生命危险去攀枝花钢铁厂扫烟囱的念头,"因为扫一个烟囱,据说可以挣1万元人民币。"

后来,在亲戚朋友的帮助下,他的经济压力得到缓解,也有朋友邀约他做点小生意,补贴家用,但他拒绝了,"因为这不是我的主业,不是我追求的生活"。

正所谓"知足者不以利自累也,审自得者失之而不惧,行修于内者无位而不怍"(《庄子·让王》)[1],蒲儒刬在教书育人中获得了满足,他也以恬淡的内心修为守住并弘扬了教育的"至美大道"。

---

[1] 王德有:《老庄意境与现代人生(修订版)》,中国广播电视出版社,2007年,第183页。

一名语文教师的成长剪影
——记特级教师、正高级教师王慧明

人物名片

王慧明，男，四川省乐山市第一中学正高级教师，四川省特级教师，四川省骨干教师，四川省教育厅高级职称评审专家，乐山市高中骨干教师，乐山市学术技术带头人，嘉州英才，乐山师范学院兼职教授，峨边县优秀教师。历任峨边中学副校长，乐山一中办公室副主任、校长助理、副校长。教学上主张生命课堂、智慧语文。主持的教研课题、撰写的教育教学论文多次获省市奖励。

1. "文学青年"的失落

四川西南部，乐山市通往峨边县的崎岖山路上，一辆客车缓慢前行着。后厢靠窗的位置上，一位瘦瘦的青年望向窗外，眉头紧锁，心绪也随着颠簸的车轮起伏不宁。

这一幕，发生在1983年的夏天。看上去兴致不高的青年名叫王慧明，刚从乐山师范高等专科学校毕业的他，正带着一大包行李和一封介绍信，前往峨边中学报到。

五六个小时后，客车终于抵达目的地。一下车，眼前的景象让小伙子的情绪更低沉了几分——峨边彝族自治县坐落在群山环抱之间，汹涌的大渡河呈"S"形绕城奔流；放眼望去，坑坑洼洼的街道两旁，散落着几幢灰朴破旧的房子；拐进另一条街道，竟然看到有猪、羊旁若无人地踱步，一个不小心，就会踩中牲畜拉下的粪便……"这哪像个县城，还赶不上我老家的一个乡镇！"

峨边中学十分简陋，只有一栋教学楼；背靠山脚的一排简易平房，就是安置教职工的宿舍。王慧明到的时候，已经没有空余的房间，学校就在教学楼过道的"端头"，用木板隔出一个房间供他居住，直到两年后才搬出来。

就是在这么艰苦的环境下，王慧明不情不愿地开启了他的教书生涯。

他来自条件较好的眉山市悦兴镇，大学毕业后，其他同学要么分到城区条件好的学校，要么分回了家乡。只有他和几个同学，被分到了偏远的峨边中学。他们也是峨边中学恢复高考后分来的第一批大学生。

心情低落，王慧明就经常以文字来寄托情感。那个年代，北岛、顾城等朦胧诗人正成为广大青年竞相崇拜的偶像。和大多中文系学生一样，王慧明也怀揣着一个文学梦，渴望有朝一日用文学改变命运，"那时，文学是我至高无上的理想，教师不过是我予以谋生的职业"。

于是，空闲时间，王慧明就躲在房间写诗歌、搞创作。一年后，他创作的文字刊发在了报纸杂志上，给了他莫大的鼓舞。深圳市一份刚创刊的报纸，还发来信函邀请他去做记者。"当年，深圳的机制非常灵活，不需要任何调动手续，只要你的简历，并核实相关证件和作品，就可以接收你。"王慧明差点就动心了，但受实际生活的种种影响，最终放弃了。

就这样过了两年，直到一位家长的突然到访，让一直把教书当"副业"的"文学青年"王慧明，转变了对教师职业的认知。

2. 职业认同的洗礼

王慧明到峨边中学不久，就被安排当班主任。当地自然条件恶劣，山高路远，贫困闭塞，很少有家长来学校找老师交流。

有一天，王慧明正在宿舍写作，突然听到轻轻的敲门声，打开门，一个身着灰朴中山装、脚穿军绿解放鞋、满脸黝黑的中年汉子怯怯地站在门口："请问，这是王老师家吗？"

在得到肯定的回答后，他立刻有些拘束地笑着自报家门："王老师，我是×××的爸爸，从乡下来看您……"

王慧明赶紧把他让进屋里，拉过一条板凳请他坐。他没有立刻坐下，两只手一边往上衣口袋里掏，一边不好意思地笑着说："王老师，我们农村穷，没有什么可给您带来的，就带了4个土鸡蛋……"

突然，他的话语停住了，两只从口袋里伸出的手也悬在半空中。王慧明定睛一看，他从口袋里掏出的鸡蛋只有两个完好，另两个可能进城时不小心被人群挤破了，黄色液体裹着蛋壳，正顺着手指缝隙往下滴……

这名汉子没料到会出现这个场景。他两只手小心翼翼地捧着，不知道该往前送还是缩回去,就这样尴尬又有些惶恐地定在原地……王慧明被这一幕震惊到了,赶紧拿过一个碗把这4个鸡蛋接了过去。"我心里既感动,又有一股说不出的难受滋味,不敢拒绝他的这番心意。"后来,这一幕成为王慧明脑海中挥之不去的印记,"这4颗鸡蛋,饱含着山区家长对我们老师多么深重的期望啊!"

家长走后,王慧明了解到,这名学生是家里的老大,弟弟妹妹很多,父母都是老实巴交的农民,家境贫寒。王慧明就用工资买了一些饭票,送给那个学生;并在学习上给予更多指导。高中毕业后,这名学生虽然没考上大学,但靠自己的努力入职了当地的一家企业做工人。

如果说,"四个鸡蛋"刺激到了王慧明,让他把心思逐渐从文学创作转到了学生课堂,那么,随后发生的另一件事,则让他主动思考教书育人所承担的千钧使命和重要价值,并由此坚定了终身从教的信念和决心。

工作四五年后,王慧明收到了一封从广州寄来的信,封皮上没留地址和寄信者名字,但从娟秀的字体可以看出是位女士。身旁的女友看到后,还以为是另一个女子寄来的"情书",一把将信夺了过去。

当两人拆开内页,读到信的内容后,王慧明的心情由好奇变得愈发沉重。信是一个学生写来的(没有具名,王慧明推测是他教的第一届学生),内容大致是:

"王老师,我现在生活在一个见不得光的'地狱'中,近期我反复思索,还有活下去的必要吗?人生还有什么意义?这世上还有什么可以让我寄托、看到光明的东西吗?……我想到了您,想到了您在讲台上对我们说过的话。给您写这封信,不是要得到您的回答,也不是请求您的帮助,而是把您作为我继续活下去的寄托。……收到这封信,也请您不要担心,只要想到您说过的话,我就觉得人生还有意义……"

读完信,王慧明良久不语。倒是女友率先感叹道:"此前知道你们做老师的辛苦,却没想到肩负着这么重的职责使命……你们教师对一个人的影响太大了!"

犹如一块沉甸甸的石头,这封信压在王慧明心头多日。显然,这名学生毕业后,生活上可能遭遇了重大挫折,甚至出现了轻生的念头。"学生过得不好,当然怪不得我们老师。但如果在校时,我能更多地关注到学生,更早地发现他们内心的苦闷和现实处境,并给予力所能及的开导和帮助,会不会就能避免他们遭此苦愁与磨难呢?"王慧明陷入了沉思。

从此,他像变了一个人,开始重新审视从事的这份职业,并反思此前对教育的认知：教师，绝不仅仅是一个简单的谋生职业，这是一个引导人、帮助人走上幸福人生路的重要岗位。这个职业有着不可比拟和替代的崇高使命、价值意义，寄托着人的希望和幸福。"每个人都是世上独一无二的个体。我们要敬畏生命、敬畏教育，如果因为你的失职失误，让某个学生陷入人生不幸的境地，则罪莫大焉。"他说。

3. 专业发展的转折

当思想发生脱胎换骨的变化，行动上便有了水到渠成的自觉。当王慧明认识到不能再做一个随随便便的老师，要做对学生学业和人生有帮助的"引路人"后，他对教育的激情被点燃，自觉把全部精力都投入教书育人的实践中，其语文教学上的成就很快在校内崭露头角，又因为一次"偶然的相遇"而进入更多人的视野。

那一年，乐山市教科所的语文教研员到全市中学调研视导，听了峨边县另一所中学的课后，正准备打道回府，途经峨边中学时，看看时间尚早，决定再听听该校教师的课。

赶巧不巧，这名教研员正好走进了王慧明的教室。黑板上，标题写着苏轼的名篇《赤壁怀古》；讲台上，一身布衣、身材颀长的王慧明口若悬河、意气风发，颇有雅士风范。教研员见了，大为惊异："我来峨边中学听了好几次课，都不如这次让我眼前一亮。"课后交流才得知，此前教研员来校调研时，王慧明正好外出参加培训了，两人刚好错过。

这次不期而遇，成了王慧明专业成长的转折点。

作为"伯乐"，教研员很快就邀请他到全市教研会上一堂示范课。虽然有些惶恐，王慧明也认真做了准备，呈现了一堂诗歌鉴赏课，并得到了与会专家的一致好评。从此，他一有机会，就经常受邀到县、市级教研活动中作交流展示。在教研员和同行们的提携下，他逐渐在乐山市高中语文界小有名气。

时间来到 20 世纪 90 年代末，因为外出培训、交流的机会多了，王慧明与乐山第一中学等市区名校的语文教师们也熟络起来，对方了解到他的才气后，都鼓励他："你需要一个更大的舞台！"

彼时，王慧明已经被提拔为峨边中学的副校长。要不要换个环境重新开始？他也曾犹豫。最终，他决定挑战自己，于 2000 年 8 月，以"试讲第一名"的成绩，调入乐山第一中学。

乐山一中是文坛巨擘郭沫若的母校，也相继走出了核电专家、生物学家、两弹元勋等知名校友。进入这所名校后，王慧明如鱼得水，他从普通教师干起，很快就担任了备课组长、年级组长，后来又相继担任办公室副主任、校长助理、副校长等行政职务。

他的专业发展也在这期间进入"快车道"，经常走出乐山，前往北京、上海、广州、成都等大城市观摩、学习、交流。"开阔了我的眼界、升华了我的思想。"王慧明说，这个过程，让他得以对自己20多年的教学进行一次系统回顾、反思和总结，对其语文教学的风格化、深刻化起了很大的促进作用，"过去脑海中零星闪过的那些小'火花'，在这期间慢慢汇聚、凝练成系统的教学观点和理念表达。"

王慧明总结自己的教学风格为"形散神聚"——类似于散文化，教学过程撒得很开，牵涉面很多，看似很散，但又始终紧扣主题，"撒得开，收得拢"。

"最重要的，我沉下心来认真思考，还可以怎样做一名语文教师。"他说。

4. 语文教学的沉思

王慧明认为，语文教学就是生命教学，语文课堂就是生命课堂。

语文首先要唤醒生命，课堂上，要让学生生命焕发，爆发出生命的活力。不是被动地去"悟"，而是激发其生命的主体意义，主动地去"思"。这是其一。

其次，语文课堂还应是一个文化课堂，承载着文化的精神和灵魂。

基于这两点，他认为，作为生命课堂的语文必须是鲜活生动的；作为文化课堂的语文则必须是有深度、启迪智慧的。"语文，绝不仅仅是教给学生文化知识，从某种意义上说，学习语文，就是一次生命历练的艰辛过程。"王慧明说，语文涵养人格、锤炼品质，语文课堂，就是一个全方位培养人的主阵地。

得益于对文学的热爱和实践，他对语文学科的理解和文本解读总是比别人深一层、多一分，不少徒弟听了他的课后都感叹："师傅，听你的课，太'打脑壳了'，太深了！"王慧明则笑着回答："不用担心高中生听不懂，你越讲得深、讲得透，学生才能理解得越深刻、越透彻。"

在与省内外其他名师交流、切磋的过程中，王慧明也变得更加自信、从容，他既能看到别人看不到的优点，也能指出别人忽略的不足。

有一次，他在杭州听一位名师的课，课程是"生命桥"，讲了一个感人的故事：一群鹿被猎人追赶，到了悬崖边，对面是山林，只要跃过去就能逃生。无奈两座山之间的深渊太宽，鹿跳不过去。在这危急关头，鹿群突然自发分成了两队，一队年长，一队年幼。接着，震撼的一幕出现了：左队一只老鹿高高跃起，半空中快要下坠时，右队一只小鹿跳到了老鹿背上，借力一蹬，跳到了对岸。就这样，一只老鹿、一只小鹿交替跳跃，最终，鹿群一半坠入深渊，另一半存活了下来……老师借助动画演示，讲得声情并茂，现场师生听得无不感动流泪。

最后，老师提了一个问题：鹿群的延续，靠的是什么？学生们普遍回答是"牺牲""奉献"。老师也十分赞成，整堂课就结束了。

但王慧明却觉得这么好的文本和素材，老师可以讲得更深更透，"鹿群渡过劫难，牺牲、奉献肯定是文本表达的关键品质，但仅仅有奉献还不够。因为奉献有很多种，为什么能想到这种办法，说明鹿群是有智慧的。"他认为，老师可以继续引导学生得出"奉献是前提，智慧是保障"的结论，并联系实际告诉学生，将来面对困难或危险，仅靠奉献是不够的，还要讲智慧。

又有一次，他在成都听一位老师上史铁生的《我与地坛》，讲到母亲忍住自己的伤痛来安慰"我"时，老师列举了汶川大地震中，一位遇难母亲最后关头把孩子紧紧搂在怀里喂奶的案例。课堂表现力也令人动容。但王慧明仍觉得美中不足，他认为，史铁生的这篇文章，传递给人们的不仅仅是歌颂母爱的崇高，否则为什么标题不直接用"我与母亲"，而是"我与地坛"。在这里，"地坛"是一个象征，是人类母亲、大地母亲、文化母亲的象征，人不仅要接受生物母亲的养育，还要接受人类、文化母亲的哺育，才能成长为一个完整的人，才能战胜一切困难。

坚持实践、不断反思、善于总结……自然而然地，王慧明将教育教学中的感悟提炼、升华，形成论文、申报课题。他经常参加各级教研部门组织的论文竞赛，《关于建立人格教育实践机制的思考》一文获得全国教育学会论文二等奖，《创造性——高中语文教学的钥匙》一文获得省级一等奖；主研的课题"高中生负向社会认知的学校干预策略"荣获市政府一等奖、省政府三等奖。

5. 生命成长的回音

教书四十载，王慧明陪伴了十几届数千名学生。留在他记忆深处的，并不是课堂上循循善诱、传授知识的点滴，也不是将多少学生送入了清华大学、北京大学、复旦大学等名校殿堂，而是学生们带给他的那些意想不到的回应，他称之为"生命中最重要的回音"。

在峨边中学时，有一个山区女生，高中毕业没考上大学，因家境贫寒、父母不睦，她想在家自己复习，就给王慧明写信，希望老师帮帮她。王慧明给她买了一套资料，并通过书信往来指导她复习。但一年后，仍没考上。再来求助时，王慧明建议她回到学校补习，并帮她向学校申请减免了相关费用。最终，女生如愿以偿考上了大学。又过了很多年，王慧明的家庭生活出现了一些波折，这位女生得知后，专程从她工作的地方赶回来，看望问候老师，这让王慧明非常感动。

他当最后一届班主任时，有个学生很调皮，经常与社会上不良青年混在一起。有一次，王慧明在校门口撞见他，就叫过来批评教育。他社会上的朋友在一旁等得不耐烦，又看着自己的"兄弟"被训得没面子，就自以为"仗义"地过来对王慧明出言不逊。没想到，被批评的那名学生火了，他一把推开了那个青年："你走开！这是我老师在跟我讲，没你说话的份！"

这件事让王慧明十分感慨："没想到被老师批评的学生，关键时刻还维护着老师的尊严。"他说，教师用真心对待学生、发自内心为他好，学生也能真诚地回应你。教师只有以高尚的师德和人格去感染学生，才能赢得学生的尊重和爱戴。

王慧明热爱文学，教学中也善于引导、激发学生文学创作的热情。他将历届学生的优秀习作搜集起来，整理成册，还取了一个诗意的名字"青春的音量"。受他影响，不少学生都爱上了写作、爱上了文学。

2011年，距离高考还有一个月时间，班上10余名学生找到王慧明，想请老师为他们刚组建的诗社写一篇发刊词。王慧明听得吃惊："马上就要高考了，你能不能结束后再做这件事？"学生却自信又认真地说："王老师，您放心，我们这群学生，随便怎么考，考个一本大学没问题；就算考得不如意，进大学再读个研究生也没问题的。我们知道读大学对一生的发展有多重要。但王老师，您告诉过我们，我们是一个个独特的生命，我们追求生命精彩的过程，不应该为了明天的生活就放弃今天的精彩。今天，我们有了诗歌创作的欲望和冲动，就应该付诸实践。我们要让每个阶段的生命都过得充实美好！"

王慧明听了感慨万千，不由得为学生们的这番认识暗暗喝彩。"我感到教育的成功，感到学生生命意识的觉醒。他们读书学习，不仅是为考一个好成绩、奔一个好前程，而是为自己精神生活的充盈，为精彩生命的当下和未来。"他欣然提笔，给学生们写下发刊词。而这些学生，也没有让老师失望，当年分别考上了清华大学、上海交通大学、中国科技大学等名校。

6. 职业生活的幸福

王慧明出生在一个普通的农民家庭，兄弟姊妹5人，他排行老大。父母虽然没有读什么书，却十分重视孩子的教育，鼓励他们多读书。

他考上高中那年暑假，回家帮忙干农活。生产队的牛正好轮到他家饲养，每天晚上，母亲要顶着月光，到生产队 20 多亩水田里收集刚打完谷子的稻草，用"千担"挑回家喂牛。有一天，王慧明帮母亲去挑稻草。母亲挑了十多捆走在前面，他挑了 4 捆跟在后头。稻草垛浸了水，变得像石头一样沉。看着长长的"千担"压着的母亲瘦小的身影在田埂上颤颤巍巍地走着，听着母亲急促粗重的喘息声，王慧明一阵揪心。突然，母亲脚下一滑，连同草垛一起栽进了稻田里。

那个晚上，王慧明非常难受，辗转无眠。他想到，父亲在乡上的农机厂帮工，家里的农活全压在母亲一人身上，自己是老大，理应帮家里分忧……第二天，他鼓起勇气对母亲说："我不去读高中了，留下来帮你干农活。"

没想到，母亲听后，气得一屁股坐在地上，边抹眼泪边数落道："你不去读书，你能做什么！必须去！"父亲知道后，也非常生气，把他好一顿教训，"你不去读书，将来就是一个'睁眼瞎子'！"

在父母的坚持下，王慧明回到了学校。他更加发奋刻苦，成绩总是保持在班级第一名。无奈当时刚恢复高考，师生们准备不足，王慧明差 20 多分上线。回家务农半年后，他又到乡下一所村小代课近一年。乡中学校长是王慧明初中老师，十分欣赏他，鼓励他去复读，重新考大学："你总不能在这儿代一辈子课吧？"

拿着校长的推荐信，王慧明立即到眉山市的一所乡村高中补习了半年，最终成功考上了乐山师范高等专科学校。

因为这段经历，进入大学的王慧明倍加珍惜读书的机会，如饥似渴地吸收知识、提升专业能力。当老师后，看到山区孩子求学的艰辛，他也自然地像当年帮助他的老师一样，倾尽全力去资助他们。

自从认识到教育职业的神圣，王慧明便坚定了终身从教的信念。1998 年，时任峨边县委书记曾两次托人找他谈话，希望他去担任秘书，从此步入仕途，他都拒绝了；后来到了乐山一中，也有多次转行的机会，他也没有动心。

回首几十年的教师生涯，王慧明一点都不后悔当初的选择，也庆幸读了师范，并留在了讲台上，"我非常享受与学生在一起的日子，享受教育带来的人生乐趣，既收获了家庭和谐的温馨，也得到了众多朋友的信赖，更重要的是内心那一汪清水般的安宁"。

无怨无悔的教育人生
——记特级教师、正高级教师龚志华

人物名片

> **龚志华**，男，四川省绵竹中学正高级教师，四川省特级教师，全国优秀实验教师，四川省中小学教师资格考试面试考官，德阳市学科带头人，德阳市中学高级教师职评委员会专家。全国中语会教学改革研究中心学术部委员，德阳市语文专委会成员。主持主研的多个课题获省级教学成果二、三等奖，撰写的多篇教育教学论文在中文核心期刊发表。

1. 耳濡目染：父亲是从教为人的榜样

走上教师岗位并学着当一名好老师，龚志华深受其父亲的影响。

他的父亲本是江西人，因援川来到了古蔺县，大半辈子都在摩尼镇黑泥哨（原属古蔺县，今为泸州市叙永县）一所小学任教，后来调到白沙区纳盘乡教初中，语文、政治、音乐、化学……什么都教。"因为家境贫寒，父亲其实没有读完初中就辍学了，但他爱好读书，自学能力很强，化学、音乐等都是后来自己摸索出来的，他甚至还能手绘巨幅的毛主席画像。"谈及父亲，龚志华一脸崇拜。

在父亲的严格教导下，龚志华从小学习成绩就拔尖，并广泛阅读了大量书籍，特别是文学读物。"至今我都记得，看过的连环画塞满了两大木箱。"龚志华说。

在古蔺县白沙区（今为双沙镇）纳盘乡完成五年小学、两年初中学业后，龚志华考进了古蔺中学读高中。两年后，他所在的文科班只有两人考上了大学，龚志华是其中之一，入读宜宾师范高等专科学校汉语言文学专业。

1984年，19岁的龚志华大学毕业，分配到古蔺县白沙中学任教。那时的他，年轻有活力、血气方刚，还说得一口流利的普通话，深得学生们的喜欢。正当他踌躇满志、对未来信心满满之时，快退休的父亲用实际行动给他"上了一课"。

龚志华刚参加工作那年，57岁的父亲也从白沙区纳盘小学调进了白沙中学。父子俩分在一个年级，各教一个班的语文。龚志华所教班级学生入学时的基础条件比父亲班要好，但三年下来，父亲班学生中考语文成绩却比他的班级高，且还有3人考上了中师、中专，而龚志华班上却无一人上线。

这件事让龚志华反思了很久。"一名老师的课上得好不好，不在于其形式有多么热闹、言语多么华丽，最重要的是实效，看学生真正从课上记住了什么、习得了什么、领悟了什么。"他说，父亲触动他的还有深厚的文化积淀，"他熟悉教材上的所有课文，随便讲到哪篇文言文，粉笔一挥，就能一字不差地默写在黑板上。"

从此，龚志华以父亲为榜样，做学生生命中的"贵人"，更加踏实勤奋地钻研教材，针对不同学生情况，不断优化完善教学设计。很快，他带的学生成绩便超过了县城中学，吸引了不少县城学生"逆流"到农村中学读书。

2. 杏坛渡鹤：做学生生命中的贵人

1993年，在学校早已崭露头角的龚志华参加县级优质课比赛，一举夺魁，遂被古蔺中学校长看中，调进了县城。

那时，古蔺中学正在开展最后一轮贫困山区优教实验——选拔优秀的农村孩子，单独编班，配备优秀的教师，从初一到高三，进行"拔尖"培养。

龚志华去时，这个班已实验到初三下期，他被安排当班主任并教语文。

"那三年半的时间，我真是既当他们的老师，又当他们的父母，还是他们日常生活的'保姆'。"龚志华回忆，实验班的学生都来自偏远的贫困山区，全部住校。他与学生同住，早上天不亮就带领学生跑操，晚上十一二点还要查寝；平常学生有个"生疮害病"，他也得忙前忙后地张罗。

有的农村孩子，行为习惯较差，不爱学习，离开了父母，更是管不住自己，甚至偷偷跑出学校玩耍。"这时，既要与他们'斗智斗勇'，又要想办法与他们处关系，拉近与他们的距离，让学生认可你、服从管教。"龚志华最终用真诚、耐心和时间赢得了这群学生的敬重，成为无话不说的朋友。

当年高考，这个班的成绩超过了历届，35岁的龚志华也顺利评上了高级教师，成为当年古蔺县最年轻的高级教师。

2002年，基于种种原因，龚志华和爱人双双离开了古蔺县，入职德阳绵竹市教育系统。他一去，就赶上绵竹中学首轮分层教学实验。从高二教到高三，2004年高考，他所教的应届班语文平均分118分、复读班平均分112分，分别名列德阳市同类学校第一。应届班还有3人考上清华大学、北京大学，1人语文获得了134分，为绵竹中学语文单科历史最高分。由于教学成绩突出，他被评为德阳市"2004年高考教学工作先进个人"。

随后的22年时间里，龚志华就像一名勤恳的摆渡者，或完整或中途接班，连续教了8届学生。

教学中，他坚持"务实""务本""务用"，逐步形成了"语文教学诗意化、语文教学生活化、语文教学实效化"的"三化"特色。每天让所有学生积累名言一则，并附上自己的感悟；每周通过"语文微信群"进行语文学习交流；坚持开展"有意义""有意思"的语文活动——"语文黄金一百秒""对话社会提升思想"；进行《三体》《平凡的世界》整本书阅读活动和短篇小说群文阅读活动、语文思辨性活动；开展综合性语文课、跨媒介语文课，如爱情课、语文与音乐、语文与绘画、语文与人文学科等。他在帮助学生提高应试能力的同时，全面提升学生的语文学科核心素养。

在绵竹中学，龚志华虽然没有担任班主任，但却非常注重以情化人、用心育人，不仅关心学生学习，还关心学生生活与心理，在思想上引领学生，在境界上提升学生。

有一次，一名女生半期考试考砸了，见到他就哭出声来。龚志华一边轻声细语安慰她，一边把她拉到一旁，让她把历次语文考试的分数用曲线图画出来。"你看这条曲线，它是上扬的，还是下滑的呢？上扬的对吧？所以，你应该高兴才对啊，偶尔的失利不代表什么……"在龚志华的开导下，女生又破涕为笑了。

还有个男生，因为沉迷游戏，成绩直线下滑。龚志华找到他，问他都打过哪些游戏："你能把游戏中最喜欢的场景描述出来吗？"见学生沉默不语，他进一步说道，自己也喜欢游戏，最疯狂时连续玩过三天三夜不下线，玩过的游戏项目比现在年轻人多……学生听得睁大了眼睛。龚志华话锋一转："但我玩游戏会有节制，一定先把学习和工作做完后才玩；我也可以把游戏中最精彩的场景讲述给学生，让他们听得津津有味。"学生听后惭愧地说："老师，我明白了，以后一定不耽误学习，即使玩游戏，也不要忘了从中感悟学习的内容。"

3. 教海拾贝：教学研究理应成为教师的本职工作

任何一位名师的成长，都少不了对日常教学的反思和钻研。

龚志华与教研结缘较早，刚参加工作不久，就接触并参与了全国性"三级作文实验"。这项实验由北京著名教授高原、著名特级教师刘胐胐主创，对中学生写作文分"观察""分析""表达"三个阶段进行实验研究。他先后在古蔺县白沙中学、古蔺中学开展实践，让学生的作文大有长进，不少学生的习作经他指导还在省市级刊物发表。他上的"语言形象感训练"一课在泸州市赛课中荣获第二名、全市二等奖。

而课题研究的真正起点则是国家级教改课题"学堂·主人·训练"实验。龚志华很快成为主研员和主持人，并担任古蔺中学科研室主任。2000年11月，他在该课题第一轮实验全国性结题教学暨专家评审会上被评为"特级优秀主研员"，实验成果最终荣获四川省普教科研成果二等奖。

2001年，他主持的古蔺中学"分科分型课堂导学评价体系构建研究"获泸州市第二届普教学成果二等奖。

调到绵竹中学后，龚志华继续承担该校科研室工作。相继成为德阳市教育局2002年教育科研项目"'研究性学习'校本课程的开发与研究"、四川省哲学社会科学2003年度项目"差异性发展中的后进学生教育对策研究"、四川省普教科研资助金项目"中学文化环境建设与学生多元智能培养研究"、中央电化教育馆"十一五"全国教育技术研究专项课题"中学学科传统教学与基于信息技术环境下的教学的优势互补研究"、四川省普教科研课题"教师队伍年轻化应对策略研究"等课题的主研人员及负责人。

2019年，他还参与了省级子课题"普通高中借助群文阅读优化文学社团的品质"的立项申请工作，并成功立项；2021年，他在"基于大规模推广的群文阅读理论与实践研究"中期成果评选活动中荣获省三等奖。

"教学本身就包含研究，研究教材，研究学生，研究教育……'教'与'研'是彼此联系的，'研'是'教'的高级思维形式，'教'是'研'的对象与目的。"龚志华认为，教学研究理应成为教师的本职工作，"教"与"研"都是教师的主业，"教"是"研"的基石，否则你的研究将成为无根之树，无源之水；"研"是"教"的理性思考，是"教"的总结与提升。

据统计，2000—2023年间，龚志华发表在各类报纸杂志上的研究文章59篇，平均每年2.5篇，最多的2018年发表了9篇。通过课题实验与研究，龚志华发现了学校文化与教育的真谛，不仅树立提升了学校的科研品牌，也提升了他自己的科研水平。做课题实验的经历，也让他懂得，要成长，就要积极参与教改，哪怕是失败，也可以为自己、为他人提供教训。

当然，从事教研的道路是艰辛的，需要定力，更需要耐力，尤其要耐得住寂寞与孤独，要牺牲众多的休息时间，并付出大量心血与汗水。难能可贵的是，随着后来信息技术的发展，龚志华另辟蹊径，将教研扩展到了网络，及时将日常对语文的所思所感记录发布在互联网上。"要在教海中拾到更多精美的贝壳，就要让教研常态化。走向网络，或许是教师的另一种生命存在。教学研究，应该汇成共享成果，造福社会中更多的人。"他说。

4. 笔耕不辍：博客上安"窝"，让语文诗意栖居

越钻研，龚志华对语文的理解越全面、越深刻。在他看来，语文是语言的百花园、精神的圣殿、文化的互联网、生活的运用场。"语文住在古今中外经典名著所构筑的富丽堂皇的宫殿里，语文生长在生活这块丰厚的沃土中，语文承载着我们的情感、思想与精神！"

但在教学中，他却发现，受升学率、分数导向的影响，语文教学变得不那么诗意了，学生也不那么喜欢语文课了，这让他很痛心。

为了让学生爱上语文、爱上文字和写作，龚志华决定给学生做示范。2009年，正是博客方兴未艾之时，那年暑假，他在中华语文网上安了个"窝"，原名"寒塘渡鹤"，后改名为"龚志华语文博客"。博客发布的文章，既有他日常语文教学的感悟与心得，也有他的原创小说、散文、诗歌、戏剧等作品。

"我的爱人、女儿曾经质疑我的文学能力，说我写一些理论文章还可以，写纯文学作品肯定不行。"对家人的评价，龚志华并不认可，"憋着一股劲儿做给她们看，也给学生做榜样。"

很快，他的原创短篇小说《校园郁金香》出炉，相继发表在"中华语文网""中国文学论坛""榕树下""品乐堂""烟雨红尘""名师网"等知名论坛，并产生了很好的影响。

自博客开通以来，龚志华每年坚持和学生同步完成高考作文；学生交卷，他的"下水作文"也很快发布到了网上，一并附上的，还有他对当年高考作文命题的评析。

就这样笔耕不辍、日积月累，龚志华的博客渐渐被更多网友熟知，特别是在全国中学语文圈小有名气。

因为网络，他的学生也不再局限于绵竹中学，甚至还远程指导过一名北京的学生。这个孩子的父亲正是看了龚志华的博客文章，认可其教育教学理念，

就主动与他取得联系。每个周末，这名父亲就把孩子的作文打印好发过来，龚志华对其分析、点评，并指导学生进行升格训练。后来，这名学生顺利考上了清华大学。

从教 40 年来，龚志华辅导本地学生作文并获奖的案例数不胜数——

2004 届学生张静的《悠悠故乡情》和代雪的《在非典隔离的日子里》经他辅导双双入选《中华少年文选》；2007 届学生刘双余的《伤逝》和熊姝涵的《我的黑白观》，经他辅导后参加"新语杯"全国首届中小学生征文大赛分别荣获一、二等奖，并且发表在《新课程报·语文导刊》上；2008 届学生廖竹的《故事》、杨广奎的《此时你像花》、刘睿的《生命的线条》、张家将的《我是一只青色的海鸥》以及谭晶晶的《彼岸的景色》均发表于《新课程报·语文导刊》；2012 届学生谢爱雯、刘洋、黄琴参加第六届全国创新作文大赛获四川赛区现场决赛二等奖；2015 届学生未巍的《一种人，一种人生》发表在《作文与考试》上，袁彬参加第九届全国创新作文大赛四川赛区现场决赛获三等奖；2018 届学生曾星皓参加第十九届"语文报杯"全国中学生作文大赛获全国二等奖并取得自主招生报名资格，龚志华荣获写作指导特等奖；2018 届学生田敏、邱宝娟获第十二届全国中学生创新作文大赛四川省三等奖，田敏还参与第二十届"语文报杯"全国中学生作文大赛获省一等奖并取得自主招生报名资格。

5. 金针度人："只要你想，就会有很多方法优秀"

教育需要薪火相传。龚志华在不断促进自我成长的路上，也不忘帮助、提携青年教师。

他与青年教师交往，往往把"真诚"放在首位，从而取得以心换心的效果。在他看来，师徒关系，应该是一种互学互助的平等关系，"虽然我年岁较长，但努力保持一颗年轻的心，与青年教师交朋友"。

指导青年教师，方法很重要。他认为，应让青年教师活学活用、善于创新，努力探究教学方法中所蕴藏的教学思想。"青年教师还应多读书多思考，这是专业进步的前提；要站在更高的视点关注语文，琢磨语文的魅力与活力。"他说。

近几年，他指导的绵竹中学江怀勇、唐辉、马艳、王婧等老师，都已成为学校的教学骨干，多人荣获德阳市"高考语文学科先进个人"、德阳市"语文学科说课一等奖"，唐辉老师还被提拔为学校中层干部。

"教师要成长，关键看他自己有没有内驱力，想不想优秀。"龚志华说，只要你想上进、想变得更优秀，就会想到很多方法、采取很多行动，"因为一个人的智慧是无穷尽的"。

生活中的龚志华不抽烟，不喝酒，也不玩牌，空余时间就用阅读和写作填满，这样的习惯保持至今，即使评上"四川省特级教师"荣誉和正高级教师职称后，也没有放松对自己的要求。

尽管已快到退休的年龄，但在学生们眼中，龚志华仍然是一个很"潮"的人。他日常穿着年轻，"00后""10后"学生们口中谈论的话题、追逐的潮流，他都跟得上、谈得拢，比如，在讲到新时代年轻人的理想时，他将"脆皮年轻人""楼梯公主"等网络热梗引入课堂，启发学生对做人做事的思考。

年轻的时候，龚志华则是不折不扣的"斜杠青年"。他对新事物充满了好奇，什么都想去尝试，学过跳舞，会吹笛子、口琴，还会弹吉他，甚至还学过气功、徒手操等。

"语文正是这样一门值得用一生时间去探索、览胜的综合学科，应试成绩仅仅是很短暂的追求，真正能相伴人到永远的，是语文带给人的综合素养。这关系到一个人心灵是否阳光、谈吐是否得体、人格是否高尚。"如今的龚志华，已从19岁的"孩子王"变成满头银发的老者，从教40年，虽然地点在变，环境在变，但唯一没变的，就是他对语文和语文教育的无限热爱与执著追求。

正如他在申报正高级教师职称时总结的那样：

躺着看书，站着教书，坐着写书，四季陪书共度；
闲而思梦，忙而追梦，睡而做梦，三生与梦同行。

山花烂漫　诗意繁华
——记特级教师、正高级教师刘秀荣

人物名片

刘秀荣，男，四川省巴中市第二中学正高级教师，四川省特级教师，四川省中小学教学名师，四川省中小学省级骨干教师。中国民建会员，巴中市第二届、第三届政协委员。巴中市高层次人才，巴中市优秀青年骨干教师，巴中市优秀教师，巴中市学校德育工作先进个人，巴中市首届"巴中悦读者"，巴州区首届高中语文首席教师，巴州区优秀教师，巴州区中语会理事长，巴州区高中教育改革发展贡献奖获得者。

初次听到"刘秀荣"，不少人都误以为是女性的名字。见面后，刘老师给人的第一印象也是文静、内敛；当他开口用四川话交流，常常会因为表达跟不上思维而显得有点"口吃"。不熟悉的人，不免疑惑他"语文特级教师"的身份；而真正了解他的人却知道，当他站上讲台，那诗意而繁华的语文教学意蕴，将随着他字正腔圆的普通话，在教室里恣意蔓延开来……

1."书籍成为我灵魂发芽的种子"

高尔基说，书籍是人类进步的阶梯。从小给刘秀荣搭建起成长阶梯的是他的父亲。

刘秀荣的父亲是恩阳区玉山镇柏杨村走出的第一个中专生，是玉山中学的一名教师兼校医。凭此便利，他念初中时，就能自由出入学校图书室，广泛借阅书刊。

《红楼梦》《三国演义》《水浒传》等名著，如浩瀚汪洋般呈现在刘秀荣面前，他兴奋不已，一个猛子扎进去，沉醉其中，流连忘返……"中学六年，我几乎读完了校图书室所有的书。不夸张地说，书成为我灵魂发芽的种子！"

刘秀荣的父亲深谙读书改变命运的道理，对孩子的教育非常严格，甚至到了苛刻的程度。从小到大，刘秀荣无论成绩多么优秀，父亲从来不会当面夸奖、赞赏。高中时，他常年是文科班第二名，父亲不但不高兴，反而很忧虑，"因为在他看来，只有第一名才能考上大学"。

父亲的严苛，让刘秀荣学习从不敢懈怠。而农村艰辛的生活体验，也让他早早就树立起"一定要跳出农门"的志向。

虽然父亲"端铁饭碗"，但家里仍有大片农田，母亲常年在家务农。每逢周末、寒暑假，父亲都领着他和兄弟、妹妹走二十里山路回乡下干活，割草、打麦、插秧、担粪、挑水等，什么农活都干。刘秀荣常常汗水合着泪水一起流，他在心里暗暗发誓：一定要考上大学！

功夫不负有心人，1987年，刘秀荣成功考上重庆师范学院，入读汉语言文学专业。他犹如池鱼入渊，大学期间，常常整天泡在图书馆，几乎读遍了古今中外的文学名著，涉猎诸多领域，仅课外读书笔记就做了厚厚的25本。嗜书如命的他还节衣缩食买书，大学毕业，他带回家的全是几大麻袋的书物。

2. 腹有诗书气自华

大学毕业，刘秀荣先被分配到巴州区鼎山中学教书，三年后调回母校玉山中学。

工作后，经济的相对宽裕令他对书籍更加痴迷。他坚持订阅多种专业报刊，不吝钱财大量购买自己喜欢的书物。每次外出开会学习，他必寻当地书店；每周必到新华书店淘书；每年书展必如期去逛展购书……最多时，他家中藏书达到了上万册。

读书破万卷下笔如有神的诗圣杜甫，从小立誓读尽人间书的千古第一文人苏轼，横扫清华大学图书馆的国学大师钱钟书，一字不差熟背《红楼梦》的大文豪茅盾……这些先贤圣哲的博观纵览震撼着刘秀荣，激励着他跋涉书山、徜徉书海，他说："阅读即自我修行，只有充分阅读、高质量阅读，才能腹有诗书气自华。"

刘秀荣全身上下散发出的书卷气，很快便被学生们"嗅"到，并得到了他们的青睐。刚入职的那几年，他血气方刚，信心满满。学生们发现，讲台上这位年轻教师有着不少与众不同之处——

他不会照本宣科只教教材，而是旁征博引加入许多课外的知识；他给学生开书单，鼓励学生读闲书、杂书，读自己最喜欢的书；他每周专设一节阅读课，让学生自由阅读、充分阅读，并让学生轮流上台交流阅读心得；他热爱诗词，不仅教学生读诗词，还能教学生唱诗词；他积极开辟第二课堂，举办演讲赛、演唱会、讨论会、朗诵会、辩论赛……

"半亩方塘一鉴开，天光云影共徘徊。"学生们沉浸在他营造的语文世界里，其乐融融；学习成绩上，也自然把其他班级甩开了一大截。刘秀荣成了全校学生最喜爱的语文老师。

1998年，因为在全市一次优质课大赛中拔得头筹，他被巴中市第二中学看中，从农村调进了城区。

全新的教学环境、藏龙卧虎的同事团队，让刘秀荣备感压力，也激发出他努力追求上进的决心。虽然早已不是教学新手，但他仍然一丝不苟，全身心地投入。每堂课都写详细的教案，细致到上课要讲什么话、怎么开头、怎么结尾、怎么过渡等，他都一字一句写出来，并反复推敲，力求准确、精炼，并且优美、生动。

"高中时间紧，学生课业繁重，对语文的学习最好都在课堂上解决。老师就必须锤炼自己的课，帮助学生提高课堂45分钟的效益。"他说。

3. 享受诗意大语文

在巴中二中期间，刘秀荣开始践行并完善他的"大语文教学观"。这在普遍唯分数论、升学论的高中学段，他的实践显得尤为可贵。

"星垂平野阔，月涌大江流"，刘秀荣认为这是语文教学的大境界。"语文教师应该有大气魄大胸襟，有大视野大眼界，有大情怀大觉悟，而非小语小气而狭隘狭窄狭小！"具体到教学，他认为，语文眼光绝对不能限于教材，语文教学应该没有课内与课外之分和该学与不该学之别，只有容量的多少而已。

为此，学生高一入学，他便开出26本必读文学名著书单，包括中国四大名著、鲁迅、巴金、路遥等现当代大家的作品，以及雨果、巴尔扎克、海明威、泰戈尔等外国名家耳熟能详的代表作。同时，他还要求学生每人准备4个摘抄笔记本，每个笔记本皆有一个诗意的名字："古典之箫"用于记录古典诗词曲文名句名作，"作文鸡汤"用于记录作文讲评和技巧方法及经典素材等，"语文氧吧"用于记录人物解读和各类活动及语言运用等，"奠基之石"用于记录成语等基础知识及各种梳理归类等。

为了让学生坚持赏读古典诗词，积淀文化。刘秀荣将每周3节早读课时间利用起来，每天7点准时到教室，用粉笔手书满满一黑板的古典诗词，让学生抄读。从先秦诸子百家，一直写到毛泽东诗词，坚持多年，风雨无阻。直到后来教育信息技术普及，他才做成PPT播放。

除此之外，刘秀荣还坚持灵活驾驭教材，云锦妙裁；坚持学习吸纳新诗，锦上添花；坚持拔高作文教学，激昂生命；坚持多方激活语言，腾蛟起凤；坚持培养文学趣味，吟诗作赋；坚持每周一节素材介绍，丰富作文；坚持间周看一部电影，浪漫生活；坚持课前才艺展示，点亮课堂；坚持各类专题讲座，深入解读；坚持开展各类活动，灿烂语文；坚持教唱古典诗词，优美燃烧；坚持贴近时代生活，笔耕缀文；坚持梳理归类总结，依法学习；坚持与学子共享，快乐人生；坚持选看央视节目，涵养家国情怀……

刘秀荣坚持带领学生开展春秋冬外出游学活动，遍游巴中及附近的名胜古迹。走恩阳古镇，看阆中古城，赏十里桃花，观南龛摩崖造像，登望王山，爬阴灵山，览光雾山，漂诺水河，穿剑门蜀道等；参观巴中污水处理厂、川陕革命根据地博物馆、朱德纪念馆和邓小平纪念馆等；到巴中南龛将帅碑林、通江王坪烈士陵园等祭拜缅怀英烈；还组织参加一些社会公益活动，以此激发学生学习兴趣，拓宽其眼界，砥砺其意志，涵养其情怀，发展其未来。

"人，要诗意地栖居在大地上。"刘秀荣特别喜欢德国诗人荷尔德林的这句话。他说，语文教学就该是诗意化、艺术化、浪漫化、趣味化、快乐化、轻松化，学生学语文就应该是轻松、快乐、享受和幸福的，"让诗意的语文鲜活在每一位学子心中！"

事实上，刘秀荣教的每一届学子皆受益于其博学多才和开放、创新的教育理念。同仁们评价他教的学生视野宽、学识广、积累多、思维活、作文好，不少学生进入大学后也常回过头来感激刘老师高中时给他们奠定的人文之基。

4. 不为分数去教，着眼未来而研

在巴中二中，刘秀荣多年任教复读班、提高班和鹏程班，并担任班主任。他非常注重培养学生的综合素养，不仅仅为分数而开展教育教学。而历届高考，学生们的成绩却从未让他失望。

他所带班级语文单科成绩多次名列巴中市前三名；连续带的2002、2003、2004届理科复读班，高考本科上线人数创巴中二中历史之最；所带的2007届理科班一本上线20人，再创学校班级一本上线之最，该班也被评为"四川省普通高中先进班集体"；他所教的历届学生中，多人高考语文夺得130分左右的高分，其中不乏满分作文获得者。

"山不厌高，海不厌深。"在教学取得骄人成绩的同时，刘秀荣还积极开展教学改革，探索教法创新，参与学术交流，进一步提升自身专业素养和综合

能力。

他多次参加巴中市、巴州区优质课展评，均获得一等奖；多次在全校、全区上公开课，开展专题讲座，引领全校、全区的语文教学。他还是巴州区语文统考命题的审核人。

他参研省、市级课题，与成都市树德中学、大弯中学、华西中学和巴中市平昌中学四位名师联合教研，共同承担省级课题研究；与他人共同参研的省级课题获2019年度阶段研究成果省二等奖；独立承担的微型课题获市区一等奖。2009年他出版《中学语文新诗读本》，2011年参编《优化方案》系列丛书语文学科；有多篇文章在各类报刊发表，有多篇论文和诗作在全国各类大赛中获奖。

"居高声自远，非是藉秋风。"在2017—2018四川省骨干教师高端研修中学特级教师培训期间，在四川师范大学和广东第二师范学院，刘秀荣分别作了《苔花如米小，也学牡丹开》《做一棵会开花的树》的讲座。2018年7月，他还受邀在全国"正道语文"QQ群网络教研活动中，主讲"以'语文之眼'观世界杯"。同年11月，他被聘为成都市高中语文骨干教师的培训导师，并在双流中学作专题讲座《大语文教学观的实践与探索》，与成都市高中语文骨干教师分享他二十余载大语文教学观的实践与探索成果。2023年3月，他受邀在四川省恩阳中学作专题讲座。这些教研交流都受到同行一致好评，产生了较大影响。

5. 一片冰心在玉壶

"若有诗意藏于心，岁月从不败华年。"如今，刘秀荣虽已年过半百，却依然朝气蓬勃、精神抖擞。"我特别喜欢跟学生在一起，只有上课，才有一种真正的获得感；只有走进教室，快乐才会蔓延开来！"

他多年奋战在高三教学第一线，即使2009年负责学校教务处相关工作后，依然任教两个班并当班主任。自2016年秋不再当班主任后，也依然担任一个班（有时是两个班甚至还跨年级）的语文教学工作，且主动把学校鹏程班、尖子班的教学重担揽在肩上。

刘秀荣甘为孺子牛式的工作态度和激情燃烧式的上课风格，深深感染着学生和身边的同事。

曾经听过他讲座的成都市龙泉中学教师胡春蓉这样评价道："他外在的文静、内敛和平易欺骗了我们的想象力，他并不是一个循规蹈矩的行者，而是一位藏匿在光雾大山密林中低调而丰富的高人。"

刘秀荣总是给学生以各种形式的励志教育和理想教育，时时给学生传递正能量。每逢考试成绩下发，他总要自掏腰包给名列前茅者、单科最高者和进步最大者给予奖励。不仅如此，凡在语文教学各类活动中表现突出者，皆有奖励。他常常以学中翘楚激励学子奋发有为，激励贫寒子弟"读书永远是改变命运最好的捷径"，常叮咛"有想法才有奔头、才有动力"。

学生们也记住了他的那颗赤诚之心。刘秀荣多年担任班主任，经常代学校收取学杂费或班级资料费等，他从不清点钱，学生自己清好交他即可，需找回多少钱但凭学生一说。有一次，一名男生缴费两天后又拿来一张百元钞票补缴，刘秀荣很惊讶，反复向他确认，这名学生表示确实少缴了。这让他十分感动，在班上大力褒扬了该生的诚信，并当众将这张百元钞票奖还给了学生。

但丁说："爱是美德的种子！"刘秀荣践行爱心教育，视生如子，对家庭经济困难学生一视同仁，经常施以援手，给予生活关照和心灵关爱，并小心翼翼呵护其尊严。每一届都有一二名学生家庭拮据，他总会想方设法为其减免费用，捐资捐物，助其学业。2005年，刘秀荣教过的一名学生考上了研究生，无奈家境困难，他得知后慷慨解囊，资助其2000元；2016届一女生家境贫寒，父母年迈，班级的各项费用他都帮其缴纳。

教育是一项细工程、慢活路，需要滴水穿石般地坚持和几十年如一日的付出。刘秀荣三十多年对教育的奉献正是对此的优秀注解。

"我们夫妻俩都以教师为终生志业，虽不富裕却自以为富有，虽不富贵却自认为高贵。我热爱教育，喜欢教书，教室是我思想飞翔的天空，讲台是我心灵驰骋的大地，学生是我忠实不二的信徒，书本是我念念不忘的情侣。"回顾过去，刘秀荣动情地说，无论沧海桑田，还是物欲横流，他做到了一片冰心，飞舞犁铧，演绎洁白的青春；展望未来，他甘愿继续固守这一方杏坛，守住教师的那一份纯净与淡泊，守住校园的那一份宁静与书香！

后　　记

2018年底，四川省启动实施了天府名师培育项目，四川省安岳中学陈家武老师作为首批9名基础教育战线的优秀代表之一入选。此前，他已相继获得全国百佳语文教师、四川省学术和技术带头人、四川省有突出贡献的优秀专家、四川省先进工作者、四川省"教师风采"典型代表、四川省特级教师等荣誉，也是全省高中语文名师工作室的领衔人、名师工作坊坊主。

一路走来，陈老师感慨万千："从一名中师毕业的普通村小教师，成长为全省的特级教师、天府名师，这是我做梦也没想到的。"

陈老师的从教经历具有典型意义。在四川乃至全国，有着千千万万名像他一样平凡又伟大的教师，"黑发积霜织日月，粉笔无言写春秋"。未来，还会有一代代年轻人走上教师岗位，"栉风沐雨育桃李，丹心热血沃新花"。

教师们的成长发展，当然离不开党和国家对教育的高度重视、对教师队伍的亲切关怀，也与时代的繁荣勃兴息息相关。但"心即理也"（王阳明），内心的驱动力才是真正决定一个人行为的力量，如何让更多的年轻人打心底热爱教育、选择教职，如何让正在从教的教师们克服职业倦怠、保持澎湃动力，如何激励涌现出更多心有大我、师德高尚、勤学笃行、乐教爱生的好教师？作为天府名师的陈家武老师觉得，自己有责任将多年积累沉淀的心得体会分享给大家，也应挖掘推广更多优秀教师的成功经验，帮助广大年轻教师和有志从教的后生们快速成长。

这便是我们编著本书的由来。

陈老师是我高中的语文老师，虽然只教了我高三一年，但他朴实谦和的为人、耐心细致的教学，以及对语文教育的执著，给我留下了深刻的印象。当他得知我在教育媒体工作后，便邀约我一起编著此书。我深感荣幸，既被他的教育情怀打动，也为即将开启的名师寻访之旅而兴奋。

一开始，我们便确定了寻访25位基础教育名师的规模（四川21个市州，每个市州一位代表；成都、绵阳作为全省教育重镇，人选上给予倾斜）。在学科的选择上，我们最初设想高考9大学科都要有一个代表，但梳理下来却发现，全省优秀教师太多，难分伯仲，无法取舍。后来，陈老师提议，我们就聚焦语文学科，学段上也着眼高中。为了更有说服力，人选上我们选择获得过四川省特级教师、四川省学术和技术带头人、天府名师等荣誉，且仍然在职在岗的正高级教师；个别市州人选有难度，则选择了满足以上条件、刚退休不久的教师。

为什么聚焦语文？这当然与陈老师一直深耕的科目有关。更重要的是，语文是基础教育课程体系中的一门重点学科，"语文老师承担着给予学生'精神打底'的责任"（钱理群）。一个人成人成才的过程中，会遇到诸多好老师，但往往就会有一位语文老师的身影。

写作风格上，因为我在新闻媒体工作，就选择了可读性较强的"讲故事"方式，通过与采访对象面对面的交流，回溯他们的人生过往，体悟他们的困顿与超越，展现他们的情怀与担当。

本书最终呈现的这25位名师，有1人出生在20世纪50年代末、18人出生在60年代、6人出生在70年代。他们的人生经历和成长故事有不少共性，也有各自精彩的个性特点。比如，他们的第一学历普遍不高，中师（含高中）10人、专科7人、本科8人，但他们都好学上进，站上讲台不久，就通过自考、函授、进修等方式，实现了学历跃升，有的还读到了硕士。除个别老师毕业就入职成都、南充、自贡等大城市名优学校外，绝大多数老师都从最艰苦、最偏远的乡村学校干起。他们虽然起点很低，但都牢记"为党育人　为国育才"的初心使命，矢志教育、勤恳敬业、刻苦钻研，不断提升教书育人的能力，逐渐从千百万寂寂无闻的教师中崭露头角，一步步成长为市级、省级乃至全国教育先进工作者。他们在成就自我的同时，也帮助成千上万名学生成功成才。他们不仅是学科知识的传授者，更是美好灵魂的铸造者，是学生成长路上当之无愧的引路人。

从2021年7月20日采访第一位老师开始，到2024年3月22日完成对最后一名教师的采访初稿，在近三年的寻访写作中，我得到了许多人的帮助和激励——

首先要感谢的，当然是本书的发起人和倡导者陈家武老师，没有您提携后进、甘为人梯的教育情怀，就没有此书的问世；您的宽容和鞭策，激励我克服懒惰、懈怠，坚持完成了本书的写作。您为此书倾注了大量心血，却坚持让我和您指导的青年"徒弟"担任作者，您高洁的品质让我没齿难忘。

当然，还要感谢包括陈老师在内的25位特级教师。你们每位都人格高尚、学识丰厚、誉满教坛，却又都那么谦逊随和，面对我的冒昧叨扰，你们都敞开大门给予了热情接待，并知无不言、言无不尽地将自己的人生故事和思考感悟向我和盘托出。对我写作的初稿，你们也毫不吝言给予夸赞。谢谢你们的信任。

本书初稿完成后，在陈家武老师的引荐下，我怀着忐忑不安的心情拜求刘永康教授（四川师范大学文学院原党委书记）指导。没想到，对我这个素未谋面的后生的不情之请，老先生不仅爽朗地答应了，还加班加点读完书稿，命笔挥毫写下了近8000字的序，把我感动得无以言表。

本书还有幸得到了四川省教育学会学术委员会主任、成都师范学院李小融教授，新教育研究院院长、全国著名特级教师李镇西，四川西部教育研究院院长、成都大学陈大伟教授，西华师范大学文学院院长邓春琴教授和四川师范大学博士生导师张伟教授等著名专家学者的点评推荐，我受之有愧，在此致以崇高的敬意和衷心的感谢。

寻访名师过程中，我还得到了部分市州教育部门的支持，以及《教育导报》《四川教育》部分媒体同仁的帮助，在此一并致谢。

本书得以顺利出版，还要特别感谢四川大学出版社梁平老师及其同事们做的大量细致入微的工作。

当然，囿于眼界的狭窄、学识的不足，本书仍有一些瑕疵，恳请同仁和方家指正。

刘 磊
2024年7月于成都